LEADERSHIP ET CONFIANCE

W0292569

ALAIN DULUC

LEADERSHIP ET CONFIANCE

Développer le capital humain pour des organisations performantes

DUNOD

Ce pictogramme mérite une explication. Son objet est d'alerter le lecteur sur la menace que représente pour l'avenir de l'écrit, particulièrement dans le domaine de l'édition technique et universitaire, le développement massif du **photocopillage**.

Le Code de la propriété intellectuelle du 1er juillet 1992 interdit en effet expressément la photocopie à usage collectif sans autorisation des ayants droit. Or, cette pratique s'est généralisée dans les établissements d'enseignement supérieur, provoquant une baisse brutale des achats de livres et de revues, au point que la possibilité même pour les auteurs de créer des œuvres nouvelles et de les faire éditer correctement est aujourd'hui menacée.

Nous rappelons donc que toute reproduction, partielle ou totale, de la présente publication est interdite sans autorisation du Centre français d'exploitation du droit de copie (**CFC**, 20 rue des Grands-Augustins, 75006 Paris).

© DUNOD, Paris, 2000

ISBN 2 10 003844 3

Toute représentation ou reproduction intégrale ou partielle faite sans le consentement de l'auteur ou de ses ayants droit ou ayants cause est illicite selon le Code de la propriété intellectuelle (Art L 122-4) et constitue une contrefaçon réprimée par le Code pénal. • Seules sont autorisées (Art L 122-5) les copies ou reproductions strictement réservées à l'usage privé du copiste et non destinées à une utilisation collective, ainsi que les analyses et courtes citations justifiées par le caractère critique, pédagogique ou d'information de l'œuvre à laquelle elles sont incorporées, sous réserve, toutefois, du respect des dispositions des articles L 122-10 à L 122-12 du même Code, relative à la reproduction par reprographie.

« Celui qui a appris à comprendre l'être humain en lui-même le comprend en tous les hommes. »

Stefan Zweig

À Lydia, Tony et Vincent.

Remerciements

Merci à Will Schutz, à Aïlish Schutz et à Ron Luyet pour leur enseignement et leur encouragement tout au long de mes travaux au cours de ces dernières années.

Merci à mes collègues Bénédicte Gautier, Didier Junek, Monique Selles et Marie-Odile Vervish et à mes anciens collègues Philippe Auriol et Virginie Cornet pour ce que nous accomplissons ensemble avec l'approche Élément Humain depuis 1989.

Merci à mes collègues, à Nathalie Esnault pour ses apports et réflexions à propos de la confiance, à André de Chateauvieux pour ses enseignements sur les processus et à Cécile Bétancourt pour ses enseignements concernant la qualité.

Merci à mes collègues Isabelle Roland-Gosselin, Jean-Louis Muller et Charles Vincent pour leurs encouragements et leurs conseils précieux dans la rédaction de cet ouvrage.

Merci à Yolande Gavrilot, mon ancienne assistante, pour son aide logistique et à Marie-Christine Douy pour les illustrations.

Merci à Christian Rios, directeur de l'unité Management et Développement des Personnes de la Cegos, pour son soutien constant.

Merci à tous les clients pour leur confiance et pour la richesse de leurs apports qui ont nourris ma réflexion. Certains se reconnaîtront dans les exemples cités.

Table des matières

© Dunod – La photocopie non autorisée est un délit

Préface

Alain Duluc nous rend un grand service. En effet, lorsqu'un auteur parle aujourd'hui de l'évolution du management au cours des dernières décennies, il ne peut éviter d'évoquer la remise en cause de la philosophie du management basée sur le commandement et le contrôle et son évolution vers un modèle plus démocratique et plus participatif. Peu d'auteurs, cependant, décrivent les caractéristiques du nouveau modèle et les méthodes à utiliser pour passer de l'ancien système au nouveau. Or Alain Duluc nous propose une remarquable avancée dans cette direction.

Mes contacts avec lui, ces dernières années, ont toujours été pour moi des moments agréables. J'ai été impressionné par son intérêt minutieux et pénétrant pour la théorie et la philosophie aussi vif que celui qu'il porte aux applications concrètes. Je trouve sa démarche passionnante. Je suis bien sûr flatté qu'il ait choisi de décrire et commenter mon travail, mais étonné qu'il ait choisi « la confiance », mot que j'utilise rarement, comme concept selon lui central. Au départ je me suis dit avec suffisance : « n'est-ce pas dommage qu'il n'ait apparemment pas compris que, pour moi, la confiance est subordonnée puisqu'elle découle du concept plus fondamental de «vérité et honnêteté» et que la seule personne en qui l'on ait, finalement confiance c'est soi-même ». Puis j'ai laissé son idée me pénétrer et j'ai commencé à me demander si, par hasard, il n'aurait pas raison. Peut-être, comme cela arrive souvent, ai-je laissé des éléments non élucidés de ma personnalité interférer avec la clarté de ma théorie. Il est possible que ma difficulté à accorder ma confiance aux autres m'ait conduit, inconsciemment, à restreindre la confiance à une attitude que l'on n'a, au moins fondamentalement, qu'à l'égard de soi. Peut-être l'a-t-il vu et a-t-il comblé un manque dans ma théorie.

Je crois que tous les théoriciens dans ce domaine, voire dans tous les domaines, résolvent leurs propres problèmes en créant des théories. Il est important de le reconnaître et de le prendre en compte dans la théorie elle-même. Il n'est pas sage de dénier l'importance des questions personnelles. Au contraire, c'est leur compréhension qui donne la ferveur et la motivation voulues pour résoudre les problèmes théoriques.

Je pense qu'Alain Duluc est parfaitement conscient de ce que tout lecteur trouvera, comme moi, dans ce livre : aux côtés d'un apport théorique important, des formulations qui seront pour lui très stimulantes. Celui qui s'engage dans cette lecture s'embarque pour une grande aventure intellectuelle et émotionnelle.

Will Schutz
Muir Beach, Californie
Septembre 1999.

Introduction

POUR introduire la réflexion sur la productivité des équipes et des organisations nous pratiquons l'exercice suivant dans nos séminaires[1].

Nous conduisons six volontaires d'un groupe dans une pièce. Nous choisissons trois d'entre eux avec lesquels nous avons un bref échange. Nous retournons alors avec ce trio dans le groupe. Là, nous demandons aux trois personnes de balayer la pièce. Elles sont paresseuses, maladroites, lentes, négligeantes. Nous les remercions puis leur demandons de s'asseoir avec le groupe. Nous rejoignons alors le deuxième trio pour avoir un autre bref échange, puis nous revenons dans la salle où se trouve le groupe. Là, comme pour le premier trio, nous leur demandons aussi de balayer la pièce. Le deuxième trio démarre son travail avec énergie, organise les tâches, va vite et semble fier de son travail.

Question : quel message avons-nous adressé à chaque trio ?

Non, nous ne leur avons pas dit d'aller vite ou lentement, ni d'être passionnés ou négligés pas plus que d'être efficaces ou inefficaces. En réalité nous ne leur avons rien dit à propos du travail.

Que leur avons-nous dit alors ?

Au fil du livre, vous découvrirez la réponse.

➤ Ce qu'apporte cet ouvrage

Manager c'est l'art ou la science de faire travailler les autres, de les faire coopérer ensemble et d'œuvrer avec eux. Au cours de ces dernières années les managers n'ont cessé de vivre une perpétuelle évolution de

1. Cet exercice est une création de Ron Luyet, associé de Will Schutz Associates. Il est publié dans *The Human Element® leader's manual*, WSA, 1998 Edition. ©Will Schutz Associates.

leurs rôles et aujourd'hui, aux États-Unis, en Europe, en France le modèle managérial classique voit sa fin.

Les faits et les expériences montrent un sens nouveau. L'encadrement des hommes dans l'entreprise consiste à tirer le meilleur parti de soi-même et des autres pour contribuer, certes aux résultats immédiats, mais surtout au développement à long terme de la performance des personnes et des organisations.

Les entreprises ont compris depuis longtemps l'importance du capital intellectuel et humain. Aussi elles attendent de leurs cadres et du personnel de nouveaux comportements. À ce titre la coopération entre les acteurs au sein d'équipes pluridisciplinaires, transversales ou en mode projet est devenue centrale. La capacité à travailler avec d'autres et à changer souvent d'équipe est un véritable enjeu.

Alors on parle avec enthousiasme de participation, de délégation, d'*empowerment*, d'entreprise apprenante, de communication ouverte, de confiance et de développement des personnes. Mais l'enthousiasme des paroles est parfois difficilement suivi d'actions aussi enthousiastes. Parfois même il y a un rapport inversement proportionnel. Or les entreprises et les leaders savent combien les personnes et leurs talents sont importants.

Mais, pour aller dans ce sens, encore faut-il avoir confiance en ses collaborateurs et ceux-ci en leurs managers et en l'entreprise. Sans la confiance rien ne se passe. Elle est désormais indispensable. En effet, le travail est devenu beaucoup trop complexe, l'environnement incertain et changeant selon un rythme toujours plus rapide.

Dans ce contexte, on assiste alors à un mouvement paradoxal. D'un côté l'inconnu est de plus en plus présent en entreprise. D'un autre côté on tente de tout contrôler par des procédures précises. D'un côté on saute dans la nouveauté, de l'autre on cherche à limiter le risque. D'un côté la peur peut surgir, de l'autre on cherche à rassurer.

Or s'il est judicieux de maîtriser les processus il n'en va pas de même pour les personnes. Le contrôle, tel qu'il était exercé dans les formes anciennes du management, n'est plus adapté aujourd'hui. Comment alors susciter un climat de confiance dans ce contexte ?

Les entreprises et les managers cherchent à innover dans leur façon de conduire les hommes. Aussi, pour endiguer la peur face à l'inconnu, la confiance est déterminante. Mais elle ne se décrète pas, elle se gagne auprès des autres. Elle existe ou n'existe pas dans l'entreprise, c'est l'un ou l'autre. Entre les deux il n'y a pas de nuance. S'il y a le moindre doute, la confiance fait place à la méfiance. Or l'homme progresse dans le plaisir et la confiance, pas dans la souffrance ni la méfiance. Aussi le développement de la dimension humaine et de la confiance dans les entreprises est-il un enjeu crucial pour demain.

Au cours de nos interventions, nous avons souvent rencontré des dirigeants souhaitant développer de nouvelles formes de relations en entreprises. Nombre d'entre eux nous posent de plus en plus ces questions : comment mettre en œuvre la confiance et la pérenniser ? Quelle forme de leadership pouvons-nous développer pour conduire les hommes et les femmes de nos entreprises dans un climat de confiance ? La difficulté est de trouver une approche qui permette de franchir le fossé entre l'intention et l'action.

La conception présentée dans cet ouvrage est le fruit de dix ans d'intervention auprès de personnes et d'entreprises. Nous avons développé des séminaires pour dirigeants, cadres, techniciens, agents de maîtrise et assistantes pour leur permettre d'avancer sur les chemins de la confiance et de développer leur leadership. De nos interventions en entreprises nous avons affiné concepts et outils pour permettre aux organisations d'évoluer.

À propos de la confiance et du leadership, l'Élément Humain[1] a joué un rôle important dans notre réflexion, nos expériences et nos interventions. Bien que Will Schutz n'évoque pas le concept de confiance dans sa théorie, son approche nous a permis d'en modéliser une conception opérationnelle.

Notre intention est donc de partager le fruit de nos découvertes et d'offrir au managers et aux entreprises une conception cohérente du leadership et de la confiance.

L'approche se veut cohérente et systémique aussi concerne-t-elle :

- l'organisation, ses valeurs et principes d'actions ;
- le développement de nouvelles formes de leadership à tous les niveaux de l'entreprise ;
- le développement des personnes ;

1. The Human Element ® diffusé depuis 1981 aux États-Unis et publié en 1994 : W. Schutz, *The Human Element*, Jossey-Bass Publishers, San Francisco, 1994.

© Dunod – La photocopie non autorisée est un délit

- la mise en place de relations nouvelles dans l'entreprise.

Nous illustrerons nos propos d'exemples choisis d'interventions en entreprises : le « management de l'an 2000 » dans la réorganisation et la construction d'une usine de tabac ; la fusion de banques ; la cohésion d'équipe dans différentes sociétés, industrielles ou de service, privées ou publiques.

➤ À qui s'adresse cet ouvrage ?

Cet ouvrage s'adresse à ceux qui souhaitent enrichir leur rôle de manager pour s'affirmer en leader générateur de confiance. Nous pensons particulièrement aux dirigeants qui souhaitent installer une démarche collective, et durable, de progrès basée sur la confiance dans leur entreprise. Nous pensons aussi aux cadres opérationnels ou fonctionnels qui souhaitent développer un leadership fondé sur la qualité relationnelle.

➤ Conception de l'ouvrage

L'ouvrage situe le contexte actuel des entreprises et les changements inéluctables auxquels elles font face. Un regard sur les fondements de la conception des organisations et du management permet de mettre en relief la place centrale dévolue, aujourd'hui, à la dimension humaine. Elle apparaît désormais comme un véritable capital reposant sur les valeurs de l'organisation, sur le leadership des dirigeants et de chaque manager, sur des relations de confiance entre les acteurs et sur le développement des personnes.

Dans cet enjeu où l'humain est le pivot de l'évolution des organisations, le leadership et la confiance sont deux vecteurs qui permettent de développer le capital humain. Aussi est-il nécessaire de proposer une définition opérationnelle de la confiance. Cela suppose des leviers d'actions au niveau de l'organisation, des relations et des personnes. Dans cet ensemble cohérent l'exercice du leadership évolue.

Aujourd'hui, le rôle fondamental du travail en équipe suppose un leader capable de s'affirmer pleinement. Cela signifie que le leader est quelqu'un qui se connaît, est conscient de ses forces, de ses faiblesses. Il sait pleinement utiliser ses points forts et limiter ses points faibles. Le leader sait ce qu'il veut, pourquoi il le veut, comment le communiquer aux autres afin d'obtenir leur coopération et adhésion. Il sait comment atteindre ses objectifs, ses buts et remplir ses missions. Pour une pleine expression de soi-même la clé est de se connaître soi-même et de comprendre les autres.

Cet ouvrage offre une vision de la confiance tant sur le plan organisationnel que personnel. Le cheminement alterne des présentations théoriques, des exemples réels d'interventions et des pauses pour la réflexion. Dans ces moments, le lecteur est invité à prendre du recul sur lui afin de mieux se connaître, de comprendre les autres et d'enrichir sa pratique de leader.

Chapitre 1

La complexité, nouveau paysage des entreprises

Il y a quelques années, un de nos clients nous sollicita pour mettre en œuvre *« le management du futur »* dans son entreprise.

« Notre entreprise ABC[1] fait face à une situation beaucoup plus tendue et complexe que par le passé ; il y a quelques années tout allait pour le mieux[2]. Dans l'ancien contexte, on pouvait parler de paternalisme. Nous vivons maintenant dans une ambiance où la concurrence externe et les données économiques nous obligent à réagir pour faire face et atteindre nos objectifs. C'est le cas avec certains de nos clients pour lesquels nous devons réagir quasi-instantanément à leurs demandes.

En même temps, l'émulation entre les usines de notre groupe nous contraint à réduire nos coûts de production.

Tous ces challenges sont relevés actuellement grâce à des actions et des projets concrets. Nous avons engagé un programme Qualité Totale et une étude d'analyse de la valeur ajoutée. Nous avons sollicité le personnel pour produire encore plus en créant deux équipes, puis trois. Nous souhaitons réduire encore nos coûts et augmenter notre production.

Tous ces événements ont suscité des turbulences chez le personnel qui perçoit réellement le durcissement des enjeux tant sur le plan de la produc-

1. Par souci de confidentialité, le nom choisi ici est fictif. L'intervention relatée tout au long de l'ouvrage fut conduite conjointement par l'auteur et Charles Vincent, consultant à la Cegos. L'action en binôme permit de souder l'équipe de direction autour de ses missions de reconception des processus, et de mobiliser l'ensemble du personnel par la mise en oeuvre de nouveaux rôles managériaux.
2. Remarquons simplement qu'il y a une illusion à croire que les choses allaient mieux dans le passé. Elles étaient différentes, c'est tout. Certains aspects allaient peut-être mieux mais pas tous.

tivité que de la qualité. Nous avons jusque là bien réussi nos challenges. Nous faisons mieux aujourd'hui que certaines usines du groupe et nous avons obtenu le feu vert pour la construction d'une nouvelle unité de préfabrication.

Malgré ces succès, le combat continue. Tout va désormais très vite et nous devons aller encore plus vite pour nous adapter. Tel un boxeur, nous sommes sonnés par les coups mais il faut repartir et se battre.

Nous souhaitons préparer nos gens aux profondes et rapides modifications pour qu'ils soient efficaces demain, tels sont nos enjeux.

Quels seront les principaux aspects du management de l'an 2000 ?

Quels seront les comportements essentiels et les choix de management à respecter absolument pour satisfaire aux exigences de l'entreprise et contribuer à son succès ?

Quelles actions mettre en œuvre dans l'entreprise qui permettront d'augmenter la motivation du haut en bas de la pyramide, de favoriser l'empowerment et d'accroître la qualité du travail de groupe ?

Nous souhaitons amener nos cadres à adopter de nouvelles attitudes et à mettre en œuvre de nouveaux comportements managériaux pour anticiper le futur et agir efficacement dans ce paysage complexe. »

Cet ouvrage tente d'apporter des réponses précises à ces interrogations. Il est le fruit de notre expérience, des questions posées par nos clients et des réponses apportées lors de nos interventions.

Des changements inéluctables

Le management du futur est déjà d'actualité. Il vient après un XXème siècle qui fut celui de l'essor du rationalisme et du matérialisme liés aux conditions économiques, sociales et politiques. Des milliers d'entreprises ont vu le jour, d'autres ont disparu. Le travail est une préoccupation qui concerne désormais la quasi totalité des citoyens du monde moderne. Ce siècle turbulent s'est achevé après avoir connu de fortes préoccupations sociales : notons les crises économiques de 1929, de 1973 puis des années quatre-vingts et quatre-vingt-dix, n'oublions pas, sur le plan politique, les deux guerres mondiales de 1914-18 et 1939-45 ni la remise en cause de la société occidentale à la fin des années soixante.

Dans ce contexte, les entreprises ont connu de multiples mutations organisationnelles. Le rythme de ces évolutions s'accélère de plus en plus.

Dernièrement, les profonds changements initiés au cours des années quatre vingt ont contribué au développement de nouvelles pratiques managériales. Des initiatives importantes ont permis aux entreprises de s'adapter et font désormais partie du paysage habituel. Parmi les principales d'entre elles, on trouve notamment :

- la qualité totale ;
- le développement d'une vision organisationnelle ;
- la transition vers une structure basée sur des équipes ;
- le partenariat avec les clients et les fournisseurs ;
- la réduction de taille ;
- le *reengineering* ;
- le *benchmarking* ;
- l'accroissement de l'externalisation ;
- l'utilisation accrue de personnel intérimaire.

Toutes ces actions s'inscrivent dans un mouvement inéluctable vers de nouvelles formes organisationnelles, véritable impératif stratégique.

Ainsi, à moyen terme, le succès des entreprises est lié au management de la valeur pour le client. Comment proposer un meilleur rapport qualité/prix que les concurrents. Les vrais attributs de la qualité sont définis par la satisfaction des clients tant du point de vu des produits, des services que des relations. Il y a donc nécessité de construire une entreprise orientée client et adaptée au métier.

Et puis à long terme, la clé du succès est de choisir l'organisation la plus adaptée pour réaliser les choix stratégiques.

Avec ces profonds changements, les repères habituels sont modifiés. La culture de l'entreprise apprenante émerge en s'appuyant sur de nouvelles valeurs et de nouveaux savoir-faire tels que :

- la formation : sur le tas, en séminaire, en auto-formation, par le client, par le fournisseur, par le tuteur, par l'expérience, par l'expérimentation, par les outils qualité, par le *coaching* ;

© Dunod – La photocopie non autorisée est un délit

- la curiosité intellectuelle permanente avec l'écoute client, la veille technologique, l'intelligence économique, le benchmarking, les scénarios stratégiques, les consultants, les voyages, les nouvelles recrues ;
- une remise en cause des modèles mentaux ;
- la connaissance des effets de systèmes ;
- l'apprentissage collectif autour de valeurs, de la vision, du même langage, la formation de tous, la formation en équipe, de nouveaux indicateurs ou de nouveaux systèmes d'évaluation ;
- l'employabilité interne et externe des collaborateurs.

En même temps, ces changements ont des effets sur l'organisation et transforment la dimension humaine de l'entreprise aussi bien en interne qu'en externe.

- On assiste ainsi à la reconception des processus avec parfois suppression de niveaux hiérarchiques.
- On se focalise sur la satisfaction du client et on développe avec lui de nouvelles relations.
- On privilégie un mode de relations internes de type client/fournisseur.
- On positionne plus de collaborateurs en contact avec le client.
- On accroît la responsabilité des opérateurs (*empowerment*) et par conséquent de nouveaux rôles apparaissent pour les managers.
- Les flux d'informations se développent particulièrement en transversal.
- Il y a plus de travail en équipes pluridisciplinaires et plus d'objectifs à atteindre.
- Les relations avec les fournisseurs se transforment.

Dans ce mouvement d'ensemble vers de nouvelles formes organisationnelles, de nouveaux leviers de développement font leur apparition dans les entreprises. On mise sur l'homme pour assurer le fonctionnement et le développement des entreprises. La dimension humaine prend une part très importante. Et, en occupant une place de plus en plus importante, le rôle de l'homme devient une préoccupation croissante dans le fonctionnement des organisations. Par exemple on s'interroge sur le rôle des acteurs sociaux, sur la complexité des motivations.

Si l'évolution technologique est très rapide il n'en va pas de même pour les organisations ni pour l'individu. En effet, les pratiques managériales actuelles se sont surtout développées au cours du XXe siècle. Les premières approches de la conception des organisations et du management ont donné naissance aux fondements et aux représentations mentales actuelles de l'être humain au travail. À partir de ces fondements, un ensemble cohérent de valeurs, de croyances et de repères a constitué le système de référence des individus et de leur comportements professionnels.

Aujourd'hui la mise en place d'organisations nouvelles, plus flexibles, rencontre plusieurs obstacles liés :

- aux références culturelles et au modèle hiérarchique issus du taylorisme ;
- aux comportements managériaux anciens ;
- aux représentations mentales fondées sur les anciennes références culturelles ;
- au système de gestion des ressources humaines pas toujours en cohérence avec les enjeux actuels.

Malgré ces obstacles, les entreprises s'appuient sur les hommes pour réussir dans leur challenge d'adaptation et de développement.

Pour comprendre ces obstacles et pour pouvoir les dépasser, nous proposons un rapide survol des fondements du management traditionnel.

Les fondements de la conception des organisations et du management

➤ Le rationalisme scientifique des organisations

La réflexion sur l'organisation des entreprises a débuté avec l'avènement de l'ère industrielle dès le XIXe siècle. La volonté de rationalisation s'est véritablement accrue au tournant du siècle et a intégré progressivement la dimension des relations humaines.

© Dunod – La photocopie non autorisée est un délit

L'entreprise, institution économique et sociale majeure de notre ère matérialiste, fait l'objet de théories foisonnantes sur les problèmes liés à l'organisation des hommes en collectivités de production[1].

Dans cette première tentative d'organiser rationnellement les entreprises, le rôle de l'ingénieur fut prépondérant. Le plus connu demeure encore de nos jours Frederick W. Taylor. Il développe « l'organisation scientifique du travail » en s'appuyant sur des recherches menées dans les entreprises sidérurgiques. Taylor prône l'organisation scientifique des tâches de tout le personnel. L'organisation est pour lui fondée sur la division verticale du travail et repose sur la répartition scientifique des ouvriers et des tâches. Ford représente le modèle par excellence de cette conception.

En France, Henri Fayol[2] théorise sur la direction des entreprises. Il propose une définition simple de celle-ci : planifier, organiser, commander, coordonner et contrôler. On retrouve dans cette formalisation les bases du management traditionnel.

Max Weber, sociologue, est le troisième personnage influant dans cette volonté de rationalisation. Il s'attache à définir l'administration bureaucratique idéale. Strictement hiérarchisée elle tire son efficacité de règles impersonnelles, transparentes, applicables à tous pour permettre de prendre les décisions.

L'approche rationaliste transforme l'entreprise en un lieu d'échanges rationalisés entre individus. Les règles, les procédures et les structures sont définies pour permettre une efficacité maximale dans l'atteinte des objectifs. L'ingénieur est le représentant de la pensée et l'ouvrier la force de production.

➤ Le courant des relations humaines

Dès les années trente, aux États-Unis, se développe un nouveau courant fondamental pour le développement de l'efficacité des entreprises et des personnes.

Elton Mayo, professeur à l'université de Harvard, inscrit dans le courant de l'organisation scientifique du travail, est un personnage clé dans le développement de cette approche. De 1927 à 1932, il mène des

1. Voir Renaud Sainsaulieu, *Sociologie de l'organisation et de l'entreprise*, Presses de Sciences Po/Dalloz, 1987.
2. Henri Fayol, *Administration industrielle et générale*, Dunod, 1918.

expériences dans les ateliers de la Western Electric à Hawthorne. Elles sont destinées à déterminer les motivations réelles de travailleuses afin de modifier leur conditions de travail dans le but d'améliorer la productivité. Les américains toujours très pragmatiques n'hésitent pas à réaliser ce genre de recherches. L'équipe d'Elton Mayo met en évidence que l'attention portée aux relations humaines permet l'accroissement de la productivité[1]. En d'autres termes les relations développées entre les ouvrières créent une dynamique de groupe qui joue un rôle dans l'accroissement de la productivité.

La prise en compte du phénomène humain en organisation débute, de manière scientifique, à cette époque. Désormais les travaux s'orientent vers la recherche de l'adéquation entre les objectifs organisationnels et ceux des hommes. Dans cette optique les buts et les motivations personnelles vont prendre une place prépondérante.

Dans le même temps, un autre personnage clé, Kurt Lewin, réalise des travaux sur les groupes restreints et les formes de pouvoir en leur sein : le leadership. Les résultats de ces recherches convergent. Elles mettent en évidence l'avantage de la coopération sur la division du travail.

Dès cette époque, en 1938, la réflexion sur le leadership et les formes de commandements se développe. Ronald Lipitt et Ralph White travaillent avec Kurt Lewin et mettent en évidence les premiers styles de management.

Au cours des décennies suivantes, de nombreux travaux voient le jour pour étudier les phénomènes de groupe et la coopération. Les travaux de Kurt Lewin et de ses élèves donnent naissance aux premiers groupes de formation sur la compréhension des phénomènes de groupe. C'est la naissance des T-groups (*Training groups*) ou groupe de formation. Nous sommes en 1947, le National Training Laboratory (NTL) à Bethel dans l'état du Maine, propose les premières formations à la dynamique de groupe. Quelques années plus tard, en 1961, le NTL propose les premiers groupes consacrés à la connaissance de soi[2]. L'embryon des séminaires de développement personnel prend corps à ce moment-là.

1. Le lecteur peut trouver le récit de ces expériences dans l'ouvrage de Didier Anzieu, *La Dynamique des groupes restreints*, Puf, 1968 ; ou de Philippe Bernoux, *La Sociologie des organisations*, Point Seuil, 1985.
2. Will Schutz fait ses études de psychologie dans les années quarante et obtient son diplôme en 1951. Il est au cœur du développement de cette science naissante et sera un membre associé très important du NTL. Voir W. Schutz, *Elements of Encounter*, Joy Press, 1973.

© Dunod – La photocopie non autorisée est un délit

Prendre en compte la dimension humaine dans l'entreprise devient la préoccupation de nombreux chercheurs tant aux États-Unis qu'en Grande-Bretagne ou en France dans les années soixante.

Les théories psychanalytiques nourrissent aussi la réflexion avec Eliot Jaques[1], Eugène Enriquez[2] et Max Pagès[3] notamment.

Le courant des relations humaines montre que le bien-être des individus joue un rôle dans la réussite et l'efficacité des équipes et de l'organisation. Une certaine conception humaniste de l'organisation se développe alors.

Malheureusement les entreprises ne chercheront pas beaucoup à intégrer l'approche humaniste dans leur fonctionnement. Les investissements privilégiaient plus souvent les aspects techniques dont la rentabilité est plus facilement mesurable. Par ailleurs, les réflexions et recherches sont menées selon des axes différents aux États-Unis et en France. Là-bas on développe la dynamique des groupes et les approches centrées sur l'individu. Ici la dynamique de groupe s'inscrit dans une réflexion sociopolitique où la psychanalyse est très présente.

➤ L'approche sociologique des organisations

L'approche sociologique permet de comprendre comment les hommes agissent dans l'organisation. Dans les années soixante-dix, en France, Michel Crozier et Erhard Friedberg[4] montrent comment chaque acteur élabore une stratégie personnelle dans le but d'accroître son influence. Celle-ci dépend de la perception de la situation et des sources de pouvoir de l'acteur. « L'analyse stratégique » de l'organisation permet alors de comprendre le comportement des acteurs à partir du rôle central des relations de pouvoir. Ce qui s'échange et se négocie, c'est le pouvoir.

Cette approche considère l'organisation comme un lieu où s'exercent des tensions internes dues pour la plupart aux stratégies des différents

1. Eliot Jaques, *Intervention et changement dans l'entreprise*, Dunod, 1972.
2. Eugène Enriquez, « Les Communications dans les organisations sociales », *in* Hierche (H.) et coll., *Les Techniques modernes de gestion de l'entreprise*, Dunod, 1962 ; plus récemment *L'Organisation en analyse*, Puf, 1992.
3. Max Pagès, « Éléments de théories sur les entreprises en tant qu'organismes sociaux », *in Hommes et Entreprises*, Cahier de la section 4, 12003-2, 1957 ; plus récemment *L'Emprise de l'organisation*, Puf, 1979.
4. Voir Michel Crozier et Erhard Friedberg, *L'Acteur et le système*, Seuil, 1977.

acteurs. L'organisation se comprend comme le résultat d'un processus permanent de négociation du pouvoir. Les individus ne sont pas des exécutants mais des acteurs ayant des comportements stratégiques pour maintenir ou accroître leur pouvoir.

Remarquons néanmoins que les entreprises étudiées par Crozier et Friedberg s'inscrivaient dans la logique rationaliste taylorienne. On peut faire l'hypothèse que les comportements stratégiques des acteurs se développent dans ce cadre et ce climat organisationnel particulier influencé par les représentations rationalistes et productivistes.

La conception « rationaliste » cherche à rationaliser le plus possible les échanges entre les fonctions et les personnes. Cela crée un climat organisationnel qui limite la confiance en l'individu. Par conséquent, l'acteur cherche à développer des comportements stratégiques qui échappent à la rationalité de l'organisation. Ainsi dans un tel climat, l'acteur se comporte de manière à reprendre du pouvoir sur l'organisation. Il arrive que ces comportements soient peu opérationnels, voire opposés aux besoins de l'entreprise.

Si la logique d'action et de conception de l'organisation était autre que rationnelle, nous trouverions probablement d'autres formes de comportements et d'attitudes. L'œuvre de Crozier a le mérite de montrer l'impossible éradication de l'humain de l'entreprise. Aussi rationnelle soit-elle l'organisation laisse agir des personnes qui feront des choix. Les comportements stratégiques résultent d'un ensemble de choix mis en œuvre par des acteurs désireux d'exercer leur libre arbitre. Pour valoriser l'image qu'il a de lui-même l'être humain souhaite agir selon ses propres choix.

On constate que les approches développées par les ingénieurs rationalistes ont constitué les fondations nécessaires aux courants humanistes et sociologiques. Aujourd'hui ces trois logiques cœxistent, à des degrés divers, dans les représentations mentales des acteurs.

La conception taylorienne a fortement imprégné les acteurs de l'entreprise depuis plusieurs années. L'approche humaniste, dans ce contexte, a été souvent considérée comme peu réaliste. Quant à l'approche sociologique elle fut souvent utilisée pour renforcer l'idée qu'on ne peut faire confiance aux individus car ils veulent accroître leur pouvoir.

Nous pouvons alors nous demander quelles nouvelles formes de management les entreprises post-tayloriennes peuvent-elles mettre

© Dunod – La photocopie non autorisée est un délit

en œuvre pour développer la dimension humaine désormais prépondérante et comment peuvent-elles y parvenir ?

Cette question est d'autant plus prégnante quand le monde de l'entreprise devient un système de contradictions. Les orientations, les stratégies, les organisations, les objectifs ou les moyens mis en œuvre tiraillent souvent les acteurs entre des choix difficiles.

Les leviers de développement et d'innovation de l'entreprise

Pour améliorer leur fonctionnement, assurer leur développement et l'innovation, les entreprises disposent aujourd'hui de cinq leviers essentiels : les produits et services ; les processus ; l'organisation ; les systèmes d'information et l'Homme. Les nouvelles technologies de l'information et les comportements humains sont déterminants. Au cœur d'une action collective nouvelle, ils sous-tendent l'efficacité et la productivité des organisations orientées client. Ces cinq leviers forment un système complexe et cohérent.

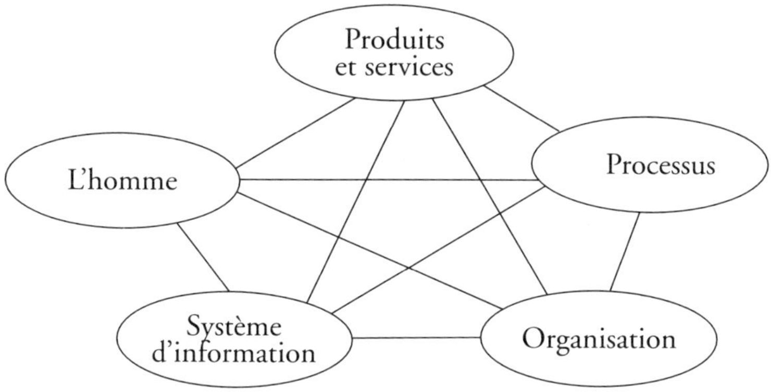

Figure 1 – Les cinq leviers de développement et d'innovation

➤ Les produits et les services

Le premier levier de développement concerne les produits et les services à améliorer ou à créer. Ici le génie des hommes et de ses techniques permet d'analyser, d'améliorer, d'innover et d'inventer.

Toute entreprise recherche continuellement à offrir de nouveaux produits ou services. Sans cette créativité, elle serait condamnée à disparaître. Les constructeurs automobiles, par exemple, proposent régulièrement de nouveaux modèles, des innovations technologiques et des services complémentaires. Ford, par exemple, propose plus qu'une voiture, il offre un moyen de déplacement associé à des services comme l'assurance ou l'entretien.

De nouveaux concepts apparaissent. La nouvelle voiture Smart est la transposition de la méthode des montres Swatch au domaine automobile. L'idée est de proposer au consommateur urbain une voiture répondant aux besoins de mobilité, de personnalisation et de facilité d'emploi. Grâce à l'interchangeabilité des composants, le propriétaire d'une Smart peut faire modifier le look de sa voiture, remplacer la carrosserie ou le décor intérieur. Lors de l'achat, le client repère un modèle parmi les véhicules exposés dans une tour. Il choisit les couleurs et les options sur une borne interactive et passe sa commande. Le temps de boire un café et regarder un film dans l'espace d'accueil, il repart avec sa voiture après moins de deux heures d'attente. Malgré quelques déboires commerciaux, la Smart est un complexe d'innovations : les matériaux, les processus, les rapports avec les fournisseurs, l'organisation de l'usine, la commercialisation.

➤ Les processus

Le deuxième levier concerne les processus de production mis en œuvre pour la réalisation des produits et des services. Les normes qualité sont là pour garantir au client la parfaite maîtrise de ces mécanismes.

Optimiser l'ensemble des processus et leur articulation est aujourd'hui un enjeu majeur. Cela permet d'assurer la conformité des produits et de minimiser les coûts.

Aussi depuis une vingtaine d'années plusieurs entreprises précurseurs se sont engagées dans la voie de la maîtrise de leurs processus clés. Selon Charles Vincent et Bernard Diridollou[1], ces entreprises inaugurent l'ère du management des processus.

Cette nouvelle façon de voir privilégie la valeur et la non-valeur perçues et attendues par le client et non par les experts de l'entreprise.

1. Bernard Diridollou et Charles Vincent, *Le Client au cœur de l'organisation*, Les Éditions d'Organisation, 1997.

© Dunod – La photocopie non autorisée est un délit

La valeur perçue sert à structurer l'offre des produits et services mais aussi l'organisation de l'entreprise.

La démarche qualité s'intéresse à l'amélioration permanente des processus plutôt qu'à celle des produits. La compétitivité de l'entreprise se situe sur la cohérence des processus et des interfaces entre métiers. Ainsi le choix de la bonne organisation est un enjeu stratégique majeur au même titre que la mobilisation de l'ensemble du personnel.

Dans le cas de la Smart, tout, de la conception du véhicule à son système de commercialisation, en passant par les choix techniques et les méthodes d'industrialisation, est conçu en cohérence avec l'objectif : offrir une voiture facile à personnaliser. Cette amélioration continue des processus dépend de la technologie mais aussi et surtout de la mise en place d'une démarche collective de progrès.

L'entreprise BCD[1] est une PMI de quarante personnes environ, leader en France dans son domaine d'activité. Cette entreprise livre clé en main des produits dont elle sous-traite la fabrication. Son directeur souhaite améliorer encore le service à ses clients. Pour y parvenir le choix se porte sur l'amélioration du processus commande. Ce dernier est situé dans la chaîne :

Recherche et Développement → Vente → Commande → Sav.

Le processus commande se déroule en quatre phases :

Réception de l'appel du client → Traitement → Acheminement → Réception de la marchandise.

Ce processus démarre au service Administration des ventes où une responsable commerciale sédentaire (RCS) prend l'appel. La commande est alors transmise au service logistique. Puis le processus continue à l'extérieur de l'entreprise avec un transporteur qui assure l'acheminement et la livraison.

Après analyse, on s'aperçoit que la RCS traite aussi bien les appels entrant que sortant. Or il s'agit de deux activités bien distinctes. Dans cette logique le processus est poussé plutôt que tiré, ce qui ne donne pas une entière satisfaction. Il manque un pilote pour tirer le processus à partir de la demande du client.

Le responsable de l'entreprise BCD fixe comme objectifs : réduire par deux le temps de traitement de la commande, diminuer le stress en simplifiant le

1. Le nom de l'entreprise est ici fictif pour des raisons de confidentialité. L'intervention relatée fut menée par André de Chateauvieux, consultant à la Cegos.

processus, réduire à un seul acteur le nombre d'intervenant dans ce processus et entrer dans une logique de promesse tenue au client en termes de rendez-vous à la livraison.

La RCS ne traite plus que les appels de prospection. Une nouvelle fonction pilote est créée vers laquelle sont orientés les appels entrant. Ses rôles sont de :

–préciser la demande du client ;

–faire exprimer un rendez-vous réaliste pour la livraison ;

–vérifier que cette date est tenable et faisable pour BCD ;

–obtenir l'engagement du client sur sa commande ;

–tenir la promesse.

La saisie sur papier de la commande spécialisée a disparu. La fonction Planning Ordonnancement a changé de main pour être sous la reponsabilité du pilote.

La RCS quant à elle se consacre essentiellement à la vente et à la prospection ce qui a permis d'accroître très vite les ventes de 20 %.

➤ L'organisation

Le troisième levier concerne l'adaptation de l'organisation pour faire face aux nouveaux enjeux. Il s'agit ici de faire évoluer la structure de l'entreprise. Les nouvelles technologies (dont celles de l'information), la recherche permanente de la satisfaction du client et de ses nouveaux désirs poussent l'entreprise à modifier son organisation. L'important n'est plus le management des hommes mais le management des processus. Dans cette évolution l'organisation se modifie.

Par exemple telle compagnie aérienne décentralise ses centres de décisions et se réorganise en régions commerciales. Telles banques ou compagnies d'assurance fusionnent afin d'affronter la concurrence mondiale. Renault et Nissan s'allient pour avoir une taille suffisante afin de faire face aux investissements et accroître leur marché.

Dans le cas de la Smart les sous-traitants sont regroupés sur le même parc industriel que l'assembleur. Sept équipementiers interviennent directement sur le site. Ils livrent ou montent sur la chaîne les composants qu'ils fabriquent sur place. Les tâches administratives sont presque toutes externalisées. L'amélioration de la qualité, le développement du produit et la gestion du personnel reviennent aux équipes organisées en

© Dunod – La photocopie non autorisée est un délit

îlots autonomes. La hiérarchie est réduite à deux niveaux. Cette organisation permet de réduire de 30 % les coûts par rapport à une organisation classique.

Les anciennes structures pyramidales laissent de plus en plus la place à des organisations matricielles ou en réseaux. Les nouvelles formes d'organisations impactent fortement les structures, les hommes, les références culturelles et les modes de management. En quelques années la métamorphose d'Air liquide est saisissante. Tout en gardant sa culture d'ingénieur elle a découvert le service. Elle a reconstruit son organisation, son informatique et ses processus industriels en s'orientant client. La culture managériale a évolué et se fonde sur l'autonomie des équipes. L'entreprise se décloisonne et se fluidifie.

> Dans le cas de l'entreprise BCD, la fonction de pilote est complètement transversale. Dans l'ancien système chaque fonction était située par département ou service selon un logique verticale.

➤ Le système d'information

Le quatrième levier est le système d'information. Les nouvelles technologies de l'information et de la communication sont maintenant au cœur de l'entreprise et permettent de la reconsidérer. Les progiciels intégrés ERP (*Enterprise Resource Planning*) permettent de savoir, à tout moment, en temps réel, ce qui se passe dans l'ensemble des fonctions de l'entreprise production, achats, stocks, ressources humaines.

La stratégie est concernée en premier lieu. En effet, ces technologies révolutionnent les méthodes de vente, l'après-vente, les délais de conception des produits. Dès qu'un commercial réalise une vente, l'information saisie est disponible dans tous les domaines de l'entreprise. S'il manque une pièce pour terminer un assemblage, le système interroge tous les dépôts de l'entreprise (dans le monde entier si nécessaire) et trouve en une seconde où se la procurer.

Les méthodes de production sont elles aussi concernées car les équipements sont de plus en plus intelligents.

Toutes les fonctions de l'entreprise sont touchées, les processus subissent des reconceptions et l'information doit être disponible à tout moment pour que chacun accomplisse ses tâches[1].

1. Jean Brilman, *L'Entreprise réinventée*, Les Éditions d'Organisation, 1995.

La tâche du pilote de processus de l'entreprise BCD est rendue possible grâce à l'informatique. Toutes les informations sont accessibles. Le pilote connaît l'état des stock, les délais de réception des produits, les combinaisons de remplacement possibles, les délais de livraisons probables, les plannings. Grâce à cet accès en temps réel aux informations le pilote peut efficacement répondre à ses clients.

Les nouvelles technologies de l'information et de la communication (NTIC) évoluent si vite que le succès des organisations repose sur leur flexibilité et capacité à s'adapter aux changements rapides ou répétés. Dans ces mouvements d'évolution des NTIC, et de l'organisation, l'individu est fortement sollicité par l'ensemble des modifications s'opérant autour de lui. Ses échanges se multiplient, la coopération avec les autres acteurs devient incontournable, la responsabilisation est vitale. En effet, les progiciels ne fonctionnent de manière optimale que s'ils sont alimentés par les salariés.

Le succès de l'entreprise n'est plus seulement lié à la qualité de ses produits, à la maîtrise de ses processus et à son organisation mais à la capacité des employés à travailler dans ce nouvel univers. Cela signifie de forts engagements et une capacité élevée de la part des directions pour faire comprendre et accepter ces nouvelles façons de travailler.

➤ L'être humain

L'homme est le cinquième levier de développement et d'innovation. Grâce à la capacité des individus à réagir et à innover, l'organisation peut effectuer ses adaptations.

Aujourd'hui nous sommes dans une phase où l'ensemble des changements sollicitent fortement l'individu. Son travail en est modifié. Ses relations professionnelles évoluent et changent de contenu.

La source de développement réside en la capacité des personnes à coopérer en transversal, à développer des relations de travail nouvelles et de qualité avec les clients internes ou externes. Le travail en équipe (*équipe* désignant les personnes d'une organisation, ou d'une unité devant remplir une mission commune) est central. Le succès des opérations dépend d'employés autonomes et responsables. Chaque équipe ne produit de bons produits ou services que si ses membres savent bien travailler ensemble. Le rôle de l'homme est désormais capital pour permettre aux organisations d'être encore plus efficaces.

© Dunod – La photocopie non autorisée est un délit

Dans le cas de la Smart, cinq compétences de bases sont demandées aux opérateurs de montage : raisonnement logique, capacité d'attention et de concentration, dextérité manuelle, mémorisation des consignes et culture générale. En plus de ces compétences le constructeur recherche aussi l'esprit d'équipe et la capacité à résoudre des problèmes. Il attend de certains opérateurs d'être capables d'avoir de l'ascendant sur un groupe afin d'exercer un rôle d'animateur. Ce dernier organise le travail quotidien, veille au contrôle qualité. Il est également l'interlocuteur des responsables de production.

Le distributeur fleuriste Truffaut, spécialisé en jardinerie et animalerie a obtenu le prix de la satisfaction[1] pour avoir développé un fort lien affectif avec les clients. Partant de l'idée que le client est un être humain avant toute chose le PDG a souhaité créer en interne l'Institut du développement humain et de la formation. Sa mission est de permettre aux salariés de développer de nouveaux comportements. La satisfaction du client externe passe par le bien-être du personnel, des collaborateurs et donc de la satisfaction des clients internes.

> Pour BCD, l'implication des personnes a été la clé pour analyser et diagnostiquer la situation, puis pour trouver les solutions idoines. Le travail en groupe, avec les acteurs clés du processus, a permis d'identifier le problème et d'envisager les options d'amélioration. Grâce au travail en commun, les personnes se sont senties responsabilisées. En même temps, le dialogue ouvert a facilité les confrontations et a traité les conflits latents.

Le rôle du manager, ou du leader, est déterminant pour permettre aux personnes, aux équipes ou au groupes de fonctionner au meilleur de leur possibilités et de se développer.

Au cœur de l'entreprise, l'aspect humain concerne quatre niveaux : l'individu, l'innovation sociale, la culture et ses valeurs, la relation au client.

> Une banque suisse innove pour aller encore plus près de ses clients en ouvrant des « Centres de vie ». Dans ces lieux conviviaux et accueillants, les clients trouvent un guichet traditionnel, des bancomates et des bornes interactives pour faire des simulations. Des commerciaux ou des conseillers circulent dans cet espace comme des vendeurs dans un magasin pour aller

1. Prix Enjeux-Andersen Management. Voir « À l'écoute du client », Libie Cousteau, *Enjeux les Echos*, n° 146, avril 1999.

au devant des clients. Il s'agit d'être présent pour créer un lien fort et répondre aux attentes. L'endroit et son mobilier sont aussi étudiés pour donner envie d'y revenir.

On le voit, l'humain est aujourd'hui un véritable capital dont la bonne gestion et le développement sont devenus des enjeux déterminants pour la réussite des entreprises.

L'humain : nouveau capital des entreprises

Depuis quelques années plusieurs types d'initiatives ont vu le jour pour mobiliser l'ensemble du personnel aux enjeux des entreprises. La plus importante est l'apparition de référentiels qualité indiquant de nouveaux aspects à prendre en compte pour la performance des organisations. Parmi ceux-ci l'homme tient une place importante. On peut en prendre la mesure dans les références faites à certains concepts tels que la confiance, la mobilisation du personnel, le leadership, les relations de qualité ou la valeur ajoutée pour le personnel.

Les entreprises engagées dans ces voies sont des précurseurs qui influenceront certainement les pratiques managériales futures.

➤ Les référentiels Qualité et d'Auto-évaluation

Certains référentiels TQM (*Total Quality Management*) mentionnent clairement dans leurs critères la place accordée à la dimension humaine.

Par exemple la grille d'évaluation du Malcom Baldrige National Quality Award s'organise en sept piliers : leadership, information et analyse, plan stratégique qualité, développement et management des ressources humaines, management du processus qualité, résultats opérationnels et en matières de qualité, focalisation sur le client et sa satisfaction.

Ces sept piliers fondamentaux se traduisent en dix neuf verbes d'action du management moderne[1].

Nous y voyons l'importance de certains critères concernant la dimension humaine, le leadership, l'équipe, l'autonomie et la responsabilisation des employés :

- impliquer tout le personnel de l'organisation ;

1. Jean Brilman, *L'Entreprise réinventée*, *op. cit.*

© Dunod – La photocopie non autorisée est un délit

Tableau 1.1 – Les dix-neuf verbes d'action du management moderne[a]

Impliquer tout le personnel de l'organisation	Impliquer les fournisseurs
Améliorer en permanence	Raccourcir le temps de cycle
Mesurer	Développer une vision
Benchmarquer	Rendre la qualité stratégique
Intégrer	Penser système
Construire des équipes	Lier l'approche aux résultats
Définir la qualité du point de vue du client	Accroître les pouvoirs de décision des collaborateurs (*empowerment*)
Former	Déployer les systèmes
Planifier	S'impliquer personnellement
	Simplifier

a. C. W. Hart et C. E. Bogan, *The Baldrige*, Mc Graw-Hill Inc., New York, 1992.

- construire des équipes ;
- développer une vision ;
- penser système ;
- accroître les pouvoirs de décision des collaborateurs ;
- s'impliquer personnellement.

En Europe, l'EFQM (*European Foundation for Quality Management*) fournit une grille d'évaluation qui se profile comme le modèle européen du management par la qualité totale. Il ne s'agit pas du tout d'une conception théorique d'experts. Ce système, comme le Baldrige aux États-Unis, est issu de l'observation des pratiques des entreprises les plus performantes.

La mission de l'EFQM, à travers l'Europe, consiste à : stimuler et aider les organisations, à participer à des activités d'amélioration destinées à atteindre l'excellence en matière de satisfaction des clients, de satisfaction du personnel, d'impact sur la collectivité et de résultats opérationnels.

La dimension humaine apparaît fortement au travers des conceptions avancées par l'EFQM :

- « Développement et implication du personnel : le plein potentiel du personnel est libéré grâce à un ensemble de valeurs partagées et à une culture basée sur la confiance et la délégation de responsabilités. L'implication et la communication sont largement répandues et sont soutenues par des opportunités de formation et de développement des compétences. »
- « Leadership et cohérence des objectifs : Les dirigeants développent la culture de l'organisation. Ils orientent les ressources et les efforts de celle-ci vers l'excellence. La politique et la stratégie sont déployées d'une manière systématique et structurée à travers toute l'organisation et toutes les activités sont alignées sur elles. Les attitudes du personnel sont elles aussi alignées sur les valeurs et la stratégie de l'organisation. »
- « Orientation des résultats : le succès durable dépend de l'équilibre et de la satisfaction des partenaires : les clients, les fournisseurs, le personnel employé, les actionnaires, ainsi que les collectivités en général. »[1]

De son côté, le référentiel d'auto-évaluation Oliver Wight, du nom d'un cabinet américain, permet aux entreprises de savoir si leur organisation et leur système de management sont proches de la « classe mondiale ». Les critères sont organisés en cinq chapitres dont un à propos des processus concernant les personnes et les équipes. Parmi les caractéristiques de l'entreprise de « classe mondiale » on trouve notamment les critères suivants[2] :

- les dirigeants ont une vision et le leadership nécessaire pour changer et motiver les autres à le faire ; ils donnent l'exemple ;
- tous les niveaux de la hiérarchie traitent le personnel avec confiance, ouverture et honnêteté. Le travail en équipe est valorisé et les personnes ont de l'autonomie et le pouvoir de prendre des décisions liées à leur action sur le terrain.

Dans ce référentiel les entreprises sont classées en A, B, C, ou D. Pour ce qui concerne les personnes et les équipes, la classe A est caractérisée par : « Confiance, travail d'équipe, respect mutuel, communications ouvertes et un haut degré de sécurité d'emploi caractérisent les

1. *Auto-évaluation, directives pour entreprises,* EFQM, 1996.
2. *In* J. Brilman, *L'Entreprise réinventée, op.cit.*

© Dunod – La photocopie non autorisée est un délit

relations entre l'entreprise et les employés. Ceux-ci sont contents de leur société et fiers d'en faire partie ».

La classe D quant à elle peut se résumer à : « Les relations employeurs/employés sont au mieux neutres, parfois négatives ».[1]

➤ Les nouvelles pistes de la valeur ajoutée

Aujourd'hui, quand on évoque le management par la qualité totale, la tendance est de combiner trois indicateurs majeurs : EVA, *Economic Value Added* ; CVA, *Customer Value Added* et PVA, *People Value Added.* La valeur ajoutée se situe au cœur d'un triangle formant un nouvel équilibre.

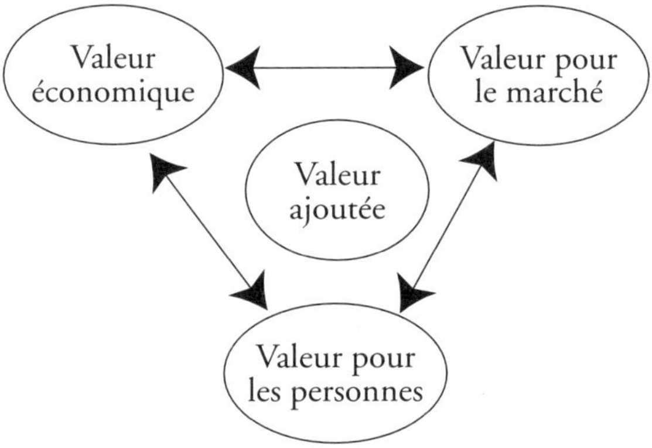

Figure 2 – Le triangle de la valeur

- L'EVA correspond à la valeur économique ajoutée. Il s'agit de la valeur pour l'actionnaire et pour l'investisseur potentiel. Ce critère mesure en quoi l'entreprise est attractive économiquement.
- La CVA correspond à la valeur pour le marché, c'est-à-dire pour les clients et aussi les non-clients. Ce critère représente ce que l'entreprise apporte de plus sur le marché. Un nouveau service par exemple. Cela n'est pas la satisfaction du client. En effet, les clients peuvent être satisfaits et de moins en moins nombreux parce que l'entreprise n'apporte rien de nouveau.

1. *In* J. Brilman, L'Entreprise réinventée, *op. cit.*.

- Enfin la PVA correspond à la valeur pour les personnes. Reconnaissons qu'aujourd'hui ce critère reste encore assez flou. Il pourrait représenter la valeur ajoutée pour le personnel de l'entreprise mais aussi pour ceux qui aimeraient y travailler. Cette notion va au-delà de la satisfaction des personnes. Les employés peuvent être satisfaits mais, sur le marché de l'emploi, l'entreprise n'est pas attractive pour les candidats. Quelques grandes entreprises de classe mondiale ont lancé des programmes de sondage auprès de tous leurs employés pour préciser cette notion. En France, la société GrandVision (Grand Optical, Photo Services, Générale d'Optique) enrichit ses tableaux de bord d'indices tels que la motivation du personnel et le baromètre d'opinion interne[1]. Des critères subjectifs et psychologiques interviennent fortement dans l'appréciation de la PVA. Elle dépend en outre des valeurs personnelles de l'individu. Il y a là un champ intéressant à explorer.

Au forum économique de Davos, en janvier 1999, évoquant les responsabilités sociales des multinationales, Peter Hartz, un des dirigeants de Volkswagen, explique que « plus haute sera la *workholder value* (valeur pour le salarié), plus haute sera la *shareholder value* (valeur pour l'actionnaire)»[2].

L'idée d'une notation sociale pour les entreprises cotées en bourse fait son chemin. Le DSI (*Domini Social Index*) est un indicateur qui traduit déjà les résultats de 400 entreprises cotées à la Bourse de New York choisies pour la qualité de leur gestion des ressources humaines. Le portefeuille qui appartient au Fond d'investissement éthique (*Domini Social Equity Fund*) réalise depuis sa constitution en 1990, des performances supérieures à celles du S & P 500, un des indicateurs de la bourse de New York. Il montre ainsi qu'une bonne politique sociale n'est pas financièrement pénalisante, au contraire[3].

La valeur pour le salarié peut faire contrepoids à la valeur uniquement financière pour l'actionnaire et ceci sans être en contradiction.

De nouvelles questions se posent aux chefs d'entreprise et aux actionnaires. Où est la différence entre la valeur comptable et la valeur réelle

1. Voir « La Matière grise d'une entreprise a-t-elle un prix ? » Isabelle Mas, *L'Expansion*, n° 593, 18 mars 1999.
2. *In* « L'Idée d'une notation sociale pour les entreprises cotées en bourse fait son chemin », Marie-Béatrice Baudet, *Le Monde*, p. VI, mardi 9 février 1999.
3. *Idem.*

© Dunod – La photocopie non autorisée est un délit

de leur société ? Certaines valeurs n'apparaissent jamais dans le bilan. Par exemple la qualité de l'organisation, le climat ou l'ambiance, la satisfaction des clients, la satisfaction des personnes, la capacité à créer et à innover. Toute cette différence représente le capital immatériel de l'entreprise. Dans cette réflexion la notion de capital humain prend de plus en plus d'ampleur. Comment prendre en compte la valeur de notions telles que la connaissance, le savoir-faire, l'esprit d'innovation, la créativité, le talent ou le dynamisme ? Il reste beaucoup de chemin à parcourir. Si l'humain donne vie et futur à l'entreprise, les outils de gestion et de mesure traditionnels ne le reflètent pas encore suffisamment[1]. Le capital humain est à la fois le capital des individus et le capital social de l'entreprise, soit la manière dont cette dernière traite ses employés. À ces deux niveaux beaucoup de choses restent à inventer.

Le management par la qualité totale n'est pas une obligation à remplir par les entreprises. Chacune d'entre elles choisit le fonctionnement et l'organisation qu'elle souhaite. Néanmoins, soulignons la volonté politique de l'EFQM : soutenir les dirigeants des organisations européennes dans l'accélération du processus tendant à faire du management par la qualité totale un facteur décisif dans la génération d'avantages compétitifs globaux. « La lutte pour la qualité est l'une des conditions *sine qua non* du succès de nos entreprises et de notre succès collectif »[2].

Ces différents référentiels récents, européens ou américains, révèlent et génèrent les nouvelles pratiques en cours dans les entreprises orientées clients. Elles s'appuient de manière importante sur la dimension humaine.

Mais le chemin est encore assez long car à ces volontés optimistes s'oppose aussi une certaine réalité. En France, 43 % des cadres pensent que leur entreprise est plus favorable aux actionnaires et 70 % de ces cadres susnommés ne sont pas satisfaits par cette orientation. En même

1. Voir le livre de Edvinsson Leif, Malone Michaël et Mazars, *Le Capital immatériel de l'entreprise*, Maxima, 1999. Le Suédois Leif Edvinsson est reconnu comme le plus grand expert mondial sur le sujet. L'ouvrage est commenté par Mazars, un des principaux groupes internationaux d'audit et de conseil de culture européenne.
2. Jacques Delors, lors de la signature, à Bruxelles, de la lettre d'intention instituant l'EFQM, le 15 septembre 1988.

temps, on note que la fidélité des cadres à leur entreprise et à sa direction s'effrite sérieusement[1].

➤ Les évolutions majeures

Dans ces organisations orientées client un certain nombre de constats concrets sont visibles sur trois niveaux clairement identifiés :

- on assiste à une évolution des valeurs dans l'entreprise ;
- en parallèle les critères de performance changent aussi ;
- en cohérence avec l'évolution des valeurs et des critères de performance, les rôles du management évoluent également.

C'est ce que montrent et résument les trois tableaux suivants[2].

Tableau 1.2 – L'évolution des valeurs dans les organisations orientées clients

Hier et aujourd'hui	Aujourd'hui et demain
Priorité à la hiérarchie	Priorité au client
Obéissance	Autonomie/responsabilité
Spécialisation	Polycompétence
Compétence d'un homme	Compétence d'une équipe
Rapport de force	Partenariat
Gestionnaire	Leader
Chef	Coach, facilitateur, formateur
Entreprise : famille, communauté	Entreprise apprenante
Stabilité	Changement permanent
Poste	Rôle

En parallèle, les critères de performance changent aussi.

1. Selon le sondage *Liaisons Sociales*-Manpower réalisé par CSA à la mi-juillet 1999, *in* « La lune de miel avec l'entreprise est bel et bien finie », par Denis Boissard, *Liaisons Sociales magazines*, septembre 1999.
2. A partir d'un document de la Cegos élaboré par Jean Brilman et Jean-Louis Muller, *Problèmes des ressources humaines dans les nouvelles organisations*, conférence débat du 5 juillet 1995, inédit.

© Dunod – La photocopie non autorisée est un délit

Tableau 1.3 – L'évolution des critères de performance

Hier et aujourd'hui	Aujourd'hui et demain
Ancienneté	Potentiel
Conformité/statut	Contribution, valeur ajoutée client
Jugement sur l'homme	Jugement sur le système
Efficacité individuelle	Efficacité collective
Qualité de conformité	Progrès permanent dans la satisfaction du client
Critères de recrutement : qualification et personnalité	Critères spécifiques pour adéquation à l'organisation
Critères financiers : CA, profits	Critères financiers et non financiers (VA client, satisfaction du personnel)

En cohérence avec l'évolution des valeurs et des critères de performance, les rôles du management évoluent également.

Tableau 1.4 – L'évolution des rôles managériaux[a]

Rôles managériaux actuels	Rôles managériaux à promouvoir
Gérer et contrôler	Stimuler et coordonner
Montrer l'exemple par la technicité et les compétences	Accompagner le développement des compétences des collaborateurs
Assurer la loyauté envers l'entreprise	Assurer la loyauté envers le client
Transmettre les directives	Faire prendre des décisions aux collaborateurs
Définir les fonctions	Confier des missions
Proposer des formules d'organisation	Mettre en œuvre des réponses rapides aux sollicitations des clients et de l'environnement
Avoir des idées	Faire émerger les idées du groupes
Demander à ses collaborateurs de justifier leur activité	Aider les collaborateurs à résoudre les problèmes
Améliorer les performances par fonction	Améliorer les performances transversales
Gérer et animer une collection d'individus	Animer et conduire une équipe

a. D'après Jean-Louis Muller, *La Guerre du temps*, Les Éditions d'Organisation, 1995.

Les évolutions récentes des organisations montrent comment la dimension humaine dans l'entreprise devient une nouvelle source de productivité.

Or un a priori souvent rencontré dans les organisations est qu'il n'y a pas de temps à consacrer à l'amélioration des relations de travail, et l'on préfère se concentrer sur les problèmes concrets.

En réalité, ceci est l'expression d'un manque de lucidité et d'un mensonge de l'organisation à elle-même. En effet, peu de managers pensent que le travail d'équipe est sans importance. La plupart d'entre eux passent beaucoup de temps à essayer d'améliorer le travail en équipe pour plus d'efficacité et de productivité.

Ces nouveaux rôles, vers lesquels s'orientent de plus en plus les managers, sont caractéristiques des attitudes et comportements des leaders et les organisations se développent en demandant à leurs managers d'acquérir ce savoir-faire.

Cette question est d'autant plus prégnante quand le monde de l'entreprise devient un système de contradictions, d'incertitudes ou d'inconnu. Les orientations, les stratégies, les organisations, les objectifs ou les moyens mis en œuvre tiraillent souvent les acteurs entre des choix difficiles ou peu évidents. Les managers sont mis en situation d'exercer de nouveaux rôles alors même que leur propre situation est difficile. Il leur est demandé d'acquérir une dimension presque surhumaine.

Aussi, pour une véritable mise en puissance de l'ensemble des personnes dans l'entreprise, le développement de la confiance et de la dimension humaine sont des enjeux cruciaux. Quand l'organisation effectue sa métamorphose les managers sont invités à mettre en œuvre de nouvelles qualités pour exercer leur rôle. Le management classique voit sa fin au profit d'une certaine conception du leadership.

PAUSE POUR LA RÉFLEXION

Parmi les nouveaux rôles de management :

- Quels sont ceux que vous exercez déjà ?
- Quels sont ceux que vous n'exercez pas ?

Parmi les rôles que vous exercez déjà :

- Quels sont ceux pour lesquels vous vous sentez à l'aise ? En quoi vous sentez-vous à l'aise ?
- Quels sont ceux pour lesquels vous ne vous sentez pas à l'aise ? En quoi ne vous sentez-vous pas à l'aise ?

Parmi les rôles que vous n'exercez pas :

- Lesquels souhaitez-vous développer ?
- Lesquels seront les plus faciles à développer ? En quoi seront-ils faciles ?
- Lesquels ne seront pas faciles à développer ? En quoi ne seront-ils pas faciles ?

CHAPITRE 2

Développer la confiance et la dimension humaine pour faire face à la complexité

Les entreprises sont dans un monde aux technologies de plus en plus compliquées et où le rôle des individus et de leurs savoirs sont de plus en plus importants. Le modèle managérial classique ne suffit plus à faire tourner l'entreprise. Pour Henry Mintzberg[1] le rôle des dirigeants s'exerce sur trois niveaux : l'information, le contact avec les personnes et l'action.

De son côté, Pierre Jocou[2], ancien Chairman et CEO de Mack Trucks, filiale américaine de Renault V. I., considère que le changement de la « posture des hommes » permettra le progrès permanent de l'entreprise. Il interpelle la hiérarchie sur le risque de se retrouver dans l'incapacité culturelle à assumer son rôle de leader. La transformation des représentations et des comportements est plus importante encore pour les managers dont la mission est de susciter et de guider les changements.

Le cabinet P.A. Consulting Group a réalisé une étude[3] auprès de dirigeants et de membres de comités de direction des cent premières entreprises de quinze pays (Europe, Australie et sud-est asiatique). Cette étude internationale cherchait à identifier la vision des dirigeants de

1. Henry Mintzberg, *Out the managers's job*, Sloan Management Review, 1995.
2. Pierre Jocou et Pierre Meyer, *La Logique de la valeur*, Dunod, 1996.
3. Les résultats ont été présentés dans un article « Quel manager pour l'an 2000 ? » *Liaisons Sociales* - le mensuel, février 1997.

l'entreprise du troisième millénaire. Selon cette étude, les dirigeants de tous les pays estiment que les ressources humaines et le leadership seront en l'an 2000, la priorité de leurs priorités. La stratégie et le changement occupent le deuxième rang puis au troisième nous trouvons les technologies de l'information.

Par ailleurs, la conclusion de l'étude fait ressortir trois priorités managériales pour les dirigeants français :

- la capacité à animer une équipe ;
- l'adaptabilité au changement ;
- la capacité à travailler en équipe.

Le management du futur repose donc sur la capacité de comprendre et d'utiliser la force des équipes et des personnes, et de conduire et faire coopérer des hommes plus libres dans un monde plus complexe. L'expérience des entreprises orientées client montre que pour faire face à la complexité les organisations performantes donnent l'entière liberté de décision à des équipes opérationnelles fortes aux individus libres et engagés. En effet, l'esprit humain est le meilleur instrument intégrateur face à la complexité[1].

Par conséquent, si la flexibilité de l'organisation est nécessaire, la flexibilité des hommes et de leurs représentations est également déterminante. En effet, dans tous les secteurs de l'entreprise, et quel que soit le niveau hiérarchique, chacun est impliqué pour mettre en œuvre la flexibilité de l'organisation.

Le nouvel essor des organisations dépend de la véritable acceptation par l'entreprise de laisser agir des sujets humains à l'esprit critique, au haut degré d'autonomie et de responsabilité[2].

Mais, chacun pourra-t-il œuvrer volontairement ? et avec ses passions ? et se sentira-t-il partie prenante de l'aventure collective ? et comment y parvenir ?

Pour les dirigeants interrogés dans l'étude de P.A. Consulting[3], la réponse à ces questions est « d'apprendre en permanence ». Les domaines concernés sont le leadership, le développement personnel et le

1. Voir Michel Crozier, *L'Entreprise à l'écoute*, InterEditions, 1989.
2. Voir Eugène Enriquez, *Jeu du pouvoir et du désir dans l'entreprise*, Desclé de Brouwer, 1997.
3. *In* « Quel manager pour l'an 2000 ? », *Liaisons Sociales* - le mensuel, février 1997.

coaching interne. Une seule petite ombre à ce tableau : tous les dirigeants de tous les pays étudiés dans cette enquête vont dans le même sens sauf dans un pays, la France. Les dirigeants de notre pays insistent beaucoup moins que tous les autres sur le concept « apprendre en permanence ». On comprend les craintes de Pierre Jocou, cité plus haut, à propos de l'incapacité culturelle des dirigeants à assumer leur rôle de leader.

Cette « incapacité culturelle » concerne également tout un chacun. Depuis très longtemps nous avons intégré la notion de structure hiérarchique pyramidale. Nous y sommes complètement habitués. Nous avons appris ce système de référence avec l'École, la Religion, l'Armée, l'État, les clubs sportifs ou autres organisations. Ce système de valeurs nous a forgés. L'approche rationaliste est dans la ligne évidente et directe de la logique pyramidale. Ajoutons que notre culture est celle de l'honneur. Dans cette logique la distance par rapport à la hiérarchie est élevée, on peut même parler de noblesse[1]. Or aujourd'hui, comme nous l'avons illustré plus haut, les organisations sont en quête d'une logique nouvelle.

Comment faire alors pour créer de la flexibilité tant dans les structures que chez l'homme ?

Pour faire face à la complexité, la réponse la plus efficace et la plus simple est : la confiance. Elle est plusieurs fois mentionnée dans les référentiels TQM. Elle est la condition à partir de laquelle les équipes peuvent se développer et l'être humain exercer ses pleines capacités au service de l'organisation et de lui-même. De notre côté, quand nous évoquons ce terme de confiance nous l'employons aussi bien en ce qui concerne les relations entre individus mais aussi, et surtout, entre les individus et l'organisation et sa direction.

On pourrait objecter que notre position repose sur une simple volonté ou conception idéale, voire idéologique, de l'entreprise et non sur de réelles réflexions et références scientifiques des organisations. Or en observant de près les différents courants fondateurs de la réflexion organisationnelle, nous pouvons trouver des éléments de réponse à cette objection.

1. P. D'Iribarne, *La Logique de l'honneur*, Le Seuil, Paris 1989.

© Dunod – La photocopie non autorisée est un délit

L'être humain, pivot de l'évolution de l'organisation

Tout d'abord, et nous l'avons vu plus haut, Taylor a perçu la nécessité de la préparation du travail par une analyse préalable et minutieuse de celui-ci. Ses conceptions reposaient sur une certaine idéologie du pouvoir « scientifique » de la direction et non des ateliers. Dans ce mouvement la science taylorienne eut l'ambition utopique de réguler les rapports humains de manière rationnelle par les détenteurs du pouvoir. Cela était possible en s'appuyant sur une vision de l'homme uniquement motivé par l'argent. Cette conception appauvrie de l'être humain semblait évidente à Taylor. En effet, après avoir retiré à l'ouvrier le pouvoir d'organiser son travail, et donc son intérêt, l'argent semble le moteur principal de la motivation et ce d'autant plus qu'à cette époque les gens étaient dans une situation matérielle plutôt difficile.

Or les ouvriers semblent s'opposer à cette conception du travail, ce qui renforce encore chez Taylor l'idée de leur enlever tout pouvoir de décision et de collaboration. Tous ces principes appliqués par les successeurs de Taylor eurent comme conséquence l'émergence de dysfonctionnements et de conflits sociaux dans les entreprises.

Pour y faire face, la volonté de rationaliser le facteur humain est alors apparue. La psychologie et la psychosociologie étaient à cette époque en plein essor, grâce en partie, aux problèmes rencontrés dans les entreprises et aux recherches engagées par l'armée américaine. Tout naturellement ces sciences ont enrichi la connaissance de l'individu et du groupe.

Mais du courant des relations humaines et de ses conceptions humanistes, les directions n'ont gardé que le strict minimum : les individus et les groupes sont considérés comme des rouages et on doit pouvoir prévoir et orienter leurs comportements. Avec ce schéma de pensée, à aucun moment, on ne donne aux opérateurs une quelconque capacité de décision et de pouvoir. On ne change donc pas beaucoup la conception taylorienne et on continue d'observer que la vie quotidienne de l'organisation est toujours constituée de conflits. Or ces conflits sont d'une nature particulière et ont des sources identifiées. C'est ce que montrent Michel Crozier et Erhard Friedberg dans l'analyse stratégique des organisations qui repose sur trois postulats.

- Les individus n'acceptent pas d'être des exécutants purs et simples au service de but fixés par d'autres.
- Les individus ont une liberté relative qui leur confère une certaine marge de manœuvre dans l'organisation pour développer leur pouvoir.
- Dans les jeux de pouvoir, les stratégies sont rationnelles mais d'une rationalité limitée, à la fois par les facteurs externes et aussi par les capacités de l'individu.

L'analyse stratégique met en lumière le rôle important du pouvoir et surtout de la volonté d'action de l'individu à partir de sa zone de liberté. Crozier et Friedberg constatent que les acteurs organisent leur système de relations pour résoudre les problèmes posés par l'organisation. Ce système d'alliance semble nécessaire car l'entreprise est soumise à une somme très importante d'incertitudes. En effet, aussi précise et rationnelle soit-elle, l'organisation ne peut pas tout prévoir. Il y a des zones floues pour lesquelles les acteurs vont devoir trouver des solutions. Par ailleurs les solutions n'étant pas évidentes les acteurs s'affrontent à leur sujet car cela leur permet d'affirmer leur pouvoir.

Remarquons que ces travaux menés sur le rôle de l'individu et de ses motivations s'inscrivent dans le champ de la réflexion organisationnelle. Or il existe aussi tout un ensemble de réflexions et de découvertes, sur l'individu et les groupes, situé hors du champ matérialiste, productiviste ou sociopolitique. Les sciences humaines s'intéressent aussi à l'individu et à la vie des groupes dans des champs très divers qui n'ont aucun lien avec le monde de l'entreprise.

Grâce à ces différents apports on sait aujourd'hui que les jeux de pouvoir structurant les relations s'organisent autour des domaines qui correspondent à la structuration du groupe, à savoir l'affectif, la culture et l'identité[1]. Par conséquent, mener une réflexion sur l'organisation dépend de la réflexion menée à propos de l'individu, de son identité, de sa culture, de ses valeurs et de ses relations aux autres.

Pour gérer les tensions et faire face aux enjeux dans l'entreprise, on comprend qu'une des voies possible est celle qui donne l'entière liberté à l'individu au sein d'équipes opérationnelles fortes. Des entreprises

1. Voir à ce sujet Philippe Bernoux, *La Sociologie des organisations*, Point Seuil, 1985.

© Dunod – La photocopie non autorisée est un délit

précurseurs sont allées dans ce sens et certaines recherches confirment l'intérêt d'un tel choix.

Néanmoins, et pour éviter toute sorte d'angélisme, il convient de rester extrêmement prudent. La question de la liberté des individus, dans leur rapport à l'entreprise, mériterait une réflexion plus approfondie. Peut-on vraiment parler de liberté quand les entreprises réduisent massivement leurs effectifs ? Peut-on vraiment parler de liberté quand des bassins d'emploi sont durement touchés par la fermeture de sites industriels ? Même si nous sommes dans l'ère de la recherche de partenariat entre les différents acteurs de l'entreprise, il y a encore et pour longtemps de forts déséquilibres.

La plus grande part des recherches sur l'influence de la coopération sur les résultats ou la performance vont dans le même sens. Il n'existe aucune sorte de tâche où l'effort collectif est moins efficace que l'action concurrentielle ou individuelle, et dans la plupart des cas la coopération est plus forte pour promouvoir le succès[1]. La coopération est génératrice de confiance. Certains travaux montrent comment la confiance est l'indice le plus significatif de la satisfaction de l'individu dans l'entreprise[2].

Sur la base de l'ensemble des points évoqués nous envisageons le développement de la confiance dans l'entreprise, comme intimement lié au développement de ce que nous nommons la dimension humaine, ou capital humain. Cette approche permet de considérer les champs importants qui structurent la coopération dans les groupes, à savoir l'affectif, le culturel et l'identité. Dans notre conception, confiance et capital humain se développent et s'entretiennent mutuellement selon un processus systémique circulaire. Il ne peut y avoir d'essor de la dimension humaine dans l'entreprise sans confiance. Par ailleurs la confiance ne peut apparaître qu'au cœur d'un système favorisant la dimension humaine.

---

1. *In Le Défi du leadership*, J. Kouzes, B. Posner, Afnor 1991 ; traduction de *The Leadership Challenge*, Jossey Bass Inc. Publisher, 1987.
2. J. W. Driscoll, « Trust and participation in organizational decision making as predictors of satisfaction », *Academy of Management Journal*, 1978, 21 (1), 44-56.

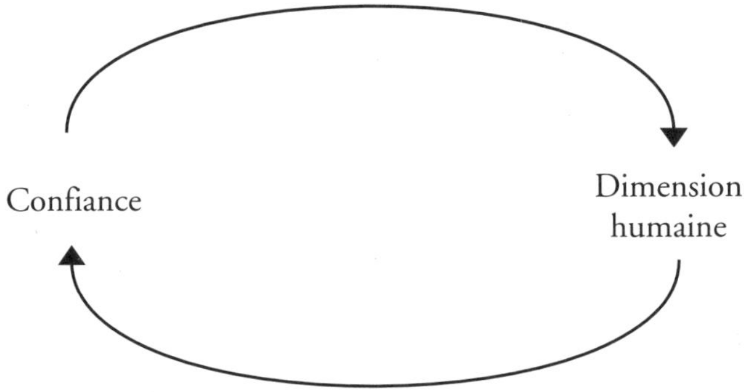

Figure 3 – Le processus systémique circulaire de la confiance et de la dimension humaine

Ayant lié ces deux termes entre eux, tentons d'en donner les définitions pour comprendre comment, selon un processus systémique, ils constituent les nouveaux leviers du développement des entreprises.

Choix d'une approche cohérente

Toute entreprise évolue dans un contexte particulier où se trouvent les fournisseurs, les clients, les organismes et les institutions avec lesquels elle a des relations. La manière dont cette entreprise évolue dans son environnement dépend des relations qu'entretiennent ses propres services ou départements entre eux. S'ils fonctionnent bien, l'entreprise s'adaptera aisément à son milieu. En revanche s'ils fonctionnent mal, l'adaptation sera plus difficile.

Au sein même des départements, plusieurs équipes échangent des relations. Si ces équipes coopèrent et entretiennent de bonnes relations, les départements seront performants. Au contraire, la compétition, ou le manque de coordination entre les équipes créent des difficultés de fonctionnement.

À son niveau, le fonctionnement de chaque équipe est lié à la qualité des relations entre les personnes qui la composent. Si ces personnes travaillent bien ensemble, l'équipe sera performante. Mais, chaque personne travaille bien avec les autres si elle est capable d'avoir les comportements nécessaire au bon fonctionnement du groupe. Elle en

© Dunod – La photocopie non autorisée est un délit

est d'autant plus capable que le climat de confiance est installé. Le rôle des leaders consiste à créer ce climat et à l'entretenir.

Nous avons choisi d'articuler la confiance et la dimension humaine à partir des travaux de Will Schutz. Les concepts et la théorie de Will Schutz sont issus de recherches menées d'une part au niveau de l'individu et d'autre part au niveau du fonctionnement des groupes. Dans ses recherches il n'a pas développé le concept de confiance. En revanche l'approche, Élément Humain fondée sur sa théorie Firo (*Fundamental Interpersonal Relations Orientation*) constitue selon nous un modèle pertinent, cohérent et systémique pour traiter la problématique de la confiance dans les organisations. En effet, les concepts permettent de comprendre et de développer la confiance au niveau individuel et aussi au niveau d'un groupe ou d'une équipe.

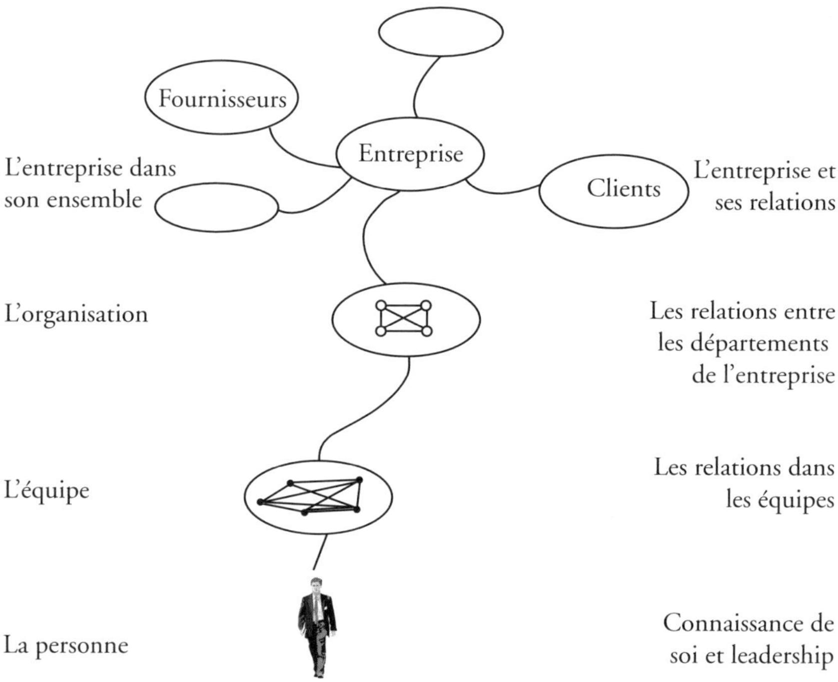

Figure 4 – Cohérence et simplicité de l'approche Élément Humain

Peu connu en France, Will Schutz est l'un des plus grands psychologues américains de la deuxième moitié du 20e siècle. Il participe au développement des divers courants de la psychologie moderne.

Il obtient le titre de docteur en psychologie en 1951 et, rappelé par la Marine américaine, reçoit le mandat d'apprendre à prédire comment n'importe quel groupe d'homme travaillerait ensemble. Ce travail culmine avec la publication de son premier ouvrage, *Firo, a three dimensional theory of interpersonal behavior*[1]. Cet ouvrage couronne sa première étape scientifique. Il y présente sa théorie Firo ainsi que plusieurs questionnaires dont le célèbre Firo-B[2] (B pour *behavior*, le comportement). Cette théorie s'inspire des recherches menées dans la marine.

Il enseigne dans les plus grandes universités américaines, de la côte Ouest à la côte Est (Berkeley, Harvard, Antioch, Chicago). Il débute sa carrière comme scientifique spécialisé dans les statistiques appliquées à la psychologie des comportements. Il enseigne à l'intention d'experts en sciences sociales. Il crée même une nouvelle méthode qui sera publiée dans la revue *Psychometrika*[3] en 1959.

Il s'intéresse très tôt au travaux de la dynamique des groupes alors en plein essor. Il participe notamment au travaux du Western Training Laboratery (WTL), branche du National Training Lab (NTL)[4] de Bethel dans le Maine. La mission du NTL consiste à enseigner et à poursuivre les recherches sur la dynamique des groupes et le leadership. Ce laboratoire fut créé en 1947 sur les idées de Kurt Lewin. Dès 1961 le NTL commence à explorer l'idée selon laquelle on peut travailler au développement des personnes en utilisant le travail de groupe. Si les groupes traditionnels utilisent la parole uniquement, le NTL développe des approches originales et non-conventionnelles de dynamique de groupe, dont des activités non-verbales. Will Schutz fait partie de l'équipe qui met sur pied, en 1963, les premiers séminaires de groupe dédiés au développement des personnes. Ce travail est une véritable découverte pour lui.

Il travaille aussi dans des institutions psychiatriques avant-gardistes telles que le Massachusetts Mental Health Center à Boston ou le Albert

1. Will Schutz, *Firo : a three dimensional theory of interpersonal behavior*, 3e édition, Mill Valley, Calif., WSA, 1989.
2. Ce test, aujourd'hui très répandu, est disponible en France auprès des Éditions du Centre de psychologie appliquée à Paris.
3. Will Schutz, « Some implications of the logical calculus for empirical classes for social science methodology », *Psychometrika*, 1959, 24(1), 69-87.
4. Voir Bradford, L., Benne K., and Gibb J., *T-Group theory and laboratery method*, New York, Wiley, 1964.

© Dunod – La photocopie non autorisée est un délit

Einstein Medical School, à New York pour mieux comprendre la psychologie humaine à partir des maladies mentales.

Durant cette période, il essaie toutes les approches de développement personnel existant à New York. Ainsi il se forme au psychodrame psychanalytique avec Hanna Weiner élève de Jacob Moreno[1] ; à la Gestalt-thérapie avec Paul Goodman[2] ; à la bioénergie avec Alexander Lowen et John Pierrakos[3] ; au *rolfing* avec Ida Rolf[4] et participe à des groupes de psychosynthèse, technique de recherche spirituelle fondée sur la visualisation[5].

Plus tard, dès 1967, il contribue à l'évolution du Mouvement pour le développement du potentiel humain à Esalen[6] en Californie. Cet institut créé dans les années soixante fut perçu comme un lieu loufoque et surréaliste aux yeux de certains. Pour d'autres c'était un endroit extraordinaire de recherche où beaucoup d'idée furent expérimentées et développées. Pour témoigner sur ses travaux à Esalen il écrit un livre et réalise un film présenté à Cannes en 1972 : *Here comes everybody*[7].

À partir de ces expériences aussi diverses que variées, Schutz élabore ses propres méthodes. Au fil du temps il forge son approche, l'Élément Humain, synthèse de ses découvertes et de l'intégration des divers courants de la psychologie de l'individu, du leadership et des groupes.

Il acquiert également une grande pratique de consultant en entreprise tout au long de sa carrière.

L'ensemble de ses travaux permet de donner des définitions précises et des axes de développement validés. Notre apport consiste à mettre en synergie ces différents éléments pour proposer une approche cohérente,

1. Jacob Moreno, *Who shall survive ?*, New York, Nervous and mental disease publishing, 1934.
2. Perls F., Hefferline R., and Goodman P., *Gestalt Therapy*, New York, Julian, 1951.
3. Lowen A., *Bioenergetics*, New York, Viking Penguin, 1976.
4. Le *rolfing* est une méthode de massage en profondeur appliquée pour lever les tensions musculaires chroniques et libérer les problèmes enfouis dans le corps. Ida Rolf, *Rolfing : the integration of human structures* (Boulder, Colo. : Rolf Institute, 1977).
5. Cette technique fut créée par Roberto Assagioli, un contemporain de Freud. Roberto Assagioli, *Psychosynthesis*, New York, Viking Penguin, 1971.
6. Le développement de ce mouvement est décrit dans les ouvrages de G. Leonard, *Walking on the edge of the world*, Boston, Houghton Mifflin, 1988 ; et W. Anderson, *The Upstart spring : Esalen and the American awakening*, Reading, Mass., Addison-Wesley, 1983.
7. Will Schutz, *Here comes everybody*, Harper Collins, New York, 1976.

simple et pratique pour développer la confiance, le leadership et le capital humain dans les organisations.

La confiance

La confiance[1] est donc une problématique récurrente au cœur des enjeux organisationnels et personnels. Entre ces deux pôles se tissent inévitablement des liens nécessaires et ambigus aux ressorts complexes et intimement mêlés. Aussi tentons-nous dans cet ouvrage de proposer une représentation simple, accessible et opérationnelle de la confiance. Elle met en jeu les dimensions de l'échange contractuel et de l'affectivité. La confiance est une expérience primaire et fondamentale de l'être humain. Avec la peur, il s'agit sans doute du premier sentiment éprouvé dès la naissance[2]. Les expériences de l'existence confrontent la personne tout au long de sa vie à ces sentiments de peur et de confiance car ils constituent les expériences primaires de tout être humain.

➤ Pari sur l'amour et intérêt calculé

Les origines du concept de confiance sont diverses, mais convergentes et ceci même dans la culture latine ou américaine.

Aux États-Unis les recherches sur la confiance sont légion. Depuis le début des années soixante, des centaines de chercheurs ont réalisé de multiples études, et parfois des modèles, pour la mise en œuvre de la confiance. Jack R. Gibb[3] est probablement de ceux qui, au cours de leur carrière, ont le plus modélisé et intégré la théorie, la recherche et la pratique sur la confiance. Il nous a inspiré pour ce chapitre.

Will Schutz de son côté ne se réfère presque pas à cette notion probablement pour éviter les enjeux et questions philosophiques qui lui sont liés. Une autre raison, plus fondamentale, est d'ordre conceptuel. La confiance n'était pas un objet d'étude scientifique quand Will Schutz

1. Je souhaite renouveler ici toute ma gratitude à Nathalie Esnault, consultante à la Cegos. Sa réflexion et ses travaux sur la confiance ont été une aide fort précieuse. N. Esnault, « Les Méandres de la confiance dans les organisations », *Mémoire de DESS, Consultation et formation dans les organisations*, université Paris Dauphine, 1998, Inédit.
2. Voir André Compte-Sponville, « Bonjour l'angoisse ! », *in Confrontations psychiatriques*, février 1995.
3. Jack R. Gibb, *Trust, A new view of personal and organizational development*, The Guild of Tutors Press, 1978.

© Dunod – La photocopie non autorisée est un délit

développait sa théorie Firo, dès 1951. Il n'a pas eu recours à la notion de confiance pour expliquer les prédictions comportementales en groupe. La confiance n'est pas un comportement mais appartient plutôt au domaine des sentiments et du ressenti. Dans les travaux de Schutz, cette dimension apparaît dans les années soixante.

En anglais, il existe deux mots pour parler de la confiance : « *trust* » et « *confidence* ». « *Confidence* » est la version latine qui en français a donné « confidence » et « confiance ». « *Trust* » tire son origine du mot allemand « trost » qui signifie « le confort ». Dans ce cas, la confiance repose sur une notion impliquant quelque chose d'instinctif. On trouve aussi ce sens dans une des origines latines du mot. La confiance en soi ayant pour fondement l'amour lié à l'attachement, au sens éthologique du terme[1], c'est-à-dire au besoin vital de contacts dès les premiers instants de la vie. Cette notion se retrouve présente dans le concept « d'inclusion » que nous développons plus loin. La confiance dans ce cas est une marque d'amour, d'attention, d'affection. Elle est un « beau pari sur l'amour ».

L'origine latine provient de « *fides* », la foi. Ainsi confiance, croyance et loyauté sont-ils synonymes. Le terme recouvre alors la fidélité, l'exactitude à tenir une promesse. On parle de confiance en la loyauté de quelqu'un ou de quelque chose.

Mais la confiance a pris aussi une connotation plus matérialiste. Au fil du temps un sens nouveau apparaît au cœur d'un mouvement de don contre don. Il s'agit de confier un objet précieux à quelqu'un, ou à une force magique, avec certitude de récupération. Dans ce cas, le don délivre un droit et la confiance est perçue comme un investissement, un acte intéressé. Ce sens se retrouve dans le mot anglais « *confidence* » selon Gibb. Dans ce cas, la confiance est beaucoup plus cérébrale, calculée. Elle implique une conception logique, consciente et rationnelle. « *Trust* » est instinctif mais « *confidence* » est stratégique.

On le voit, au-delà d'une origine fondée sur la raison, la confiance porte en elle quelque chose comme l'amour. Son absence ou sa présence peuvent véritablement changer les choses et faire de grandes différences dans la vie des personnes. La confiance pose donc la question de l'amour, et on peut se demander ce qu'il en est dans l'organisation.

1. Voir R. Chappuis, *Les Relations humaines : la relation à soi et aux autres*, Vigot, 1994.

Ce rapide historique de la notion de confiance met en évidence les deux dimensions qui la composent :

- la dimension rationnelle qui débouche sur une logique de lien contractuel transparent avec des règles du jeu pour fonder des échanges réciproques ;
- la dimension affective issue de la satisfaction des besoins primaires dans l'histoire de la personne.

Avec ces deux orientations fondamentales se dégagent les deux axes indissociables pour mettre en œuvre la confiance. Il s'agit donc de la penser et de la mettre en œuvre en agissant simultanément sur deux paramètres :

- l'aspect organisationnel qui consiste à mettre sur pied des règles de fonctionnement contractuelles et transparentes ;
- l'aspect affectif de la confiance au travers des relations entre les personnes et notamment avec les leaders.

L'approche de la confiance et du leadership, telle que nous la proposons dans cet ouvrage, permet d'intégrer ces deux dimensions fondamentales. Si l'aspect contractuel semble relativement facile à développer, en revanche l'aspect affectif demande un travail d'implication personnelle qui n'est pas encore entré dans les habitudes managériales d'aujourd'hui.

Pourrait-on se passer de cette dimension affective de la confiance et ne se concentrer que sur les conditions contractuelles ? Nous pensons qu'une telle approche aboutirait à une sorte de déshumanisation du travail, et de l'entreprise, et finirait par ne pas créer de lien de confiance mais plutôt de méfiance. Les liens contractuels protègent les personnes mais ne suffisent pas pour créer pas un climat favorisant leur développement. Une conception de la confiance sur le seul versant du contrat cristalliserait les relations et les personnes dans des échanges vidés de sens. Par ailleurs ce type d'approche convient assez mal à notre culture de l'honneur qui repose peu sur une logique de contrat.

➤ La confiance et la peur, expériences primaires de tout être humain

La banque CAI, Crédit Agricole Indosuez, qui rassemble Indosuez, Unicrédit et la CNCA (Caisse Nationale du Crédit Agricole) fit appel à la Cegos pour faciliter les relations humaines de cette union. Pour Pierre Garde, directeur adjoint à la DRH, CAI souhaitait « *faire en sorte*

© Dunod – La photocopie non autorisée est un délit

que les gens se parlent et se comprennent, que l'encadrement dispose de clés pour poursuivre le travail d'intégration »[1].

Au cours de l'intervention « *la souffrance a pu être posée* » car, « *lors d'une fusion, les salariés ont des tas de représentations dans la tête* » expliquent Monique Selles et Bénédicte Gautier[2].

L'accompagnement de cette fusion a opéré sur trois niveaux et de manière concomitante :

- identifier clairement les différences culturelles réelles pour éviter les représentations caricaturales implicites sources de malentendus ;
- donner des outils simples et concrets pour agir dans les équipes nouvelles ;
- mais surtout, il s'est agit d'accompagner les personnes sur le plan affectif et émotionnel. Le dispositif des séminaires a permis à chacun de faire son travail de deuil.

L'action a permis de prendre en compte la dimension affective de la fusion et aussi d'accepter la souffrance et la peur. La dimension humaine de la fusion n'est pas restée ignorée. Elle a été bien intégrée dans le processus y compris avec la CEGOS. Dans les toutes premières phases de l'opération, le client a pris tout son temps pour élire les consultants de son choix.

> L'entreprise ABC[3] souhaitait réaliser des gains de productivité assez forts sur deux ans : passer de dix huit à seize francs pour mille unités produites. Cet effort impliquait quatre départements dont les services administratifs. Lors de notre intervention pour accompagner ABC dans ses changements, nous avons souhaité créer un climat de confiance entre tous les acteurs. Pour y parvenir, un dialogue transparent sur la situation et le devenir de l'entreprise a été instauré entre tous les niveaux hiérarchiques grâce à des rencontres questions-réponses.

1. « Le Mariage des banquiers du terroir et des « aventuriers » de l'Orient », Marie Béatrice Baudet, *Le Monde Initiatives*, 25 mars 1998.
2. Consultantes à la Cegos.
3. Rappelons que l'intervention relatée ici fut conduite conjointement par l'auteur et Charles Vincent, consultant à la Cegos. L'action en binôme permit de souder l'équipe de direction autour de ses missions de reconception des processus, et pour la mise en oeuvre de nouveaux rôles managériaux. Par souci de confidentialité, le nom choisi ici est fictif.

Cinq thèmes majeurs ressortent systématiquement des réunions. On y trouve : les enjeux réels d'ABC, les raisons des projets en cours (TQM, Analyse de la valeur ajoutée, reconception des processus, etc.), les critiques concernant la hiérarchie, le système d'évaluation et la diminution du personnel. Ces thèmes sont reliés et articulés entre eux de manière logique.

Dans les rencontres, il y a très peu de questions sur les enjeux économiques d'ABC, comme si les personnes n'étaient pas concernées. La nature des questions montrent que les cadres ne s'approprient pas les enjeux. Faute de cette prise de conscience, les projets en cours sont perçus comme des phénomènes de mode sans lien entre eux. Le séminaire que nous menons est assimilé aux démarches précédentes et les participants attendent « le modèle » du management du futur. Les cadres s'interrogent sur le fonctionnement de la ligne hiérarchique et font preuve d'un certain pessimisme. La hiérarchie est alors critiquée de même que le système d'évaluation dont on ne perçoit pas l'utilité ni la logique, « la note est attribuée avant, et l'entretien sert à la justifiée ». Cela permet de comprendre pourquoi le plus grand nombre de questions concerne la diminution du personnel. Chacun se sent menacé dans un contexte mouvant qu'il ne comprend pas.

Nous avons pu constater que l'ensemble des cent trente cinq cadres se vivaient comme des acteurs en bout de chaîne et n'avaient pas de perception cohérente des enjeux avant le séminaire « Management dans le futur ». Ce séminaire, fondé entre autre sur la transparence, les prend à contre-pied en leur offrant la possibilité d'exprimer leur crainte et d'obtenir des réponses à leurs interrogations.

Faute d'avoir pu être exprimée, la peur avait entravé l'ensemble des cadres et du personnel. La confiance a commencé à émergé lorsqu'au cours du séminaire de cohésion du comité de direction les dirigeants ont pu exprimer, eux aussi, leur propres craintes et tensions accumulées depuis des années. Leur prise de parole ouverte, sincère et honnête fut déterminante pour toute la réussite de l'opération de changement.

La confiance et la peur sont à l'origine des expériences primaires de tout être humain. Elles constituent les clés essentielles pour comprendre les personnes et les systèmes sociaux. Quand la confiance est élevée par rapport à la peur, les individus et systèmes fonctionnent bien ; en revanche quand la peur prend le dessus, ils tombent en panne.

La confiance favorise l'ensemble des processus vitaux, mentaux et comportementaux. Les possibilités créatives de la personne ou du groupe se développent. Avec la confiance, les gens agissent selon des

© Dunod – La photocopie non autorisée est un délit

voies beaucoup plus directes et efficaces. Grâce à elle, les personnes, les équipes ou les organisations repoussent leurs limites et découvrent alors de nouvelles possibilités méconnues jusque là[1].

A contrario, quand la peur prend le pas sur la confiance, il se passe tout le contraire. L'énergie est alors mobilisée pour se défendre plutôt que pour créer. Dans ce cas, les individus, les groupes, les équipes et les systèmes sociaux se figent ou deviennent agressifs ou destructifs. La peur contraint et inhibe. Elle ralentit les processus mentaux, l'imagination, la créativité, l'ouverture, l'humour, l'amusement, le goût du risque, le courage, l'intuition et la conscience de soi.

> Depuis plusieurs années Gérard est responsable marketing quand la société dans laquelle il travaille est rachetée par son concurrent CDE[2]. Gérard y est nommé aux mêmes responsabilités. Les cultures d'entreprises sont très différentes et il ressent certaines craintes, dont celle d'être licencié. De son côté, Isabelle est une jeune professionnelle. Ses craintes concernent sa réussite au poste de chef de produit, sous la responsabilité de Gérard. Les peurs personnelles réciproques créent un climat relationnel empreint de méfiance. Il leur est difficile de travailler efficacement. Quand, avec la réorganisation de l'entreprise, Isabelle devient directrice du Marketing et Gérard directeur Clientèle, la non-expression de leurs craintes rend pénible leur coopération.

La confiance quant à elle libère la créativité et permet de focaliser son énergie sur la création et la découverte de soi et des autres plutôt que sur les défenses. « *La confiance me donne ma liberté et la peur la dissout.* »[3]

Dès que la confiance se retire nous sommes beaucoup moins ouverts et interdépendants avec les autres. Nous ne pouvons plus avoir accès à un niveau profond et sincère d'échange. On cherche alors des stratégies personnelles, ou d'acteurs, pour traiter avec les autres. On cherche des protections par des règles, des normes, des contrats ou des lois de plus en plus rigides. Les défenses personnelles prennent de la vigueur par peur de ne pouvoir faire confiance. En se retirant la confiance laisse la

---

1. Voir l'histoire de Bernard Martin et de l'entreprise Sulzer *in* Bernard Martin, Vincent Lenhardt, Bruno Jarrosson, *Oser la confiance*, Insep Éditions, Paris, 1996.
2. Le nom de cette société de service est fictif pour permettre la confidentialité des informations données.
3. J. R. Gibb, *Trust, A new view of personal and organizational development*, The Guild of Tutors Press, 1978.

place à la peur avec les risques de la solitude, de l'aliénation et de l'hostilité. Plus la confiance est élevée plus la peur diminue et inversement .

Pour le philosophe Paul Ricœur, la confiance c'est la confiance de pouvoir dire, de pouvoir faire, de pouvoir se reconnaître personnage de récit et de pouvoir s'affirmer. L'affirmation est liée à la conscience de soi ou assurance d'être soi-même agissant et souffrant[1]. Cette réflexion est à mettre en relation avec les dimensions de la prise de conscience, de l'ouverture à soi et à l'autre, de l'action et du choix que nous verrons plus loin.

Le niveau de confiance est le baromètre de la santé individuelle et du groupe. Grâce à la confiance, les personnes, les équipes et les organisations fonctionnent au mieux de leurs possibilités.

Une conception pertinente de la confiance est celle qui permet d'unir les fondements rationnels et affectifs. Aussi, l'enjeu du leadership ne se situe plus seulement dans la maîtrise de techniques et de savoir-faire managériaux rationnels. Bien sûr il convient toujours de connaître son métier, les techniques, la gestion, la stratégie et bien d'autres savoirs. Mais la capacité à entraîner les autres avec soi, à leur donner envie d'avancer constitue le plus qui fait la différence. Cela ne se résume pas non plus à avoir une vision et à bien la communiquer, il existe encore un autre plus. Il consiste à bien comprendre les hommes, leurs motivations profondes et à tisser avec eux des relations humaines plus riches.

La dimension humaine

Pour nous la dimension humaine est l'ensemble des aspects concernant le rôle et la place de l'être humain dans le fonctionnement des organisations. Nous identifions quatre champs fondamentaux : l'organisation, le leadership, les personnes et les relations. La construction, le développement de la dimension humaine et de la confiance reposent sur eux. Ces quatre champs sont nécessaires et indissociables pour développer des organisations performantes et compétitives en créant un climat propice au développement des hommes, de la confiance et des relations de qualité.

1. Paul Ricœur, *Soi-même comme un autre*, Seuil, 1990.

© Dunod – La photocopie non autorisée est un délit

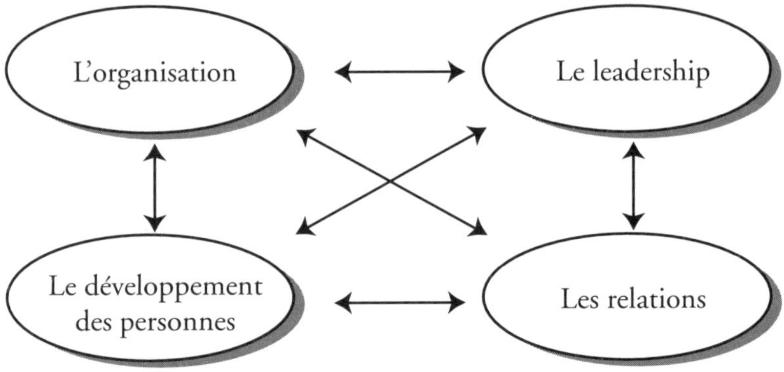

Figure 5 – Les quatre champs du développement de la dimension humaine et de la confiance

Ces quatre champs forment un système au sein duquel les interactions accroissent les effets de chacun d'eux. Ils ne sont pas statiques et fonctionnent comme de véritables leviers d'Archimède.

Développer la dimension humaine et la confiance dans les entreprises signifie donc agir dans ces quatre champs de manière coordonnée et cohérente. Qu'un seul champ soit laissé en friche et le développement de la dimension humaine et de la confiance ne pourra se faire complètement.

➤ Le développement des personnes

L'entreprise fonctionne grâce à ses employés. Ceux-ci agissent grâce à leurs compétences, à leurs savoir-faire, à leurs capacités de choix et à toutes leurs qualités. En même temps, ces employés sont des personnes humaines.

L'individu est fortement sollicité par l'ensemble des changements s'opérant autour de lui. Dans ce mouvement, les organisations misent sur lui pour réussir les challenges. L'individu est le levier par excellence parmi les cinq cités plus haut. Il doit posséder de nouvelles compétences et, plus particulièrement, des capacités à s'adapter, à changer ses représentations mentales, à développer des relations professionnelles pour œuvrer en équipe.

Certes la formation technique de chacun reste fondamentale pour exercer son métier, mais de plus en plus la personne est sollicitée sur des aspects humains liés à son travail. Travail en équipe autonome, en mode projet, en transversal ou hors hiérarchie. Par ailleurs la responsabilisation accrue face au client nécessite des qualités relationnelles élevées. Le développement personnel accroît fortement l'adaptation de l'individu. Ces qualités sont essentielles pour œuvrer à la transformation de son environnement.

Outre le développement des connaissances professionnelles techniques, le développement de la personne passe par :

- la connaissance de soi et la compréhension des autres ; cela concerne les comportements, les sentiments, l'image de soi, l'estime de soi et la confiance en soi ;
- la gestion de ses ressources personnelles et de l'équilibre entre sa vie privée et professionnelle ;
- le développement de ses relations interpersonnelles : l'aisance, ou l'assurance, dans ses relations aux autres, l'impact et l'influence positive sur l'environnement.

Pour les leaders, ces aspects de développement personnel sont tout à fait essentiels. Le leader a un rôle important à jouer auprès des personnes. Il le remplira d'autant mieux que lui-même aura parcouru un trajet personnel. Par ailleurs, comme le leader est une sorte d'interface entre l'organisation et les collaborateurs il peut aussi agir sur la structure.

On assiste depuis quelques années à un essor croissant du *coaching*. Cette forme d'aide permet de dépasser ses propres limites personnelles faisant obstacles à l'atteinte de ses objectifs. Les outils du *coaching* s'enrichissent en permanence des apports les plus pertinents des sciences psychologiques. Les dirigeants en sont de plus en plus demandeurs.

En tant que tel le *coaching* n'est pas vraiment nouveau, certains le font même remonter à Aristote. Ce qui est nouveau c'est la prise de conscience des dirigeants, de leur besoin d'être aidés et accompagnés. Ils comprennent qu'il est normal d'avoir des problèmes, ou des situations floues, à résoudre dans une entreprise. Ils savent qu'ils font partie du système et ont un rôle clé à jouer. Ils souhaitent eux aussi se développer personnellement. L'engouement pour le *coaching* provient de son dispositif en séances courtes adaptées aux emplois du temps de dirigeants. Mais surtout, il montre l'importance croissante accordée au développement de la personne.

© Dunod – La photocopie non autorisée est un délit

➤ Les relations entre les personnes

Les personnes, les employés, quel que soit leur statut entretiennent des relations professionnelles et humaines parfois en équipe, et aussi en position hiérarchique.

Si le développement des personnes est un levier par excellence du succès des organisations, les relations entre les individus suivent elles aussi un mouvement d'évolution. Il nous paraît donc important de préciser en quoi évoluent les relations dans l'organisation. Il nous semble fondamental de pouvoir définir, de manière opérationnelle, ce que sont des relations de qualité entre membres d'une équipe ou au sein de l'organisation ou avec des clients. Cette définition opérationnelle permet de mettre en place des paramètres mesurables de la qualité relationnelle.

Les relations dépendent étroitement des comportements individuels. Ainsi le développement de relations de qualité est-il complètement lié au développement des individus, lesquels croissent dans un climat relationnel propice. Le rôle des leaders est aussi de maintenir les relations à un très haut niveau de qualité.

La cohésion des équipes est le fruit de relations particulières entre les personnes. Cette cohésion est entretenue par les leaders qui ont un rôle prépondérant et aussi par l'organisation qui proposent des règles de fonctionnement idoines.

Les relations entre les différents groupes de l'entreprises sont aussi concernées par ce modèle. Ainsi les relations entre les partenaires sociaux peuvent évoluer sur les chemins de la confiance en adoptant les mêmes principes.

➤ Le leadership des dirigeants et de chaque manager de l'entreprise

Pour guider les personnes et les équipes, pour orienter l'action vers les buts de l'entreprise, les managers ont un rôle déterminant à jouer. Nous venons de voir comment leur rôle évolue fortement. Désormais on attend moins d'eux des attitudes de manager traditionnel que des comportements de leader.

Nous constatons le développement de nouvelles pratiques managériales. Les rôles anciens du manager (tels que gérer, contrôler, transmettre les directives, définir les fonctions, proposer des formules d'organisation ou animer ses collaborateurs) sont certes encore requis, mais sont maintenant insuffisants. Les entreprises demandent à leurs managers d'évoluer vers des rôles nouveaux (tels que stimuler et coordonner, accompagner le développement des compétences des collaborateurs, confier des missions, faire émerger les idées du groupe et améliorer les performances transversales). Ces rôles nouveaux caractérisent plus des fonctions de leader que des fonctions de manager.

On attend du leader qu'il ait un impact et une influence positive sur les autres et sur son environnement. Cela n'a rien à voir avec la manipulation qui sert les intérêts de l'un mais pas de l'autre. La manipulation est un jeu de perdant alors que l'influence recherche la satisfaction de tous. L'influence repose sur des valeurs de respect mutuel. La manipulation est une version édulcorée de l'agressivité[1].

Il est donc nécessaire d'approfondir la notion de leadership. Cette capacité ne pouvant rester l'apanage de quelques grands leaders charismatiques. Au contraire, nous pensons que chaque responsable d'équipe peut acquérir ces compétences. Sur les leaders repose la responsabilité de créer le climat de confiance nécessaire au développement de la performance individuelle et collective.

Au-delà des rôles qui lui sont reconnus par l'organisation et que les membres de l'équipe s'attendent à voir remplis, il y a tout l'aspect humain de ses relations avec les personnes. L'attitude du leader est déterminante dans l'accompagnement et l'entraînement de l'équipe. La confiance ne se décrète pas, elle se construit. L'enjeu est de développer ces capacités à savoir créer un climat de confiance entre soi et les autres, et de développer les leaders à tous les étages de l'organisation.

➤ L'organisation, ses nouvelles valeurs et nouveaux principes d'actions

Ce point concerne l'ensemble des règles du jeu de l'organisation, sa culture, ses valeurs et ses principes d'actions, dont nos précédents chapitres montrent l'évolution. L'organisation est par conséquent un champ prioritaire dans lequel de nouveaux principes d'actions et des règles du jeu cohérentes doivent être mis en œuvre au sein d'une culture en mouvement. L'organisation a un rôle fondamental à jouer pour favoriser le climat dans lequel la confiance est possible. Le système de

1. Voir Claudine Catry et Jean Louis-Muller, *Exercer votre autorité avec diplomatie*, ESF 1998 ; voir aussi Alain Duluc, Jean-Louis Muller, Antoine Pina et Frédéric Vendeuvre, *La PNL avec les mots de tous les jours*, ESF, 1999.

© Dunod – La photocopie non autorisée est un délit

gestion des ressources humaines est concerné. Les leaders et leurs comportements seuls ne parviendront jamais à développer la dimension humaine et la confiance. Il est absolument nécessaire de traduire ces intentions en valeurs concrètes, en actions et en critères inscrits dans l'organisation et dans le système RH. Le climat social et la culture de l'entreprise en dépendent.

L'organisation a un rôle prépondérant, et premier, à jouer pour maintenir un climat favorisant le développement de la performance individuelle et collective.

Ces dernières années beaucoup d'entreprises ont montré l'exemple et furent citées comme des modèles d'évolution, d'adaptation ou d'innovation. À leur tête il y a généralement un personnage phare, sorte de grand leader charismatique capable de mobiliser toute une organisation avec lui. Toutes les entreprises n'ont pas ce grand leader « charismatique » tant attendu. Notre propos est justement de dire que les organisations se développent avec une multitude de leaders prêts à entraîner leur équipe et à créer eux-mêmes des leaders. Mais cela ne suffit toujours pas. L'organisation doit aussi s'appuyer sur de nouvelles valeurs et mettre en œuvre de nouveaux principes d'actions afin de :

- développer les personnes ;
- créer les leaders à tous les niveaux de l'organisation ;
- mettre en place les relations interpersonnelles dont elle a besoin pour ses enjeux, ses missions, son avenir.

Ces nouveaux principes d'actions sont à traduire en règles de fonctionnement.

Le chapitre des relations concerne aussi le processus de prise de décision, ou la concertation, ou la participation des employés. Il y a beaucoup de choses à inventer dans ces domaines. La mise en œuvre de nouvelles règles du jeu dans l'organisation est une garantie pour relayer l'action des leaders. Combien d'entreprises ont-elles échoué ou baissé en performance après le départ ou l'épuisement de leur leader ?

C'est une illusion de croire que l'action de quelques leaders auprès de personnes bien dans leur peau est suffisante pour qu'une entreprise devienne performante. C'est aussi une illusion de penser que plus les personnes seront bien dans leur peau moins l'organisation aura de problèmes. Certes beaucoup d'entre eux pourront se régler plus facilement. Mais attention, si le développement des personnes est un atout pour les entreprises, le développement des organisations doit aussi se poursuivre parallèlement.

Tout en cherchant le développement des personnes, des leaders et des relations, il nous semble prioritaire de créer de nouveaux principes de fonctionnement dans l'organisation en les intégrant dans le système de gestion des ressources humaines.

Nous présentons plus loin ces valeurs et principes d'actions à mettre en œuvre par l'organisation. Ceux-ci sont fondamentaux car ils permettent de maintenir un système cohérent où :

- l'organisation et son système de gestion des ressources humaines créent et facilitent le climat de confiance en développant : les personnes, les leaders, les relations entre les personnes (dans les équipes et entre les équipes), les comportements opérationnels nécessaires à l'entreprise, qui devient ainsi entreprise apprenante ;
- les personnes entretiennent et développent leurs relations pour les maintenir à un haut niveau de qualité dans les équipes ou avec l'extérieur ; enrichissent le fonctionnement de l'organisation et facilitent l'action des leaders ; les personnes développent leurs compétences ;
- les leaders agissent sur l'organisation pour l'adapter aux enjeux ; guident et développent les personnes et les équipes pour répondre aux enjeux ; ils entretiennent les relations dans les équipes et dans l'entreprise pour maintenir la cohésion nécessaire.
- les relations nourrissent et aident les personnes à bien fonctionner ensemble et en cohésion. Elles facilitent l'exercice du leadership et favorisent la flexibilité de l'organisation.

La suite de notre périple permettra au lecteur d'entrer au cœur de ces quatre champs de la confiance et de la dimension humaine.

La cohésion de l'équipe de direction

La clé de voûte de la confiance se situe à la tête de l'organisation. L'équipe de direction doit avoir une cohésion forte entre des membres ayant développé des relations de confiance. Sans équipe de direction à forte cohésion il sera impossible de mettre en œuvre la confiance dans l'organisation. La cohésion de l'équipe de direction est la première

© Dunod – La photocopie non autorisée est un délit

étape pour un développement fort et durable de la dimension humaine et de la confiance.

Cela se comprend assez aisément car cette équipe possède un très grand pouvoir sur les changements. La force de sa cohésion repose sur sa mission, sa vision ou son projet pour l'entreprise et sur sa façon de travailler en équipe. Par ailleurs, comme elle contient en son sein des directeurs qui fonctionneront en leaders, ceux-ci gagneront la confiance des collaborateurs en leur montrant la voie à prendre. En même temps, leur qualité relationnelle est déterminante pour assurer un fonctionnement efficace de l'équipe. L'équipe de direction sert de modèle à toutes les autres. Dans ce mouvement les qualités du fonctionnement de l'équipe de direction seront également développées en cascade au sein des autres équipes.

Notre expérience dans l'accompagnement du changement des entreprises montre comment la cohésion de l'équipe de direction est fondamentale pour toute démarche d'amélioration. Certains auteurs, comme Charles Vincent et Bernard Diridollou, considèrent même l'absence de cette indispensable cohésion comme la principale « galère » rencontrée par les entreprises en démarche Qualité Totale[1].

Souvent l'équipe de direction se croit soudée car ses membres pensent bien s'entendre, se respecter ou ne pas avoir de conflits. Souvent cohésion rime avec être d'accord avec le PDG ou le DG, voire non-opposant. Cela n'est pas de la cohésion, c'est à la rigueur un certaine forme de compromis. Les membres de l'équipe font des efforts pour laisser de côté leurs désaccords. Chacun doit respecter les autres. Dans ce genre d'équipe on voit apparaître des sortes de règles souterraines ou fantômes. On évite de parler des vrais problèmes, soit par manque de temps ou emplois du temps surchargés, soit parce qu'on aborde des sujets de moindre importance qui n'engagent ni ne fâchent. Mais tous ces non-dits impactent fortement la productivité de l'équipe.

Parfois, certaines équipes de direction ont pris la précaution d'être composées de personnalités aux profils très différents. On y voit divers styles de résolveurs ou de décideurs. Ceci est un aspect positif qui permet aux membres d'assurer une certaine forme de complémentarité. Ainsi les problèmes ont plus de chance d'être bien traités car chacun le

1. B. Diridollou et C. Vincent, *Le Client au cœur de l'organisation*, Les Éditions d'Organisation, 1997.

verra à sa façon. Néanmoins, quand les choses deviennent vraiment difficiles, la complémentarité ne permet pas d'aller au fond des problèmes. Nous pensons particulièrement aux difficultés survenant en contexte tendu. Dans ce cas, les relations interpersonnelles seront perturbées par les sentiments éprouvés par les personnes et par l'anxiété relevant de la situation.

La véritable cohésion de l'équipe s'obtient quand elle est capable de travailler de manière ouverte. Ceci signifie que les membres du groupe savent que leurs difficultés ne proviennent pas des différences individuelles ou personnelles, ni de leurs différences d'opinions, de culture ou de quoi que ce soit. Les personnes savent que leurs difficultés apparaissent quand elles restent figées, rigides sur leurs positions. Dans une équipe soudée où la cohésion est très forte, les membres peuvent parler de leurs sentiments, de leurs peurs. Ils se connaissent bien pour comprendre les liens entre leurs peurs et leurs propres enjeux personnels liés à l'estime de soi et à la confiance en eux-mêmes. Cette confiance en soi permet de parler ouvertement de ses sentiments, de ses peurs, ou de ses opinions. Cela fait partie de la démarche de résolution de problème en équipe ouverte. En travaillant dans un tel climat les membres de l'équipe ne sont ni rigides ni défensifs, et ils investissent leur énergie sur les véritables enjeux.

Or nous rencontrons encore souvent des équipes de direction qui n'ont pas cette vision du travail d'équipe. Cela peut être dû à notre culture de l'honneur qui rime avec respect de la hiérarchie et cloisonnement entre départements ou entre directions. Cette logique de noblesse, liée au diplôme, à l'ancienneté ou à l'appartenance à un corps renforce des stratégies d'acteurs fondées sur l'arrangement informel. La logique d'action se caractérise par le fait de trancher. En cas de problème, le fonctionnement habituel s'organise autour de la remise en cause des personnes. Les prises de décisions se prennent de manière implicite et on valorise souvent la technologie au détriment de l'implication des personnes. Ce type de fonctionnement d'équipe repose sur la force. Cette méthode considère que les gens sont embauchés et payés pour travailler ensemble. S'ils ne le font pas alors on les renvoie. C'est davantage la peur de la sanction et le sens de la discipline qui tiennent lieu de facteur motivant dans un tel contexte. Pour remplir des objectifs à court terme, cette conception peut avoir des avantages. Néanmoins, les désavantages sont très nombreux. Les personnes se protègent, la

© Dunod – La photocopie non autorisée est un délit

créativité et l'initiative laissent la place au conformisme et la productivité est limitée.

On le voit, la culture de l'honneur induit une certaine force de résistance au travail en équipe ouverte. Mais il y a aussi probablement les barrières psychologiques personnelles des dirigeants qui, comme toute personne, savent que le changement commence avec soi-même. Or cela est bien sûr difficile à initier.

Néanmoins quand cette première étape du développement de la cohésion de l'équipe de direction est assurée alors les changements sont conduits en mettant en mouvement et en puissance tout le personnel de l'entreprise. On touche ici aux racines de l'*empowerment.*

Dans l'exemple de l'entreprise ABC, nous avons réunis l'équipe de direction plusieurs fois en séminaires de quelques jours. Il s'agissait de la faire réfléchir aux enjeux, à son avenir, à ses objectifs, à sa mission ou vision, à son projet et aux moyens d'y parvenir. Ce travail a permis de mettre en évidence les écarts de compréhension et d'adhésion des membres de l'équipe autour du projet et permis de lever les méconnaissances et les désaccords entre les directeurs. Les conflits jusque là restés dans l'ombre furent traités et des règles du jeu clarifiées pour faire vivre la confiance et la démarche de progrès.

Grâce à un travail sur la compatibilité de l'équipe, toutes les précautions nécessaires furent prises pour ne pas éluder les dysfonctionnements mais au contraire les traiter. Les différends relationnels, les craintes éprouvées par les uns et les autres, la peur d'être mal jugé ou la peur de voir disparaître l'entreprise furent abordés et discutés en levant les tabous.

Grâce à l'ensemble des étapes de ce processus, l'équipe de direction s'est mise en situation centrale pour assurer la cohérence de son projet par rapport à quatre axes majeurs :

la cohérence du projet par rapport au cœur de métier, c'est-à-dire en quoi les réorganisations administratives apportent bien une valeur ajoutée au processus clé de l'entreprise, la production ;

la cohérence du projet par rapport aux axes stratégiques, au plan à trois ans et à ce que l'état major européen attend de l'usine ;

la cohérence du projet sur le plan technologique et managérial, c'est-à-dire la compatibilité entre les évolutions informatiques possibles et le degré de maturité de l'encadrement ;

la cohérence sociale par rapport à la gestion des ressources humaines, c'est-à-dire le « contrat social » à passer avec les personnes à former ou à reclasser.

On le voit, ce travail a permis d'aborder les vraies questions liées aux enjeux et aux projets tout en assurant une cohésion forte à l'équipe. Les répercussions furent nettes sur les échelons inférieurs de la hiérarchie et sur tout le personnel.

L'équipe de direction est la cellule de base qui contient et supporte les quatre piliers de la dimension humaine :

- l'équipe de direction a le pouvoir et le devoir d'agir sur l'organisation pour l'adapter aux enjeux et développer la confiance ;
- l'équipe de direction constitue le groupe leader de l'entreprise qui mobilise l'ensemble des collaborateurs tout en créant des leaders ;
- la cohésion de l'équipe de direction passe par le développement de relations ouvertes pour créer la confiance ;
- enfin cet ensemble d'évolutions ne peut se faire qu'en acceptant de s'ouvrir soi-même pour mieux connaître et comprendre les autres, mieux se connaître et se comprendre soi-même. Beaucoup de personnes pensent qu'elles en savent assez sur elles-mêmes. Dans ce cas, la conception du leadership et de la confiance telle que nous la présentons ne leur convient pas.

CHAPITRE 3

Quelle forme de leadership pour demain ?

DANS CE CHAPITRE, nous abordons la notion de leadership pour développer la dimension humaine de l'entreprise et mettre en mouvement la confiance. Le leadership tel que nous l'entendons est une sorte de synthèse issue de nos expériences, de nos découvertes personnelles, de l'approche Élément Humain et de son utilisation auprès de nos clients.

La notion de leadership a évolué au cours des années en même temps que la conception des organisations. Notre propos consiste à montrer les évolutions prochaines du leadership et des organisations. Le style du leadership doit rester cohérent avec la logique organisationnelle de l'entreprise. Plus les entreprises sont avancées en matière d'innovation, de qualité ou de management, plus le leadership que nous présentons aura sa raison d'être. En revanche, une organisation rigide, peu innovante, peu orientée client sera moins concernée par ce type de leadership.

Notre approche peut paraître idéale voire irréaliste. Nous acceptons volontiers cette objection. Il est vrai qu'une telle conception est peu répandue. Toutes les organisations ne favorisent pas un tel leadership. On le trouve plutôt dans les entreprises innovantes en matière d'organisation. Il est donc judicieux de prendre en considération les conditions de faisabilité pour soi au sein de son entreprise.

Toutefois, ce livre offre un espace de réflexion pour se développer personnellement et professionnellement, et permettre à ceux qui le souhaitent de s'ouvrir et d'intégrer les aspects qui les intéressent.

Pour nous le leadership se définit comme la capacité à mettre en œuvre toutes les actions nécessaires à l'accomplissement de sa mission et celles des autres. Cette définition conçoit le leadership comme une fonction qui peut s'exercer avec ou sans pouvoir hiérarchique et à tous les niveaux de l'organisation. Un PDG, un manager, un responsable de projet sont en situation d'exercer le leadership. Chacun a des responsabilités et des zones d'influence différentes. Néanmoins, chacun met en œuvre les actions nécessaires pour remplir sa mission et contribuer aux missions des autres. Cela ne signifie pas que le leader est partout mais qu'il a une vision globale et systémique du contexte dans lequel il agit. Il sait que la réussite de ses actions a un impact sur les autres et sur leurs missions.

La différence avec le management réside dans l'orientation de l'influence. Le management est compris selon une vision *top down* et porte uniquement sur les collaborateurs. L'exercice du leadership n'a pas cette limite. Il s'exerce même en dehors de responsabilités hiérarchiques et concerne toutes les relations : vers les collaborateurs, les collègues, la hiérarchie, les clients et autres.

Le leadership de demain est une notion selon laquelle le leader est une personne capable de s'affirmer pleinement. Cela signifie que le leader est quelqu'un qui se connaît, est conscient de ses forces, de ses faiblesses. Il sait pleinement utiliser ses points forts et limiter ses points faibles. Le leader sait ce qu'il veut, pourquoi il le veut, comment le communiquer aux autres afin d'obtenir leur coopération et adhésion. Il sait comment atteindre ses objectifs, ses buts et remplir ses missions. Pour une pleine expression de soi-même, la clé est de se connaître soi-même, de comprendre les autres, le monde. La clé pour comprendre et connaître c'est d'apprendre à partir de sa propre vie et de ses expériences. L'approche de Will Schutz s'inscrit dans ce courant avec d'autres auteurs tels que Warren Bennis, Burt Nanus, James Kouzes ou Barry Posner qui ont aussi inspiré notre conception du leadership.

Notre souci est de permettre à chaque personne en situation d'exercer une responsabilité de pouvoir se développer et conduire ses actions pour le succès de ses missions.

PAUSE POUR LA RÉFLEXION

L'exercice proposé[1] a pour objectif de vous aider à mettre en lumière les rôles que vous avez tenus dans différentes situations de groupes. Cela vous permettra de connaître et comprendre les situations dans lesquelles vous êtes à l'aise, celles qui vous gênent. À partir de ces connaissances sur vous-même vous pourrez choisir les pistes de développement de votre choix.

Cet exercice consiste à effectuer une réflexion sur soi en laissant venir à votre esprit une ou plusieurs images de vous-même.

Fermez les yeux et prenez le temps de repartir, en imagination, à l'âge le plus jeune, aussi loin que possible dans vos souvenirs, puis revisitez, pas à pas, à votre rythme, l'ensemble de votre vie.

Quand vous ouvrirez les yeux repensez à votre vie en vous aidant des points suivants :

- Dans ma famille : quel est mon rang de naissance ? quel était mon rôle dans la famille quand mes parents étaient à la maison ? quand il n'y étaient pas ? quand il n'y avait personne ?
- Avec mes camarades : étais-je leader ? dominant ? timide ? apprécié ? ignoré ? rejeté ? admiré ? respecté ? ridicule ? bon en sport ?
- Avec les adultes (instituteurs, professeurs, autorités) : étais-je obéissant ? rebelle ? respectueux ? dépendant ? terrible ? honnête ? sournois ? aimant ? jaloux ?
- Ma taille a-t-elle joué un rôle dans mes relations ? mon apparence ? mes capacités ou certaines inaptitudes ? mon sexe ? ma culture ? Avais-je un surnom ?
- Y avait-il des changements en moi quand l'autre sexe était présent ?
- Quand ai-je commencé à sortir ? Étais-je populaire ? non désiré ? solitaire ? de toutes les fêtes ? ignoré ?
- Étais-je leader et initiateur ou suiveur et réactif ?
- Étais-je dans des groupes où on parlait de soi ou plutôt dans des groupes orienté sur l'action ?
- Quels rôles ai-je joués ? victime ? agresseur ou critique ? sauveur ? celui qui refuse ? demandeur ?

1. Les éléments ayant servi à la composition de cet exercice se trouvent dans deux documents élaborés par Will Schutz : *The Human Element,* Jossey Bass Publisher, San Francisco, 1994 © Will Schutz ; *The Human Element leader's manual,* WSA, 1998, Edition © Will Schutz.

© Dunod – La photocopie non autorisée est un délit

À partir de cette réflexion et à la lumière de vos souvenirs, réfléchissez comment vous pouvez comprendre votre rôle actuel en tant que leader.

- En repensant à tous les groupes auxquels j'ai appartenu tout au long de ma vie, avec les gens plus âgés que moi, avec mes pairs, avec les plus jeunes, avec ceux qui ont un statut ou une position inférieure : quels rôles ai-je particulièrement joués ? Pour lequel suis-je bon ? Pour lequel suis-je démuni ? J'aime lequel ? J'évite lequel ?
- Comment les gens me traitent-ils ? En quoi les gens me traitent-ils de la même manière ? En quoi certaines catégories de gens (âge particulier, sexe, ou autre) me traitent-ils de la même façon ?

Comment je souhaite que les gens réagissent avec moi ? Quels types de réactions j'évite particulièrement (paternelle, maternelle, fraternelle, sexuelle, compétitive, sympathique, aidante, blessante, critique, méchante) ?

À partir de tout ça je décris le type de leader que je pourrais être afin d'utiliser mes points forts et mes rôles les plus familiers.

En tant que leader, qu'est-ce que je voudrais que les autres assument comme responsabilités (pour commencer ; au minimum) ?

Je garde tout cela à l'esprit tout au long de la lecture de ce livre.

Une notion en évolution

Notre objectif dans ce chapitre est de sensibiliser le lecteur à quelques approches essentielles et marquantes pour comprendre les origines et l'évolution de la réflexion sur le leadership. Nous ne chercherons pas ici à être exhaustif, d'ailleurs y parviendrait-on, sur l'ensemble des approches et théories du leadership. Il y a énormément de travaux plus ou moins complexes, aussi nous centrerons-nous sur les principaux.

La notion de leadership est apparue au siècle dernier avec l'avènement de l'ère industrielle puis dans la réflexion et la constitution des nouvelles formes d'organisation. Les différentes conceptions du leadership ont progressivement évolué au cours du siècle. Elles ont à chaque époque donné lieu à des styles de management en étroite relation avec les conceptions de l'organisation et perdurent encore aujourd'hui.

Les premières réflexions ont commencé avec les travaux de Kurt Lewin, Ronald Lippitt et Ralph White, dès 1938 et jusqu'en 1952. Leurs expériences scientifiques cherchent à mettre en évidence les caractéristiques du leadership efficace[1]. Les styles démocratique, autocratique et laisser-faire y sont étudiés au sein de clubs d'enfants placés sous la responsabilité de moniteurs adultes. On cherche à savoir si les comportements des enfants dépendent de l'attitude du moniteur.

Dans le climat autocratique, avec un leader autoritaire, la performance du groupe est moyenne. Les relations quant à elles sont assez mauvaises, tendues, agressives ou apathiques. La sociabilité entre les membres est faible alors que l'hostilité vis-à-vis du moniteur est maximum. Tout repose sur le moniteur, en son absence soit les enfants laissent leurs tâches à l'abandon et ne font preuve d'aucune initiative ; soit la frustration accumulée se transforme en agressivité.

Dans le climat de style laisser-faire, la performance est la plus mauvaise et l'agressivité, en moyenne, la plus élevée. Avec le leader au style démocratique, la performance est, en revanche, la plus élevée et l'ambiance la meilleure. Des affinités se créent entre les enfants du groupe démocratique, et une sorte de fonctionnement en réseau se développe. L'agressivité n'est pas nulle mais elle est régulée au fur et à mesure, ce qui permet d'avoir toujours un taux très bas et d'investir l'énergie du groupe dans la tâche.

Les critiques essentielles relatives à ces travaux considèrent que les organisations ne comportent pas d'enfants en leurs rangs mais des adultes. Ceci dit reconnaissons que le but de ces recherches est d'isoler certains facteurs et leur impact. Depuis ces expériences, il est montré que le style du leader a un impact sur le groupe (dont il fait partie) conçu comme système relationnel d'interdépendances.

Dans cette période, d'autres travaux ont aussi cherché à identifier les traits principaux des personnes ayant de l'ascendant sur d'autres. L'armée américaine a beaucoup investi dans ce type d'études durant la seconde Guerre mondiale. Les principaux aspects relevés sont l'intelligence, l'initiative et la confiance en soi. Bien qu'intéressantes, ces

1. Voir Didier Anzieu, Jacques-Yves Martin, *La Dynamique des groupes restreints*, Puf, 1968 ; ou Philippe Bernoux, *La Sociologie des organisations*, Point Seuil, 1985.

© Dunod – La photocopie non autorisée est un délit

approches ont une limite car elles insistent surtout sur les traits personnels des dirigeants. Or dans un groupe d'autres facteurs interviennent tels que la définition des rôles, le climat ou la communication.

De leur côté, en 1959, John French et Bertram Raven[1] identifient les sources du pouvoir qui vont constituer les leviers d'action du leadership.

Ils distinguent les sources de pouvoir par position :

- le pouvoir cœrcitif fondé sur la capacité d'exercer des sanctions ou de menacer ;
- le pouvoir de récompense lié à la capacité de pouvoir offrir un avantage ;
- le pouvoir légitime basé sur la définition statutaire du poste hiérarchique ;

et les sources de pouvoirs personnels :

- le pouvoir charismatique parce que la personne est sujet de référence, d'admiration ou d'identification ;
- le pouvoir de l'expertise fondé sur les connaissances et compétences professionnelles.

Mais, cette approche, au contraire de certaines autres, ne tient pas compte des caractéristiques personnelles du leader. Or on sait que l'expression du pouvoir cœrcitif varie d'un leader à un autre. La relation avec le collaborateur dépend elle aussi de la personnalité du leader.

Plus tard, les travaux de Robert Blake et Jane Mouton[2] réintroduisent les dimensions de la performance et de la satisfaction des subordonnés. Ils poursuivent et approfondissent les travaux de Ronald Lippitt et Ralph White sur le climat relationnel suscité par le style de commandement. Ils distinguent ainsi deux axes prioritaires, l'un

1. *In* André Lévy, *Psychologie sociale, textes fondamentaux anglais et américains*, Dunod, 1965. Voir aussi François Petit, *Introduction à la psychosociologie des organisations*, Privat, 1979.
2. Robert R. Blake et Jane Srygley Mouton, *The New Managerial Grid*, Gulf Publishing, 1978. Voir aussi Robert R. Blake, Jane Srygley Mouton et Robert R. Allen, *Culture d'équipe*, Les Éditions d'Organisation, 1988. En France, ces travaux ont inspiré Dominique Chalvin qui a proposé des styles de management, efficaces et inefficaces que l'on trouve dans *Autodiagnostic des styles de management*, ESF Editeur, 1985.

orienté sur la tâche, l'autre sur les relations. Cela leur permet de dégager cinq styles majeurs de management :

- l'anémique qui s'investit peu dans la tâche et les relations ;
- le social qui s'investit surtout dans les relations ;
- l'autocrate qui ne pense qu'à la tâche et délaisse les relations ;
- l'intermédiaire qui maintient un équilibre moyen entre tâche et relations ;
- l'intégrateur qui s'investit fortement dans la tâche et dans les relations.

Pour les auteurs, ce dernier style est celui du leadership car il représente à leurs yeux le style idéal. Néanmoins, la limite de cette approche est de considérer les styles de management sous le seul angle des traits psychologiques de la personne.

Alors pour dépasser cet inconvénient, Paul Hersey et Kenneth Blanchard[1] ont enrichi le modèle en introduisant la notion de situation. La situation dépend de l'environnement, des contraintes, de la nature du travail, de l'autonomie des collaborateurs. Ils décrivent des styles de management situationnel tels que directif, de motivation, participatif et délégatif.

On trouve aussi dans la littérature des styles liés à une approche sociologique ou politique de l'organisation comme nous l'avons présentée plus haut. Par exemple pour Homans, « *l'influence acquise sur les autres se fait au prix d'une acceptation de se laisser influencer par ces derniers* »[2]. Le leadership est lié à sa capacité à se laisser influencer par les collaborateurs.

Au fil du temps, et des conceptions de l'organisation, le leadership a évolué, et chaque manager aujourd'hui peut se sentir plus ou moins concerné par ces approches. Elles lui ont été transmises dans sa formation ou par l'expérience du terrain.

Mais l'organisation change, les rôles managériaux se transforment et par conséquent l'essence du leadership évolue.

1. Paul Hersey et Kenneth H. Blanchard, *Management of Organisational Behavior*, Prentice Hall, 1982. En France, Dominique Tissier a introduit cette conception : Dominique Tissier, *Management Situationnel 1*, Insep Éditions, 1988.
2. Voir Guy Pelletier, « Les Formes du Leadership », *Sciences Humaines*, hors série, n° 20, mars/avril 1998.

© Dunod – La photocopie non autorisée est un délit

➤ Repensez le style du leadership

Aujourd'hui la notion de leadership dans le monde anglosaxon signifie forcément démocratique. Il est inconcevable d'imaginer un leadership autocratique, c'est un non-sens. En France, par contre, les dictionnaires accordent parfois au terme de leadership une valeur d'hégémonie ; être leader c'est être le premier, voire le chef.

Le style démocratique suppose un contexte et un cadre de référence où on trouve les valeurs de liberté, d'action volontaire, de droits individuels forts. Le leadership démocratique ne peut s'épanouir dans un contexte très structuré voire autoritaire. Le leadership est défini dans la plupart des travaux comme la capacité de mobiliser des individus libres, collaborateurs, subordonnés, de susciter leur participation volontaire pour l'atteinte d'objectifs.

L'essence du leadership est donc une combinaison complexe de savoirs, savoir-faire et savoir être constituant une certaine forme d'influence sur les autres. Cette capacité est différente du pouvoir et de l'autorité. Ceux-ci étant institués et reconnus par la structure. Rappelons qu'aujourd'hui la tendance dans les organisations est de donner de moins en moins de définition statutaire de la responsabilité. Par conséquent il y a un véritable enjeu, pour les responsables, à développer des aptitudes au leadership.

Les missions du leadership ont évolué. Elles ne se situent plus dans la maîtrise des techniques et de savoir-faire managériaux. Certes il convient toujours de connaître son métier, les techniques, la gestion et la stratégie, mais il convient aussi d'entraîner les autres avec soi. L'idée d'un style particulier a finalement disparu.

Toutefois, au regard des nombreux travaux[1] réalisés ces dernières années, on retrouve souvent les mêmes caractéristiques de base du leadership. Ces qualités ont été identifiées en étudiant les grands leaders, sorte de personnages charismatiques. Toutes ne sont pas forcément transposables à l'identique et à tous les niveaux d'une organisation. Ces qualités générales des leaders méritent d'être adaptées et transposées pour être pertinentes.

---

1. Voir par exemple *Le Défi du leadership*, James Kouzes, Barry Posner, Jossey Bass Inc. Publisher, 1987 ; Afnor 1991 ; ou Warren Bennis, *On Becoming a Leader*, Addison Wesley Publishing Company, Inc. 1989.

➤ La vision

On peut aussi parler de mission, but, objectif. On ne peut construire que ce qu'on a été capable d'imaginer. Ainsi, il y a chez le leader désir de faire quelque chose, de faire avancer, d'évoluer ou de créer. Le leader a les yeux sur le futur. Il imagine ce que sera demain, il anticipe. Il crée une ligne à suivre, une direction vitale pour lui, son équipe ou son organisation. Il visualise, il rêve le résultat ou une certaine image de celui-ci. La vision n'est pas seulement celle du résultat de son équipe mais c'est aussi une vision de lui-même, de sa vie, du sens qu'il souhaite lui donner.

Pour être suivi il sait faire partager sa vision afin qu'elle devienne la vision, le rêve ou l'espoir des autres. Si les autres ne suivent pas, il n'y pas de leader.

Pour y parvenir le leader doit comprendre, connaître les autres, leurs besoins, leurs aspirations ou leurs valeurs et savoir leur parler. Le leadership est intimement lié à la capacité de créer et d'innover. En même temps, cette vision doit être palpable, concrète ou signifiante pour les collaborateurs. Il ne s'agit pas d'un rêve irréalisable.

> Voici l'exemple de présentation de la vision d'une équipe.
>
> Arnaud, trente-quatre ans, est depuis trois mois directeur financier France d'un grand groupe chimique américain. Son équipe est composée de trente-cinq personnes réparties sur deux sites géographiques. Il nous sollicite pour l'accompagner dans la réorganisation de la direction financière. Avec un sens aigu du leadership, Arnaud a forgé la vision de son équipe en adéquation avec les valeurs du groupe. Il définit sa vision en six grands objectifs accompagnés de critères de réussites précis. Au cours du séminaire il présente sa vision de l'équipe.
>
> 1. Construire une équipe finance de haut niveau pour la France. Pour cela il nous faudra accroître la motivation des collaborateurs par une organisation plus claire ; encourager les personnes compétentes dans leurs fonctions et les rassurer quant à leur avenir au sein de la société ; rechercher les synergies dans les fonctions répétitives ou à faible valeur ajoutée de façon à réorienter les énergies des membres de l'équipe vers la création de valeur et la protection des actifs du groupe en France ; améliorer l'état d'esprit d'ensemble.
>
> 2. Assurer une intégration en douceur des nouvelles activités de l'entreprise. Pour cela il nous faudra mettre en place les fonctions

financières de support avant mars 2000, date à laquelle la comptabilité sera transférée sur son nouveau site ; consolider les fonctions comptables des trois sociétés nouvelles autour d'un pôle comptable unique et unifié ; assurer le transfert des compatibilités existantes vers les modules SAP finance et contrôle de gestion avant la fin de l'année 1999.

3. Améliorer la qualité des contrôles financiers et mieux protéger l'activité du groupe de sociétés. Pour cela, les priorités sont de mettre en place un niveau minimum de contrôles fondés sur une analyse des risques raisonnables, et parvenir à une meilleure ségrégation des fonctions ; analyser systématiquement les comptes matériels au niveau du bilan ; démontrer une évolution positive de la qualité de nos contrôles internes lors des différents audits de fin d'année.

4. S'assurer que les fonctions Finance sont un support pour l'activité et non un obstacle. Pour cela il est essentiel d'améliorer le support aux activités business par le biais d'un contrôle de gestion constructif ; de clarifier les règles et les procédures que l'on souhaite voir appliquées ; de communiquer sur la base de définitions communes et partagées entre opérationnels et financiers.

5. Il est primordial d'initier, dès 1999, le processus de réduction du nombre d'entités légales en France. C'est la condition *sine qua non* qui nous permettra d'obtenir les synergies entre sociétés récemment intégrées et d'éviter les doublons et les répétitions de tâches. Une stratégie et un programme d'actions sur deux ou trois ans devront être définis en ce sens avant la fin de cette année.

6. Développement personnel : à titre personnel mes objectifs sont clairement de rester en contact avec les opérationnels, mais aussi de développer mes compétences de motivation d'équipe.

Arnaud accompagne chacun des critères par des actions identifiées et datées.

➤ La passion

Le leader communique sa passion aux autres et leur donne le goût et la permission pour agir. Le leader aime ce qu'il fait et sait le transmettre à son équipe. Aucun leader ne réussit seul. Il sait obtenir la coopération de toutes les personnes indispensables à l'aboutissement du projet. Il sait donner les responsabilités et déléguer. Les études montrent un haut degré de satisfaction et de fierté chez les leaders à propos de leur équipe.

En même temps, l'équipe et tous ceux qui sont impliqués apprécient fortement le travail en commun.

Le sens du travail en équipe, le sens de la coopération ou de la collaboration dépasse les frontières de l'équipe. Les collatéraux, la hiérarchie, les fournisseurs et les clients sont également touchés par ce sentiment d'appartenir à un projet enthousiasmant.

➤ Donner l'exemple ou être intègre

Le poste ou le niveau de responsabilité peuvent conférer de l'autorité, mais seul le comportement conditionne le respect inspiré par le leader. En d'autre termes, les collaborateurs s'attachent moins aux discours du leader qu'à ses actes. Annoncer des principes, des valeurs ou des convictions n'a en fait que peu d'effets sur les collaborateurs. Ceux-ci attendent et observent les actes. Eux seuls ont une véritable valeur. C'est aussi la raison pour laquelle l'organisation doit mettre en œuvre certains principes d'actions. Cela permet de renforcer le rôle des leaders. Nous verrons plus loin les comportements qui favorisent le climat propice au développement de la confiance. Si les actes ne sont pas en accord avec les propos, la confiance n'existera pas.

Dans la conception ici présentée du leadership la confiance est à la fois un élément clé et un résultat. Cette qualité fondamentale ne s'acquiert pas mais se gagne. Les collaborateurs donnent leur confiance au leader dont l'honnêteté de pensée et de sentiments transparaît dans l'action.

Gagner la confiance des autres peut prendre beaucoup de temps alors que la perdre peut aller très vite et parfois de manière irrémédiable.

Comme ce sont les collaborateurs, les collègues, les autres qui donnent leur confiance, sans elle le leader aura beaucoup de difficulté pour fonctionner.

L'intégrité est la base de la confiance. L'intégrité se développe par la connaissance de soi et par la maturité acquise dans l'expérience. Le chemin parcouru pour devenir leader a autant d'importance que les résultats obtenus. La connaissance de soi signifie se connaître soi-même véritablement, ses forces, ses faiblesses, savoir ce qu'on veut faire, qui on veut être et pourquoi, pour quelles valeurs. Ces questions offrent les clés essentielles pour donner un véritable sens à son existence. Le leader ne se ment pas à lui-même. Il connaît ses défauts et sait comment les trai-

© Dunod – La photocopie non autorisée est un délit

ter. Ce thème de la connaissance de soi sera repris plus loin notamment au sujet de la prise de conscience et de l'ouverture.

En parcourant son chemin le leader a accumulé de l'expérience, il a vécu et expérimenté ce que signifie être engagé, présent, impliqué, capable de travailler avec d'autres, capable d'apprendre des autres, être vrai, être sincère, authentique. Avoir intégré ces qualités en soi permet d'encourager les autres à les avoir.

➤ Faire preuve d'audace, de curiosité, d'innovation

Les leaders ont une âme de créateur. Souvent pionniers ils osent prendre des risques et s'aventurer sur des terres parfois hostiles où idées et projets nouveaux suscitent des réticences ou des oppositions. Le leader n'a pas peur de l'échec, bien au contraire, le leader doit avoir le courage d'échouer. Il n'y a pas d'échec mais des erreurs sources d'apprentissage. La perfection est rarement acquise du premier jet. Aussi faut-il être prêt à prendre des risques, essayer des nouveautés. Reconnaître ses erreurs est une force. Ne pas reconnaître ses erreurs anéantit tous les efforts pour gagner la confiance et, en plus, ne permet pas de trouver des solutions aux problèmes.

Il est aussi important que le leader suscite la créativité chez les autres et qu'il sache saisir les idées d'innovation. Qu'il sache aussi écouter les critiques. Elles permettent de remettre en cause les choses bien établies, les habitudes et les processus. S'il accepte les critiques et les innovations, il en va de même pour les erreurs. Le leader encourage ses collaborateurs à accepter leurs erreurs, il favorise ainsi un état d'esprit positif à l'égard de ceux qui remettent en cause les habitudes et prennent des initiatives dont l'entreprise à besoin.

➤ Encourager plutôt que blâmer

Les leaders ne blâment jamais leur équipe, ils préfèrent utiliser leur énergie à encourager. Donner à ses collaborateurs ou à son équipe la force pour gagner fait partie du travail du leader. Il invite l'équipe à se concentrer et à se battre contre les problèmes plutôt que d'utiliser cette énergie contre elle.

Dans ces moments les signes de reconnaissance sont importants. En premier lieu il s'agit de reconnaître les contributions individuelles. En second lieu toutes les occasions pour célébrer les réussites, les résultats ou même les anniversaires et les fêtes diverses montrent aux personnes l'intérêt qu'on leur porte. En revanche l'absence de signes de reconnaissance peut être vécu soit comme un phénomène normal soit comme un désaveu, et alors les collaborateurs ne se sentiront pas invités à se dépasser.

Quant au blâme il crée des sentiments de rejets ou d'humiliation et feront perdre au leader tout espoir d'être suivi.

Remarquons que certaines de ces qualités ont un impact différent selon la situation hiérarchique du leader. La vision, la passion ou la communication ont une portée et un sens différent selon qu'il s'agit d'un PDG, d'un directeur, d'un manager de proximité ou d'un chef de projet en recherche et innovation.

Par ailleurs, toutes ces caractéristiques ne constituent pas des traits de caractères dont quelques-uns seraient pourvus et d'autres pas. Les leaders ne sont pas nés avec ces attributs, ils les ont acquis tout au long de leur expérience de la vie, des autres et du monde. Le leadership n'est pas un phénomène mystique incompréhensible réservé à quelques élus.

À ce propos, nous ne pouvons nous empêcher de revenir sur l'étude de P. A. Consulting[1] citée plus haut. Elle montre aussi que « *pour devenir un grand leader du XXI*e *siècle, les dirigeants français semblent faire plus confiance aux caractères innés d'une personnalité qu'à ce qui peut être acquis en termes de formation* ». Pour nous l'idée que le leadership ne s'apprend pas est une entrave très puissante au développement des entreprises. Croire qu'il y a des élus pourvus d'un don mystique et inné de leader est une idée qui prend sa source dans une conception élitiste et hiérarchisée de la société. Par voie de conséquence ce mode de pensée renforce l'immobilisme et la rigidité. Elle est plus souvent la cause des problèmes que les différences d'opinion. Nous y reviendrons.

Aux États-Unis, en ce moment, ce qui affecte la pensée managériale dominante c'est la réflexion sur le rôle du leader et le modèle psychologique de son intervention. L'idéal du grand manager est celui qui fait arriver, qui crée les conditions plutôt qu'il ne commande. Il crée des rapports humains plus efficaces[2].

1. *In* « Quel manager pour l'an 2000 ? », *Liaisons Sociales* - le mensuel, février 1997.
2. Selon des propos tenus par Michel Crozier au cours d'une journée intitulée « L'Entreprise française dans la compétition mondiale vers un renouveau managérial ? » organisée par l'Anvie avec Andersen Consulting et *Enjeux-Les Echos* en mars 1997. Cette présentation a fait l'objet d'un rapport « Les Nouvelles tendances de la réflexion managériale américaine » paru dans *Management et Conjoncture Sociale*, n° 532, 11 mai 1998.

© Dunod – La photocopie non autorisée est un délit

L'ère du management gestionnaire où on donne des ordres laisse la place à l'ère du leadership qui donne envie de faire. Supposez que les gens travaillant avec vous soient tous des volontaires, libres de leurs choix. Que ferez-vous pour leur donner envie de vous suivre, d'être collectivement plus performants ?

Cela ne se résume pas à la vision et à une bonne communication de celle-ci. Il s'agit aussi de comprendre les hommes et leurs motivations profondes. Les valeurs personnelles ont un rôle clé pour aider le leader à s'orienter.

Dans l'approche de Will Schutz, le leader doit mobiliser tous les talents du groupe, ainsi que les siens. Selon cette conception, le leader contribue à ce que les décisions soient prises par les personnes les plus qualifiées et les plus concernées par ces décisions. Ceci permet d'appliquer rapidement les choix et avec le minimum de résistances.

PAUSE POUR LA RÉFLEXION

Avant de poursuivre, vous pouvez prendre le temps de réfléchir aux points suivants afin de mettre en évidence vos valeurs personnelles :

Fermez les yeux et prenez le temps de partir, en imagination, à l'âge le plus avancé, aussi loin que possible dans votre futur, puis revenez et revisitez, pas à pas, à votre rythme, l'ensemble de votre vie future jusqu'à l'instant présent.

Quand vous ouvrirez les yeux repensez à votre vie et en particulier en vous aidant des points suivants :

- Quelles sont mes valeurs recherchées, celles que je cherche à satisfaire dans mon existence ?
- Quelles sont les anti-valeurs, celles que je cherche à éviter dans mon existence ?
- Quelle est la vie que je souhaite avoir ? Quelle est la personne que je souhaite être ?
- Qu'ai-je réalisé de significatif à mes yeux ? pour moi ? pour les autres ?

Ce que les collaborateurs attendent du leader

Plusieurs recherches ont été menées pour identifier et comprendre ce que les dirigés attendent de leur leader. En ce domaine James Kouzes et

Barry Posner[1] ont réalisé différentes études auprès de milliers de cadres américains ; les résultats vont tous dans le même sens. Les réponses les plus fréquentes sont l'intégrité, la compétence et la motivation. L'intégrité fait référence au fait qu'on peut compter sur le leader. La compétence relève de l'efficacité, de la capacité à effectuer des missions. Au cours d'autres études menées par les mêmes auteurs ont voit apparaître quatre qualités ou critères majeurs attendus. Les dirigés souhaitent avoir des leaders :

- honnêtes ;
- compétents ;
- tournés vers l'avenir ;
- motivants.

On pourra bien sûr objecter que ces études portent sur des cadres américains et que les valeurs et références culturelles sont différentes des valeurs européennes voire françaises. Certes cela peut se comprendre. La culture américaine du « contrat » est différente de la culture française de « l'honneur ». Les logiques d'action sont autres. En entreprise, la culture du « contrat » se caractérise par l'établissement de relations équilibrées entre personnes ou entre services. En cas de problèmes la logique de fonctionnement consiste à redéfinir le système de relations et d'influence tout en cherchant un compromis satisfaisant. La prise de décision repose sur la base de négociations.

La culture de l'honneur offre beaucoup d'inconvénients pour le développement de la dimension humaine et de la confiance. En effet, cette culture valorise l'établissement d'un droit à l'expression sélectif fondé sur un principe de noblesse. Par ailleurs la culture française est aussi celle du droit imposé alors que la culture du contrat est celle du droit négocié.

Même si toute culture présente des avantages et des inconvénients, peut-on dire pour autant que les cadres et employés français attendent de leurs leaders qu'ils soient malhonnêtes, incompétents, tournés vers le passé et démotivant ?

Pour notre part, nous avons choisi de présenter une conception du leadership qui repose sur des valeurs particulières. Le leader est une

1. James Kouzes, Barry Posner, *Le Défi du leadership*, Jossey Bass Inc. Publisher, 1987 ; Afnor, 1991.

© Dunod – La photocopie non autorisée est un délit

personne capable de s'affirmer pleinement, consciente de ses forces, de ses faiblesses. Il sait pleinement utiliser ses point forts et limiter ses points faibles. Le leader sait ce qu'il veut, pourquoi il le veut, comment le communiquer aux autres afin d'obtenir leur coopération et adhésion. Il sait comment atteindre ses objectifs, ses buts et remplir ses missions. Cette conception s'inscrit dans une vision humaniste du leadership pour développer la dimension humaine et la confiance dans les organisations. Par conséquent les caractéristiques ou les valeurs attendues sont avant tout des critères que l'on retrouvent d'une culture à l'autre.

➤ L'honnêteté

L'honnêteté est la caractéristique essentielle du leader. Cette notion se concrétise dans la cohérence entre les paroles et les actes. Les collaborateurs ne croient que ce qu'ils voient. Notre culture française de l'honneur accorde une place prépondérante à la parole, nous aimons les grands discours. Cet aspect culturel peut s'avérer utile quand il s'agit de présenter sa vision. Mais aimer les paroles plus que les actes peut aussi constituer un frein pour la mise en œuvre d'action concrètes. S'ils ne sont pas suivis d'effets concrets les discours n'engendrent pas la confiance mais plutôt le désaveu.

L'honnêteté ne recouvre pas seulement la cohérence entre les discours et les actes mais aussi la sincérité dans la relation, l'ouverture, la transparence que ce soit avec les autres mais aussi envers soi-même. Ce concept, cette valeur est fondamentale pour construire un leadership qui génère la confiance.

➤ La compétence

Cette qualité semble assez évidente. Qui aurait envie de suivre un leader s'il ne fait pas la preuve qu'il sait guider ses collaborateurs, susciter la confiance, introduire le changement, motiver, montrer l'exemple ? Les collaborateurs n'attendent pas forcément que le leader sache tout. Ils attendent qu'il apporte un plus, une valeur ajoutée pour savoir faire travailler ses collaborateurs en équipe performante. À ce titre on voit l'importance du travail en équipe performante pour la direction elle-même comme nous le mentionnions plus haut. Les collaborateurs suivent les leaders qui ont déjà fait la preuve de leur savoir-faire. L'équipe de direction sera suivie car ses directeurs seront crédibles. La maîtrise d'un domaine technique apporte une sorte de reconnaissance auprès des personnes de l'entreprise. Mais la compétence attendue du leader est de savoir faire face aux situations en montrant ses qualités.

➤ **Être tourné vers l'avenir**

Cette qualité attendue correspond à la capacité de pouvoir imaginer le futur. Cela recouvre la notion de vision, non pas dans un sens prémonitoire, qui lit dans l'avenir, mais plutôt dans la capacité à fixer un cap, une orientation, un but à atteindre et dans lequel l'entreprise doit s'engager. Cette dimension est aussi celle du sens donnée à l'action de tous les jours. « Pour quoi travaillons-nous ? Comment allons-nous le faire ?» sont les deux questions auxquelles les collaborateurs attendent des réponses claires.

➤ **Être motivant**

Cette qualité fait référence à l'enthousiasme, au dynamisme, à l'attitude positive par rapport au futur, aux autres ou à soi-même. Si les équipes attendent des leaders une vision pour l'avenir elles souhaitent aussi être entraînées, motivées pour remplir leur mission.

Honnête, compétent, tourné vers l'avenir et motivant sont les qualités constituant les bases de la crédibilité attendue par les collaborateurs. Il est essentiel que le leader sache mettre en œuvre ces qualités. Mais, cela ne suffit pas pour établir la confiance, l'entretenir et développer la dimension humaine. Les leaders sont aussi responsables du développement continu d'eux-mêmes, des personnes, des équipes et de l'organisation.

Les orientations nouvelles : le développement des personnes et des équipes

Cette conception du leadership entre dans le courant de réflexion initié depuis une vingtaine d'années aux États-Unis par plusieurs chercheurs que nous avons cités plus haut.

Les points qui suivent s'inscrivent dans l'ensemble que constitue l'approche Élément Humain de Will Schutz. On peut considérer qu'elle est entièrement consacrée au leadership. Aussi ses caractéristiques particulières introduisent les aspects essentiels qui seront présentés tout au long de la suite de l'ouvrage.

© Dunod – La photocopie non autorisée est un délit

➤ Répondre aux besoins de l'équipe

La définition qui semble la plus simple et la plus pertinente est celle selon laquelle le leader est celui qui apporte des réponses aux besoins de l'équipe afin qu'elle réussisse. Le leadership n'est pas une fin en soi, ce n'est qu'un moyen. Cela signifie que le leader veille à ce que l'équipe remplisse avec succès les fonctions essentielles à l'accomplissement de sa mission. Afin d'y parvenir, il s'assure qu'il répond aux besoins de chacun et de l'équipe, qu'il apporte les solutions ou les moyens de les trouver, qu'il apporte le complément nécessaire.

Cette définition montre le rôle important de la vision ou mission, et des fonctions essentielles à mettre en œuvre pour y parvenir. Parmi celles-ci il y a toutes les fonctions professionnelles, techniques, technologiques, scientifiques, administratives, législatives, financières ou autres. Bien que tout leader doive connaître ces domaines techniques et les savoirs nécessaires à son activité, ces aspects ne sont pas suffisants. Il doit aussi veiller à maintenir des relations de qualité entre les personnes de l'équipe pour que les relations fonctionnelles soient des plus efficaces.

Pour guider son équipe vers des performances collectives de haut niveau et la maintenir à un haut degré de flexibilité, le leader à un rôle à jouer pour développer l'équipe et chacun de ses membres. Pour cela il est nécessaire qu'il sache aussi maîtriser les fonctions liées à la dimension humaine.

Pour mener son équipe vers l'accomplissement de sa mission le leader veille à ce que chaque personne remplisse ses objectifs. Par ailleurs tous ceux qui sont concernés par une décision participent pour la prendre.

Le leader, comme tous les autres membres de l'équipe, fait ce pour quoi il est le meilleur. Cela peut être aussi bien un aspect technique, une expertise, créer la vision, conseiller, coacher ou résoudre les conflits, encourager, inspirer, etc. Il doit s'assurer que tous, dans l'équipe, font le maximum pour satisfaire aux exigences de leur mission.

Le leader n'a pas besoin de tout connaître, mais il doit être conscient des facteurs clés qui favorisent un bon travail d'équipe. Il doit être capable de les activer afin que l'équipe soit la plus efficace possible. Pour toutes ces raisons il est important que le leader soit flexible afin de s'adapter à chaque type d'équipe. Pour obtenir ces résultats les caractéristiques suivantes sont très importantes.

➤ **Le succès du leader réside dans la réussite et la performance de l'équipe**

Tout d'abord il est important pour accomplir les missions que le leader ne trouve son succès que dans la réussite de son équipe. Cet aspect est primordial pour gagner la confiance de l'équipe. Cette conception peut paraître évidente pour un coach sportif qui conduit son équipe vers la plus haute marche. Tant que l'équipe ne gagne pas, le leader ne gagne pas. Dans l'entreprise, ce principe est aussi en vigueur. Les résultats du leader sont les résultats de l'équipe. Le leader n'est rien sans son équipe. Aussi le rôle du leader est-il de s'assurer en permanence que toute son équipe fait tout ce qui est en son pouvoir pour obtenir le succès. Même si leader ne sait pas tout, en particulier dans les domaines techniques, il sait comment mener son équipe vers la réussite. Il connaît notamment tout les éléments clés pour un bon travail en équipe.

Puisque le succès du leader est le succès de son équipe alors il s'assure de la mise en œuvre des fonctions de son équipe. Le leader doit connaître pour lui, comme pour tous les membres de son équipe, les fonctions importantes à remplir. Elles doivent être performantes pour l'atteinte des objectifs.

Pour ce qui concerne la production, le leader s'assure que l'équipe possède les savoir-faire nécessaires. On trouve notamment la connaissance des outils et savoirs techniques ; le savoir-faire relationnel ; mais aussi les capacités créatives afin de maintenir et développer des produits et services de qualité. Le leader vérifie que la vision, les objectifs, les plans d'actions, les valeurs de l'équipe sont toujours partagés par les membres. Il cherche à intégrer les différences individuelles pour enrichir son équipe et chaque personne. Il fait la chasse à tout ce qui peut entraver le raisonnement logique ou la créativité.

Pour le succès des relations internes à l'équipe, le leader doit être conscient des problèmes interpersonnels pouvant avoir lieu au sein d'une équipe. Il doit aussi savoir les résoudre s'ils apparaissent. Pour y parvenir, le leader sait comment se comporter avec chacun des membres et avec le groupe. Cela signifie qu'il a une bonne connaissance du fonctionnement des groupes. Il connaît les différentes étapes à franchir dans la constitution d'équipe. Il sait comment débloquer les rigidités qui entravent son travail.

© Dunod – La photocopie non autorisée est un délit

Éric est directeur informatique et système. L'entreprise vient de se réorganiser. La transmission des informations est vitale. Malheureusement certaines autres directions, dont la production et le marketing, ont du mal à atteindre leurs objectifs car l'informatique ne suit pas. Leurs directeurs s'en prennent alors à Éric. La pression monte et c'est de plus en plus difficile de travailler sereinement et de tenir les engagements. Éric qui est très souple peut se laisser influencer si on est trop directif avec lui. Or il doit faire les bons choix informatiques pour la société. Michel, leader de l'équipe de direction, intervient alors pour réguler ces tensions et protéger Éric afin de le laisser remplir sa mission sans être influencé par quelques directeurs à forte personnalité.

Le succès des relations externes avec les différents partenaires dépend de la qualité des relations internes. Pour cette raison, lorsque les membres de l'équipe ont des relations fructueuses et riches, il y a de grandes chance pour que les relations externes le soient aussi. Le leader cherche à maintenir des relations externes productives. Ceci concerne les clients, les fournisseurs, les autres départements de l'entreprise, les partenaires externes, les différentes institutions publiques. Le leader a aussi un rôle tampon ou protecteur quand les relations avec l'extérieur sont difficiles.

François est directeur d'association. Grâce à plusieurs séminaires pour l'équipe de direction, et à quelques séances de *coaching*, les directeurs sont soudés. Leur vision et missions sont claires. Maintenant, ensemble, ils forment une équipe de direction qui fonctionne beaucoup mieux, dans un climat plus confiant que par le passé. Peu de temps après ces actions, l'assemblée générale de l'association élit un nouveau président. Les rapports de pouvoir, au sein de l'association, s'en trouvent modifiés. Le nouveau président conteste la plupart des projets des directeurs d'établissements, collaborateurs directs de François. L'agressivité monte et François joue alors un rôle tampon pour protéger ses directeurs. En même temps, et en retour, l'équipe supporte François épuisé par ces joutes avec le président.

➤ Assurer la complémentarité et la dynamique de l'équipe

La complémentarité de l'équipe est la recherche du meilleur niveau d'adéquation entre chaque personne en fonction de ses responsabilités par rapport aux autres. Il s'agit que chaque membre travaille bien avec les autres.

Pour un bon fonctionnement entre les membres de l'équipe le leader doit veiller à maintenir la complémentarité entre eux. Il s'agit des rôles que les membres vont exercer les uns envers les autres. Ce sont les rôles techniques ou fonctionnels d'une part et les comportements et attitudes relationnelles d'autre part. En effet, chacun se comporte à sa manière en fonction de ses choix et valeurs personnelles et de ce qu'il croit efficace. Le leader va donc chercher à rassurer chacun en lui permettant d'avoir les rôles et les relations qui lui conviennent le mieux au sein de l'équipe. Il va aussi chercher à développer chaque membre de son équipe.

Le thème de la complémentarité est repris plus loin dans l'ouvrage avec beaucoup plus de détails.

Le leader connaît le fonctionnement des groupes et a notamment compris comment lui aussi fonctionne dans les groupes et, en particulier, dans son équipe. Il sait mettre en œuvre les différentes phases de constitution d'équipe, en évaluer les étapes de sa croissance et choisir les actions adaptées à l'équipe et pour chaque membre. Il sait aussi reconnaître quand il peut se faire aider par son équipe ou par une aide extérieure. Connaître la dynamique des groupes c'est savoir que son rôle de leader a une influence directe sur le comportement des collaborateurs et sur leur performance.

➤ Comprendre et développer les personnes

Les comportements des membres de l'équipe sont certes liés aux attitudes du leader mais aussi aux personnes elles-mêmes. Le leader sait comprendre tous ces aspects. Il est capable de prendre conscience de ses propres sentiments à l'égard des autres pour mieux les connaître. Cela sous-entend qu'il se connaît bien lui-même. Il a effectué un travail de développement personnel qui lui permet de comprendre comment tirer le meilleur de chaque personne, comment elle fonctionne le mieux et comment l'aider.

Le leader encourage chaque membre de son équipe à échanger des feed back riches pour toujours mieux se comprendre et mieux fonctionner ensemble.

Son rôle est de créer un climat favorable qui lui permette de gagner la confiance des membres de son équipe. Il y parvient en créant les conditions pour que chacun ait la possibilité de s'épanouir professionnellement et personnellement. Au-delà du développement profession-

© Dunod – La photocopie non autorisée est un délit

nel, le leader s'attache à ce que chaque personne ait la possibilité de développer son estime de soi et la confiance en soi. Ce climat d'équipe est possible quand chaque membre se sent suffisamment important dans l'équipe ; sait qu'il est compétent pour agir et faire face aux problèmes ; sent qu'il est apprécié non seulement en tant que professionnel, mais aussi en tant que personne.

La création de la confiance se situe à ce niveau. La confiance est le résultat de relations dans lesquelles les partenaires s'apprécient mutuellement. Chaque personne apprécie son partenaire et a confiance en lui quand l'autre crée une relation sincère et authentique où il dit la vérité. « J'ai confiance en toi quand dans la relation que nous avons je m'apprécie moi-même, j'ai une bonne image de moi, j'ai confiance en moi. Ceci arrive quand tu es sincère, authentique, quand tu me dis la vérité. » Nous revenons plus loin sur ces aspects fondamentaux de la confiance. Nous préciserons les paramètres clés pour créer un climat de confiance. D'ores et déjà nous soulignons que le leader joue un rôle fondamental pour créer des relations de confiance à son niveau.

➤ Approfondir la connaissance de soi et l'estime de soi

Pour être en mesure de créer un tel climat, le leader doit avoir confiance en lui. Cela signifie qu'il connaît ses forces et ses faiblesses. Il est conscient de lui-même, il a résolu ses propres problèmes liés à l'importance, à la compétence, au pouvoir, à l'estime de soi. Il sait pourquoi il aime travailler en groupe et/ou en être le leader. Il a fait un travail personnel sur sa propre histoire en tant que membre de groupe. Il a pu comprendre ses différents rôles dans les groupes auxquels il a appartenu. Il sait où se trouve ses propres difficultés et comment y pallier. Ces difficultés peuvent être d'ordre technique ou relationnelle. Il sait aussi quels sont ses points forts, ses qualités, comment les utiliser au mieux et en faire profiter son équipe.

Il est capable d'être sincère pour lui-même et avec les autres. Il sait reconnaître ses sentiments et les gérer. Par exemple il sait comment faire quand il se sent attiré, rejeté, attaqué ou quand tout type de sentiment vient perturber sa perception. Il sait aussi comment s'y prendre avec chaque membre de l'équipe pour créer un climat de sincérité qui permette à chacun de se sentir à l'aise et de pouvoir développer son estime de soi.

Nous approfondirons ces questions plus loin, quand il s'agira d'entrer dans le détail de la connaissance de soi sur les plans des comportements, sentiments, image et estime de soi.

➤ Choisir le bon processus de prise de décision

Le leader connaît plusieurs formes de prises de décisions en fonction des problèmes à traiter. Il est aussi important qu'il sache conduire des prises de décisions par la concordance, dont nous présentons plus loin le fonctionnement. Dans ce mode de prise de décision chacun a le même pouvoir de proposition et de veto. Il est très important que les membres de l'équipe soient soudés et expérimentés car cette méthode suppose aussi de savoir exprimer clairement ses opinions, sentiments et peurs.

➤ En bref

Le rôle de leader est de permettre à tous les membres de l'équipe, lui-même compris, de fonctionner au mieux de leurs possibilités. Si l'équipe est productive c'est que le leader fait bien son travail. En revanche le leader est perfectible quand :

- il ne se connaît pas lui-même suffisamment et par conséquent il ne sait pas comment faire avec les membres et l'équipe ;
- il ne comprend ni les autres ni son équipe ;
- il ne comprend pas les besoins de l'équipe pour remplir sa mission. Ses peurs personnelles l'amènent à ne pas reconnaître ses propres réussites ou celles de l'équipe. Cela peut aussi le conduire à sous-estimer les autres ou lui-même. Une faible estime de soi le conduit à se défendre en permanence, à méconnaître la réalité, puis diminue les succès.

Nous l'avons plusieurs fois mentionné le leader ne décrète pas la confiance, il la gagne. Pour cela il est capable de créer un climat dans lequel les collaborateurs auront confiance en eux-mêmes, ce qui, en retour, permettra au leader d'obtenir la confiance de ses collaborateurs. « *Le leadership est dans le regard du dirigé.* »[1] Il est par conséquent intéressant de savoir ce que les collaborateurs attendent de leur leader afin de créer un climat favorable à la confiance. Pour cela la connaissance des

1. James Kouzes, Barry Posner, *Le Défi du leadership*, *op. cit.*

© Dunod – La photocopie non autorisée est un délit

autres est une dimension essentielle qui comporte en elle-même la connaissance de soi. Connaissance et compréhension des autres, connaissance et compréhension de soi sont les deux faces d'une seule et même pièce.

PAUSE POUR LA RÉFLEXION

Pour vous accompagner dans votre réflexion personnelle, voici quelques questions pour vous permettre de réfléchir à la connaissance de vous-même et de prendre conscience de votre impact sur les autres personnes[1].

Connaissance de soi

- Suis-je prêt(e) à aller à la découverte de moi-même ?
- À quel point suis-je satisfait(e) de mes relations avec les autres sur le plan comportemental ?
- Ai-je bien conscience de mes propres sentiments ?
- À quel point suis-je satisfait(e) de la manière dont je me traite ?
- Quelle opinion ai-je de moi-même ?
- Quelle opinion aimerais-je avoir de moi-même ?
- Suis-je satisfait(e) des sentiments que j'éprouve à mon égard ?
- Quelle est ma perception de moi-même par rapport à celle d'autres personnes ?
- Ai-je tendance à déformer les faits et réalités ?
- Ai-je tendance à exiger des autres ce que je ne fais pas pour moi-même ?
- Ai-je tendance à recourir à certaines méthodes de prise de décision dans le but d'éviter de me sentir ignoré(e), humilié(e) ou rejeté(e) ?
- Quelle est la prochaine étape de mon évolution ?

Impact sur les autres

- Quelles sont les réactions des autres à mon égard ?
- Quel genre de personne suis-je aux yeux des autres?
- Quelles sont les principales réactions que je reçois des autres?
- Quels sont les comportements que les autres semblent apprécier chez moi?

1. Cet exercice est conçu à partir du questionnaire d'auto-évaluation du leadership développé par Will Schutz. ©WSA ©Cegos, Évaluation du leadership, un instrument Firo.

- Quels sont les comportements que les autres semblent ne pas apprécier chez moi?
- Y a-t-il des sentiments que je montre ou ne montre pas que les autres semblent apprécier chez moi?
- Y a-t-il des sentiments que je montre ou ne montre pas que les autres semblent ne pas apprécier chez moi?
- Quels sont les éléments apparemment appréciés par les autres dans ma perception de moi-même ?
- Quels sont les domaines de prise de décision où j'excelle ?
- Quels sont les domaines de prise de décision où j'aimerais être meilleur ?

➤ L'exemple d'une entreprise de classe mondiale

À partir d'un exemple concret[1], nous souhaitons montrer comment une grande entreprise américaine initie déjà ces orientations. L'exemple permet de montrer l'ensemble des critères retenus pour définir le leadership dans cette entreprise. On y voit clairement apparaître les nouveaux aspects liés aux relations et à l'équipe.

Cette entreprise de classe mondiale est l'un des leaders mondiaux dans son activité. Cette multinationale réalise 6 milliards de dollars de chiffre d'affaires et regroupe 18 000 salariés dans plus de 150 pays.

Elle a donc engagé une démarche visant à évaluer ses managers. Le système d'évaluation du leadership des cadres et managers de cette entreprise repose sur seize critères et sur une échelle de valeur à quatre points.

Les niveaux sont les suivants :

- 0 : n'a pas montré cette compétence
- 1 : parfois effective
- 2 : effective
- 3 : exceptionnelle

Quant au seize critères nous les présentons ainsi que leur définitions :

- **Intégrité** : montre de l'engagement à propos des enjeux d'éthique, des principes et des valeurs de l'entreprise. Modélise et renforce un

1. Pour des raisons de confidentialité nous ne dévoilons pas le nom de cette compagnie.

© Dunod – La photocopie non autorisée est un délit

comportement éthique pour soi et pour les autres. Agit en accord avec ses valeurs et ses croyances.

Le niveau 3 correspond à : agit en accord et en fonction de ses propres valeurs et de celles de la compagnie même face à un risque majeur ; prend des décisions et agit sans hésitation dans les situations difficiles ; encourage et coache les autres pour respecter les divers acquis et les futures perspectives.

- **Courage et confiance** : affronte les problèmes dès leur apparition, va directement sur les vrais enjeux et affirme sa position dans la controverse. C'est la capacité d'apprécier concrètement ses propres forces et faiblesses et de croire en sa capacité à accomplir des tâches et à résoudre les problèmes. Cette confiance permet à la personne de s'exprimer elle-même dans des circonstances de challenges croissants.

Le niveau 3 correspond à : fait face aux critiques liées à sa position dans certaines situations ; réduit l'impact des problèmes en les affrontant avant qu'il ne lui échappent ; exprime ses désaccords honnêtement et avec confiance même lors de conflits avec sa hiérarchie et/ou ses clients.

- **Orienté sur le futur** : identifie les problèmes et/ou les opportunités qui impactent l'atteinte des objectifs de l'entreprise. Développe des plans d'actions dont les résultats impactent favorablement la performance de l'entreprise.
- **Orienté sur les résultats** : se bat personnellement pour l'excellence dans la performance en dépassant les standards établis. Établit un haut standard de performance à étendre dans l'entreprise.
- **Style de leadership** : joue une variété de rôles (montre l'exemple, démocratique, coach, etc...) appropriés. Adapte une variété de styles et d'approches en fonction des besoins des différentes personnes, équipes et situations.
- **Développe les autres** : promeut un développement à long terme des employés de l'entreprise en évaluant régulièrement les aspirations individuelles et les exigences du travail. Crée un climat où chacun tend à aller au-delà des performances habituelles.

Le niveau 3 correspond à : recherche activement les opportunités pour organiser le travail, les tâches et les expériences afin de promouvoir un développement à long terme des autres même quand cela entraîne une moindre visibilité pour soi ; offre du coaching pour assurer le succès.

- **Offre la satisfaction au client** : crée la satisfaction en allant au-devant et en dépassant de manière appropriée et rapide les besoins des clients externes et internes. Prend toute mesure raisonnable pour s'assurer que les obligations et les promesses sont remplies.
- **Tisse des relations client** : sert les clients internes et externes grâce à la compréhension de leurs besoins. Met en œuvre les actions pour dépasser leurs attentes.
- **Leadership visionnaire** : crée et soutient une vision à long terme pour faire avancer l'entreprise. Communique la vision au cœur de l'organisation sous la forme de stratégies claires, d'objectifs et de plans d'actions qui accroissent les avantages compétitifs de l'entreprise.
- **Vision internationale** : maintient un avantage compétitif international en reconnaissant et en valorisant les différences culturelles. Intègre les différences culturelles dans l'action personnelle et professionnelle.
- **Pensée conceptuelle** : capacité à identifier et à reconnaître des tendances, des modèles, des liaisons qui ne sont pas clairement évidents et/ou vont au-delà des limites de ses propres fonctions ou de son domaine d'activité. Utilise ces informations pour son activité et créer des opportunités.
- **Prise de risque** : poursuit le cours de l'action sans avoir nécessairement la réponse à toutes ses questions. Prend des initiatives pour atteindre les objectifs et compense l'incertitude de certaines situations par le bon sens.
- **Excellence opérationnelle** : reconnaît l'importance des composantes tactiques du leadership. Assure que les prévisions, les initiatives stratégiques, sur les enjeux clés sont atteints ou dépassés.
- **Variétés dans les affaires** : développe des stratégies diverses et des plans d'actions en fonction des challenges.
- **Encourage une communication ouverte** : promeut une circulation libre et adaptée de l'information et de la communication dans l'organisation. Crée un environnement où chacun est capable de communiquer avec sincérité.

© Dunod – La photocopie non autorisée est un délit

Le niveau 3 correspond à : promeut la créativité, la formation, la confiance et l'ouverture en encourageant les autres à partager leurs pensées et croyances ; réagit positivement face à la sincérité et à l'honnêteté des autres même si les opinions et les idées exprimées sont contraire aux siennes.

- **Leader d'équipe** : crée un environnement qui encourage le travail en équipe. Permet la performance de l'équipe en répondant à ses besoins et en l'orientant sur ses challenges.

Le niveau 3 correspond à : établit un contrat clair des attentes avec l'équipe ; crée un environnement qui encourage le travail d'équipe dans et à travers les fonctions et/ou les départements en dirigeant soigneusement ses actions pour s'assurer qu'elle servent de modèle au travail d'équipe ; optimise le travail de l'équipe en facilitant l'accomplissement des objectifs ; agit pour répondre aux besoins professionnels et interpersonnels du groupe par des récompenses formelles et informelles à la fois pour les comportements de l'équipe et pour ses résultats.

Dans cette entreprise, il existe aussi un formulaire pour l'évaluation des personnes qui ne sont pas en situation de manager. Dans celui-ci on retrouve certains critères communs tels que l'intégrité, l'orientation client, l'orientation sur les résultats. On y trouve aussi des dimensions propres telles que : membre d'équipe, initiative. Notons aussi que cette entreprise a engagé une recherche de critères définissant la PVA (valeur ajoutée pour les personnes)[1].

PAUSE POUR LA RÉFLEXION

Qu'est-ce qui vous interpelle, choque, surprend dans cette conception du leadership ?

1. Pour éviter toute forme de confusion, j'ajoute que cette démarche d'évaluation du leadership a été développée par une entreprise cliente. Il ne s'agit en aucune mesure d'un exemple d'évaluation réalisé par la Cegos. Ce document illustre comment une grande entreprise conçoit le leadership. On y trouve le développement des personnes, de l'équipe et de la confiance.

CHAPITRE 4

Développer la confiance dans l'entreprise

NOUS AVONS VU dans les chapitres précédents les piliers et les leviers du développement de la dimension humaine dans l'entreprise. En actionnant ces leviers indissociables, la confiance se développe. L'objet des chapitres qui suivent est de définir précisément la confiance et ses paramètres observables, voire mesurables.

Pour se développer la confiance a besoin d'un climat particulier dans l'entreprise. Ce climat est le fruit d'un travail permanent des leaders et de l'organisation. La confiance n'existe pas a priori ni de manière permanente. Elle se gagne avec beaucoup d'efforts, s'entretient chaque jour et peut se perdre très vite. Pour vivre durablement, la confiance a besoin de bases solides auprès de l'ensemble des personnes de l'entreprise.

Les quatre principes de base pour développer la confiance

Ces principes d'actions sont indispensables pour développer la confiance dans l'entreprise. Ces principes sont simples et peu nombreux. Il s'agit de la prise de conscience ; l'ouverture ou la transparence ; la détermination personnelle ou le choix ; la présence ou l'implication. Constituant un ensemble systémique cohérent, ils ont le mérite de mobiliser chaque personne, chaque leader, chaque équipe et toute l'entreprise.

➤ La prise de conscience

La principale définition de la prise de conscience est la connaissance de soi, la compréhension des autres et du monde. Quand la personne se

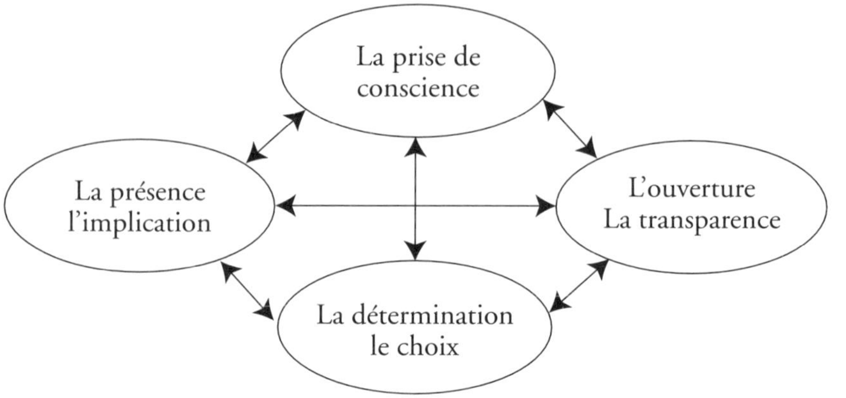

Figure 6 – Le système des quatre principes de base de la confiance

connaît, comprend les autres et le monde elle peut agir. C'est la raison pour laquelle le leadership repose sur la connaissance de soi, des autres, la compréhension des relations et du monde.

Prendre conscience c'est connaître et comprendre ses comportements, ses sentiments, ses points forts, ses points faibles et comment y remédier. Pour tout leader ses aspects sont incontournables.

À un autre niveau, ce principe concerne aussi tout simplement la connaissance, le savoir. Dans un sens étendu il s'agit aussi bien de connaissances dans tous les domaines qui soient et pour lequel l'individu peut être concerné. Ces connaissances et savoirs sont liés à la technologie, à l'économie, au management, à la politique de l'entreprise, à la culture générale ou à bien d'autres domaines.

Plus les individus sont cultivés plus ils peuvent comprendre le sens dans lequel agir. Plus ils sont à l'aise avec les autres et plus ils ont confiance en eux. Auchan a très tôt compris cet enjeu en invitant le personnel peu qualifié à se former sur des sujets de culture générale et même artistique. Il n'y a pas de rapport évident avec leur emploi mais ces actions permettent de développer les personnes.

Ce principe de prise de conscience est fondamental pour mettre en mouvement l'ensemble du personnel d'une entreprise, surtout en période de changement. Plus les personnes sont conscientes des objectifs, de la direction à prendre, du chemin à parcourir et de la raison d'être des changements plus elles se mobiliseront d'elles-mêmes. Moins elles sont conscientes ou informées plus elles résistent. Un des obstacles majeurs au changement est que les personnes ne le comprennent pas.

> Lors de l'intervention dans l'entreprise ABC citée plus haut, où il s'agissait de faire des gains de productivité importants, la prise de conscience fut révélatrice et mobilisatrice. En tant que consultant et à partir d'études et d'enquêtes, nous nous sommes attachés à informer l'encadrement (dirigeants, cadres supérieurs, cadres, agents de maîtrise, représentant du personnel) sur les évolutions constatées dans les entreprises orientées clients. Évolutions des valeurs, des critères de performances et des rôles managériaux. De son côté, l'entreprise donnait tous les renseignements économiques et stratégiques pour comprendre la raison de la réduction des coûts et de la reconception des processus. La direction générale livra toutes les informations pour pouvoir comparer l'usine aux autres sites du groupe. Par exemple le coût de production du même produit fabriqué dans l'usine polonaise est quatorze fois plus petit.
>
> Cette étape fut révélatrice car elle permit de constater le déficit d'informations et de connaissances des cadres en matière d'évolution politique et économique liées aux effets de la mondialisation. Révélatrice et mobilisatrice aussi pour l'ensemble des cadres qui purent comprendre enfin la raison des efforts demandés. Ainsi, après avoir pris conscience de la situation dans laquelle se trouvait l'entreprise et compris les objectifs à atteindre les employés furent-ils à même de mobiliser leurs efforts en les coordonnant.

Sans la prise de conscience nécessaire à toute évolution les personnes risquent de méconnaître certains aspects de la réalité.

➤ L'ouverture, la transparence

Ce principe repose sur l'idée, et l'expérience faite, que la résolution des problèmes est beaucoup plus facile quand les personnes peuvent s'exprimer ouvertement. Dans les entreprises une part importante de l'énergie des personnes est consommée dans la dissimulation d'informations voire dans le mensonge. Or dès que les individus ont la possibilité de pouvoir s'exprimer ouvertement et d'accéder aux informations dont ils ont besoin alors les problèmes se solutionnent bien mieux.

Le développement de la confiance suppose la transparence et l'ouverture à l'autre. Si l'entreprise et ses leaders cachent des choses à leurs employés, ceux-ci mettront en doute la sincérité, l'honnêteté des dirigeants, et auront du mal à leur faire confiance.

© Dunod – La photocopie non autorisée est un délit

L'ouverture c'est aussi s'ouvrir soi-même pour mieux se connaître et se comprendre. C'est la prise de conscience. En tant que leader si je comprends comment je peux m'ouvrir plus aux autres j'aurais plus de chance d'être transparent et de fournir les informations dont les autres ont besoin pour travailler efficacement. En retour, mon ouverture facilite celle des autres qui me donneront plus facilement leur sentiments, opinions, craintes ou idées. L'ouverture de tous vis-à-vis des autres facilitent la qualité des relations et renforce la cohésion des équipes.

Dans nos interventions consacrées à la cohésion des équipes de direction, l'ouverture permet de mieux comprendre le comportement des autres, et change en profondeur les relations.

Sur un autre plan, celui de l'organisation, le principe d'ouverture ou de transparence est lui aussi fondamental pour faciliter l'accès aux informations dont les personnes ont besoin pour comprendre les évolutions et les mettre en œuvre. La transparence consiste à donner toutes les informations que les personnes demandent ou que l'entreprise considère comme indispensables. Les secrets industriels en sont exclus.

> Ainsi, chez ABC, il fut possible de mobiliser le personnel car toutes les questions posées à l'entreprise eurent une réponse. Notamment sur les aspects liés aux licenciements. Les trois scénarios stratégiques élaborés par la DG ont été présentés, y compris le plus défavorable et avec les conséquences prévisibles en matière de perte d'emplois. Pour ce scénario, la DG avait pris l'engagement de clarifier et fournir les critères objectifs de sélection des personnes à licencier si tel devait être le cas. Ce ne le fut pas car le scénario le plus favorable se déroula.
>
> Néanmoins la prise de conscience des dirigeants et leur volonté de transparence ont joué un rôle clé pour les cinq cents personnes de l'usine concernées par la nouvelle unité de fabrication. Neuf mois avant la date de démarrage, elles furent toutes informées de leur future affectation, et des moyens mis en œuvre pour les aider. Au cours d'un entretien individuel, d'une heure environ, mené par le directeur de la production et un membre de la DRH, chacune des cinq cents personnes fut informée sur son avenir. Trois types d'entretien avaient été prévus :
>
> « On souhaite vous garder pour telles raisons et voilà le poste auquel on pense vous affecter. »
>
> « On souhaiterait vous garder mais on aimerait que vous fassiez tels efforts pour telles raisons. Si vous y parvenez on vous garde. »

« On ne souhaite pas vous garder pour telles raisons. Néanmoins nous avons besoin de vous jusqu'au lancement de notre nouvelle usine. Aussi si vous nous donnez satisfaction vous recevrez une forte récompense financière. Par ailleurs, tout au long des neuf mois qui nous séparent de cette échéance vous serez aidé par la DRH pour trouver un autre emploi. »

Tous ces efforts de transparence furent couronnés de succès car chaque personne avait compris l'importance des enjeux pour elle et pour les autres. Le langage honnête, même s'il est difficile à entendre, montre l'importance donnée à la personne. Elle est considérée dans son humanité et reconnue comme personne importante devant être aidée. Même si son licenciement constitue une rupture qui sera difficile à vivre, l'entreprise considère qu'il est en son devoir de contribuer à l'insertion professionnelle future de cette personne. L'ouverture est très liée à l'humanisme. On le verra plus loin. Au grand étonnement des dirigeants, les cinq cents ouvriers contribuèrent activement à la réussite de la nouvelle usine.

Prenons un autre exemple. Au cours de l'accompagnement de la fusion entre la Caisse Nationale du Crédit Agricole, d'Indosuez et d'Unicrédit nous avons mis en œuvre les principes de prise de conscience et ouverture avec les cadres et les managers. Les objectifs étaient de mieux se comprendre et se connaître. Grâce à ce travail, toutes les personnes ont pu mettre en évidence les images, les clichés, les croyances et les peurs de se retrouver au sein d'une seule et même entreprise avec des gens différents de soi et issus d'autres banques. Ce travail accompli il fut alors possible de travailler sur la vision de la nouvelle entreprise.

Si l'ouverture et la transparence n'existent pas, les rumeurs et le mensonge se développent.

➤ La détermination personnelle, le choix

La détermination personnelle est la possibilité d'agir et de choisir soi-même ses propres actions. Le concept de choix est fondamental car il suppose et signifie que la confiance se développe quand les personnes peuvent agir par elles-mêmes. En tant qu'individu, j'ai confiance en moi si je sais que je peux agir sur mon environnement, sur les autres et sur moi-même. Je n'ai pas confiance en moi si je crois que mes actions, comportement ou sentiments dépendent de causes qui me sont extérieures.

© Dunod – La photocopie non autorisée est un délit

Sur le plan du développement individuel, le concept de choix est présenté pour permettre de mieux se connaître et comprendre ses comportements, sentiments, croyances et estime de soi. Il permet de mettre en lumière comment la personne pense qu'elle détermine sa propre existence. Beaucoup de personnes croient que leur vie est liée à un destin qui est déjà écrit et dans lequel elles sont passives. D'autres pensent que leur existence est faite de choix qu'elles exercent en fonction des situations.

Nous ne chercherons pas à entamer un débat philosophique sur cette question du choix. Bien que fort intéressant, ce débat conduirait à soulever autant d'arguments en faveur du choix qu'en sa défaveur.

Dans notre propos, le concept de choix est seulement présenté comme un opportunité pour mieux se connaître et comprendre. Il n'a pas de portée universelle, seulement une portée individuelle.

En tant que personne, le concept de choix me permet de mieux comprendre qui je suis, mes comportements, mes sentiments, et mes opinions. Il me permet d'éclairer et de mieux comprendre mes actions en dehors de tout sentiment de honte, de culpabilité ou de blâme à mon égard. En d'autres termes, je choisis la personne que je suis et je l'ai toujours fait, même si je n'en suis pas conscient. En tant que personne, en tant que leader, cela me donne la possibilité d'agir en fonction de ma vision, de mes valeurs et en tenant compte des autres.

Pour mettre en œuvre la confiance, il est utile et important que les personnes dans l'entreprise aient conscience de leur possibilité de choix. Si les personnes pensent qu'elles ne peuvent pas choisir, ou si réellement elles n'ont pas de choix, c'est-à-dire qu'elles sont contraintes, alors la confiance sera très faible. Les leaders et l'entreprise ont un rôle important pour faire vivre ce principe d'action. Si les individus peuvent exercer des choix, prendre des décisions, alors il y a plus de chance de développer la confiance et par voie de conséquence une entreprise performante.

> Dans l'entreprise ABC, le directeur général avait trouvé ces mots pour clôturer le premier séminaire de l'équipe de direction : « Messieurs les solutions sont chez nous » et « Aide-toi, ABC t'aidera. » En d'autres termes, il indiquait à sa façon que la réussite de l'entreprise réside en elle-même. Ainsi la réflexion de cette équipe de direction aboutit à la mise sur pied de douze

projets prioritaires. L'ensemble des cadres fut mobilisé pour identifier et choisir les actions appropriées pour leur réussite.

Pour mobiliser l'ensemble des personnes de l'entreprise il convient de leur laisser la part de pouvoir nécessaire pour qu'ils effectuent les choix décisifs à leur niveau. Une autre illustration bien connue confirme cette représentation de la détermination voulue par Aimé Jacquet : « *La victoire est en nous.* »

L'opposé de la détermination et de la responsabilisation est la passivité ou l'art et la manière de tout mettre en œuvre pour ne pas atteindre ses objectifs.

➤ La présence, l'implication

Ce principe d'action concerne l'implication de la personne dans ses actions. En tant qu'individu je me sens présent quand j'investis mon énergie pour remplir mes objectifs. Au travail je me sens présent, impliqué quand je me consacre à ma mission et que j'y suis tout à fait à l'aise. Être présent, c'est pouvoir choisir le juste degré d'implication dans les actions que je mène. Ni trop impliqué, ni pas assez.

Parfois certaines personnes s'impliquent trop personnellement dans leur projet à tel point qu'elles ne paraissent exister que par lui. Si jamais ce projet n'aboutit pas, elles le vivent comme une blessure personnelle. Or il ne s'agit que d'un projet, rien de plus.

Parfois certaines personnes sont si peu présentes qu'elles ne s'impliquent pas dans leur travail. Elles ont l'impression que rien ne dépend d'elles. Elles ne concrétisent aucun projet car leur énergie n'est pas disponible.

En tant que leader je dois pouvoir choisir mon niveau de présence et d'implication par rapport à mes projets, à mes missions et aux membres de mon équipe. La qualité de la présence est déterminée par l'intention du leader. L'intention positive, coopérative ou aidante déclenche un style de présence différent de l'intention négative, compétitive ou humiliante.

Le rôle des leaders et de l'organisation est capital pour maintenir un climat favorable afin que chaque individu puisse s'investir selon son degré optimum d'implication. Quand la personne n'est pas en pleine possession de ses moyens, elle se disperse et gaspille son énergie.

© Dunod – La photocopie non autorisée est un délit

➤ Synthèse des principes de base et d'actions pour établir la confiance

Les quatre principes de base de la confiance forment un système cohérent entre eux. L'implication des personnes dans l'entreprise est d'autant plus aisée que celles-ci ont pris conscience des enjeux grâce à la transparence de l'entreprise et de ses leaders et aussi grâce à l'accroissement de leur capacité de choix.

Le tableau suivant synthétise les principes de base de la confiance en fonction du niveau auquel ils se situent : au niveau de l'organisation et des leaders ; au niveau des individus et du leader qui est une personne avant tout.

Tableau 4.1 – Synthèse des principes de base et d'actions pour établir la confiance

Au niveau de l'organisation et du rôle des leaders	Au niveau des personnes
L'information, la formation, la connaissance	La prise de conscience, la connaissance de soi, des autres et du monde
La transparence	L'ouverture, la sincérité, l'honnêteté
La responsabilisation, l'*empowerment*	La détermination personnelle, le choix
La participation	La présence, l'implication, l'intention positive

Ce tableau permet de mettre en lumière la correspondance et l'effet de système entre l'organisation et les individus. Plus l'entreprise dans son organisation met en œuvre ces principes d'actions, plus les personnes pourront développer un niveau de confiance élevé envers l'organisation, les leaders et les autres personnes. Par ailleurs plus les personnes et les leaders se développent sur la base de ces principes, plus la confiance en soi apparaît et plus les relations et les actions dans l'entreprise seront facilitées.

Comme dans le chapitre concernant la dimension humaine, nous insistons sur la notion de système. La confiance se développe dans l'entreprise en s'appuyant sur quatre piliers ou leviers d'action : l'organisation ; les leaders ; les personnes ; les relations. En œuvrant conjointement dans ces quatre domaines la confiance suit le développement de la dimension humaine. Qu'un seul de ces domaines soit en souffrance et la confiance s'évanouit avec la dimension humaine.

La confiance repose donc à la fois sur des principes d'actions et domaines bien précis formant un ensemble cohérent.

Jusqu'ici nous avons présenté les principes de base pour développer la dimension humaine et mettre en œuvre la confiance. Avant de préciser les actions à mener, nous souhaitons approfondir le concept clé d'ouverture.

Définir l'ouverture, l'honnêteté de manière opérationnelle

Nous avons plusieurs fois insisté au cours des chapitres précédents sur la place accordée à l'ouverture, à la sincérité et à l'honnêteté. Cette caractéristique est même la plus attendue par les collaborateurs. Par ailleurs le leadership et la confiance reposent fortement sur la notion de sincérité et d'intégrité. Le leader est quelqu'un qui se connaît, est conscient de ses forces et faiblesses. Il sait développer la connaissance de soi et des autres, il est ouvert. La dimension humaine dans l'entreprise s'organise à partir de l'ouverture.

Le concept d'ouverture, dans sa forme actuelle, n'a été formalisé et expérimenté en entreprise que vers la fin des années soixante-dix par Will Schutz. En 1975, âgé de cinquante ans, il quitte l'institut Esalen, puis consacre quatre ans au développement de son approche qu'il nommera et publiera en 1981 sous le nom The Human Element. Durant ces années, il cherche à intégrer et à synthétiser ses connaissances scientifiques et son expérience concrète des entreprises. Au début de cette nouvelle période, il n'avait qu'une très modeste expérience du travail en organisation. Il avait consacré sa vie professionnelle à la recherche, à l'enseignement, à la dynamique des groupes, à la thérapie en hôpitaux, à la conduite de groupes thérapeutiques, à la création et à l'expérimentation de méthodes pour le développement du potentiel humain. En devenant consultant il espérait ouvrir de nouvelles voies pour améliorer les organisations.

Sa première intervention en entrepris fut surprenante et encourageante. Par hasard, il y découvre l'impact de « l'ouverture » pour résoudre les problèmes. Jusque là ce concept était uniquement réservé au domaine du développement personnel ou de la dynamique des groupes.

© Dunod – La photocopie non autorisée est un délit

Au cours d'une session de *team building*, un manager dit avoir un problème avec quelqu'un et ne pas savoir comment le résoudre. Schutz demanda si la personne était présente dans le groupe. Avec beaucoup d'angoisse le manager répondit oui. Schutz lui suggéra alors de dire cette difficulté directement à la personne. Le manager accepta l'invitation puis se tourna vers son responsable et fut surpris de découvrir que celui-ci en était conscient. Une courte discussion permit de dissiper un ancien et durable malentendu entre eux. Chacun traita alors Schutz de magicien et sa technique de très intelligente ! Mais il n'y avait là rien d'exceptionnel. Il s'agissait seulement du type de communication le plus élémentaire. Pour Will Schutz, cette pratique était habituelle dans son ancien milieu professionnel.

Fort de cette expérience heureuse, il décida alors d'appliquer dans ses nouvelles activités de consultant en entreprise, les principes découverts au cours des années précédentes dans la recherche et le développement de la personne et des groupes.

Par exemple « Dites la vérité » ou « Soyez ouvert » est un de ces principes. Ouverture et vérité sont synonymes pour Schutz. Être ouvert signifie dire à l'autre la vérité.

Dans la relation, la confiance découle de la sincérité, de l'authenticité, de la vérité. La sincérité repose sur deux dimensions indissociables : la conscience de soi, de son expérience personnelle et l'ouverture honnête à l'autre.

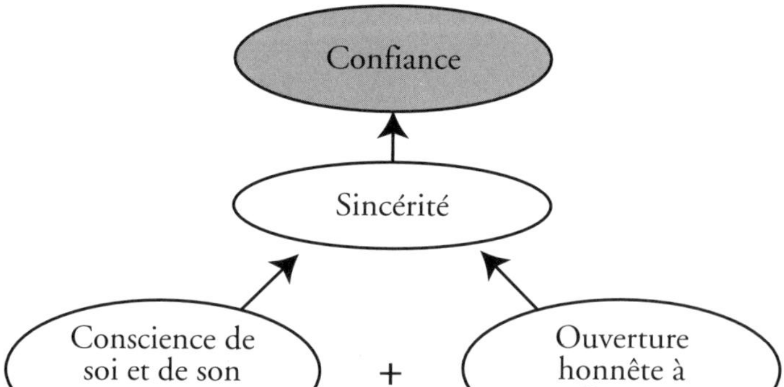

Figure 7 – La sincérité base de la confiance

Les expériences sur le terrain ont permis de rendre encore plus opérationnelle cette notion d'ouverture et de la définir concrètement.

PAUSE POUR LA RÉFLEXION

Pour cet exercice vous avez besoin d'une feuille blanche et de quoi écrire[1], et de quelques minutes. Repensez à une personne avec laquelle vous avez, ou avez eu, une relation aux caractéristiques suivantes :

- le ressenti que vous éprouvez vis-à-vis de cette personne est fort ;
- vous ne savez pas forcément pourquoi vous ressentez cela avec elle ;
- vous aimeriez que ce que vous ressentez avec cette personne soit différent ;
- vous éprouvez un certain malaise dans cette relation.

Après avoir bien identifié cette personne et cette relation, pensez à tout ce que vous aimeriez lui dire et que vous ne lui avez jamais dit en face. Puis sur votre feuille, prenez le temps de l'écrire tel que cela vous vient à l'esprit. Ne cherchez pas à faire de belles phrases ni de la littérature, soyez simple et direct comme si vous pouviez vous ouvrir et dire franchement tout ce que vous avez à dire à cette personne.

Quand vous êtes sûr d'avoir terminé laissez momentanément votre feuille de côté pour y revenir plus tard.

Voici l'exemple d'Alain, responsable marketing dans une grande entreprise. Il a des difficultés avec son PDG. En faisant cet exercice, il écrit spontanément : « J'ai l'impression que vous me prenez pour un idiot. Ce n'est pas parce que vous êtes le PDG que vous êtes plus intelligent que moi. Vous n'écoutez jamais ce que je dis. Vous pensez à vos réponses déjà toute faites sans m'avoir écouté. Je me sens déstabilisé par vos remarques. Par conséquent, cela rend moins clairs et moins précis mes arguments… et la boucle est bouclée. Vous n'imaginez pas qu'il puisse sortir quelque chose de bon de moi. »

À vous d'écrire spontanément votre exemple.

© Dunod – La photocopie non autorisée est un délit

1. Cet exercice est une adaptation réalisée par l'équipe de la Cegos qui a introduit l'approche Élément Humain en France, © Cegos, l'Élément Humain®.

➤ Les niveaux d'ouverture par rapport à soi et aux autres

Pour beaucoup de personnes s'ouvrir aux autres c'est leur dire en face leurs quatre vérités. Évidemment cette façon de voir suscite bien vite des résistances. En effet, qui aura assez de courage, d'audace ou d'inconscience pour aller dire sans diplomatie et avec une certaine forme d'agressivité des messages plutôt désagréables ?

S'ouvrir aux autres, être sincère, honnête, dire la vérité n'est pas si facile. Cette attitude de retenue se comprend. La peur de blesser l'autre, la crainte d'être agressé en retour, se sentir soi-même coupable de la situation, le respect de la différence, la peur d'être ridicule ou incompris sont autant de raisons qui justifient qu'on ne dira pas à l'autre ce que l'on pense ou ce que l'on éprouve.

Les conséquences seront dommageables. La non-expression de ses pensées, opinions ou émotions va constituer un poids pour soi puis pour la relation. En revanche, et contrairement aux idées reçues, s'ouvrir à l'autre enrichit la relation. Ceci est vrai même quand il s'agit de reproches. La confiance entre êtres humains repose sur un langage de vérité. On parle vrai quand il y a coïncidence entre ce que l'on dit et ce qu'on éprouve. À cette condition les paroles ont un accent de vérité créatrice d'un climat de confiance. Pour parler vrai avec l'autre il est nécessaire d'être vrai avec soi-même, de s'ouvrir à soi-même, c'est-à-dire de se connaître et de se comprendre.

Will Schutz a développé une grille d'évaluation à sept niveaux d'ouverture, valable par rapport à soi et par rapport aux autres. L'objectif principal de cette approche de l'ouverture consiste à mettre en lumière les zones d'ombre dans lesquelles la confiance se perd.

Cette grille se trouve à la page suivante.

À mesure que l'on progresse en approfondissant les niveaux d'ouverture, l'éclairage se porte de l'autre vers soi-même. Passons en revue chacun des niveaux d'ouverture ou de prise de conscience.

- Le niveau -1 comme, son chiffre l'indique, est l'absence d'ouverture, le déni. Le sujet n'est même pas conscient de lui-même ou de certains événements se déroulant autour de lui. La personne se leurre. Par exemple elle ne voit pas qu'elle ennuie son interlocuteur ; elle n'entend pas des questions qui lui sont posées ; elle ne ressent pas de sensations particulières. Elle est comme déconnectée de la réalité.

Tableau 4.2 – Les niveaux d'ouverture par rapport à soi et aux autres[a]

Niveau	Nom	J'exprime ainsi mon expérience…
-1	Déni de l'expérience	Je ne suis pas conscient de ce qui se passe.
0	Rétention de l'expérience	Je sais des choses mais je ne dis rien.
1	Accusation de l'autre	« Vous êtes… un mauvais patron. »
2	Ressenti vis-à-vis de l'autre	« Vis-à-vis de vous je ressens… de la colère. »
3	Explication du ressenti	« Parce que vous… ne reconnaissez pas mon travail. »
4	Impression accordée à l'autre	« J'ai l'impression que vous pensez que… je suis incompétent. »
5	Peur personnelle	« J'ai peur d'être… incompétent. »

a. Tableau adapté par l'auteur à partir des niveaux d'ouverture selon Will Schutz et du document de stage de la Cegos. © Cegos l'Élément Humain®.

- Le niveau 0 indique lui aussi l'absence d'ouverture, la rétention, mais la personne sait. Elle est consciente de quelque chose mais ne veut pas le reconnaître ou l'exprimer. La personne sait ou ressent quelque chose mais ne dira rien. Par exemple, en entreprise, une personne est réticente à propos d'un projet. Elle ne sait pas vraiment pourquoi elle pense cela mais elle en a le sentiment. Plutôt que d'en parler avec les autres elle préfère se taire. Dans ce cas, le groupe de travail n'aura pas l'occasion d'approfondir la question. La personne se donne tout un tas de raisons pour ne pas exprimer son impression : « J'ai tort », « Ils le verront bien », « C'est anodin », « Je vais être ridicule », « J'aimerais qu'ils se plantent »…
- Le niveau 1 est le premier véritable niveau d'ouverture. La personne s'exprime et dit aux autres ce qu'elle pense. Ce niveau correspond au blâme ou à l'accusation ou encore aux quatre vérités. La plupart du temps il s'agit d'un reproche formulé de manière agressive, c'est une attaque. Envisager l'ouverture à ce niveau ne permet pas d'approfon-

© Dunod – La photocopie non autorisée est un délit

dir la qualité des relations et de résoudre véritablement les problèmes. Les rapports de force et les conflits s'installent. Il est ensuite difficile de les résoudre.

- Le niveau 2 commence à faire référence à soi-même en ce sens que la personne commence à s'ouvrir plus sur elle, sur son ressenti. La personne se centre sur elle, ce qui nécessite une forme d'ouverture à soi plus importante. La personne reconnaît ce qu'elle ressent vis-à-vis de l'autre et elle ne cherche pas à dissimuler son sentiment. Elle fait part à l'autre de son sentiment : « Je suis en colère », « énervé », « fatigué », « agacé »...

- Le niveau 3 présente encore une progression dans la lucidité en cherchant à comprendre la cause du ressenti. La personne cherche à rationaliser, à expliquer, l'origine de son ressenti dans la situation. Il est important pour elle de comprendre la source de son sentiment. Mais cette source est attribuée à l'autre, ou à ses actes. Par exemple : « Je ressens de la colère vis-à-vis de vous car vous n'avez pas encore regardé le dossier que je vous ai remis il y a quelques jours. » La personne pense que la cause de son sentiment s'explique par le comportement de l'autre. Certes le sujet prend conscience de ses émotions, accepte de les ressentir, en parle mais la cause lui est toujours extérieure.

- Au niveau 4, la personne cherche à comprendre ce que l'autre ressent à l'égard d'elle-même, son impression. La plupart du temps la personne se met dans une position de victime. Par exemple : « Je ressens de la colère vis-à-vis de vous car vous n'avez pas encore regardé le dossier que je vous ai remis il y a quelques jours. Je commence à croire que vous pensez que je suis incompétent. » Néanmoins, ce niveau d'ouverture permet d'accéder à une plus grande connaissance de soi. En attribuant à l'autre des pensées, la personne qui se connaît comprend assez vite qu'il s'agit des siennes. En effet, par un phénomène de projection la personne croit voir chez l'autre ce qui provient d'elle-même. Ce niveau est très important en termes d'ouverture à soi pour mieux se connaître et comprendre ses points faibles. Par ailleurs, quand les personnes sont en bonnes relations et qu'elles peuvent s'ouvrir à ce niveau cela permet de lever un certain nombres d'obstacles à leur coopération.

- Le niveau 5 est le niveau ultime d'ouverture par rapport à soi et aux autres. Jusque là, la personne attribue à l'autre les obstacles ou les problèmes de leur relation. À ce niveau d'ouverture le sujet prend conscience que l'obstacle ne lui est pas externe mais au contraire lui appartient. Dans l'exemple choisi la personne craint que l'autre ne la trouve incompétente. En réalité cette peur appartient à la personne elle-même : « J'ai peur d'être incompétent ». Ce niveau de prise de conscience de soi est celui qui permet d'identifier ses peurs profondes. Il permet aussi de pouvoir grandir soi-même. En prenant conscience de ses limites la personne peut plus facilement les repousser en comprenant d'où viennent ses peurs personnelles.

La confiance et la peur sont à l'origine des expériences primaire de l'individu. Elles constituent les clés essentielles pour comprendre les personnes et les systèmes sociaux. Quand la confiance est élevée par rapport à la peur les individus fonctionnent mieux. En revanche, quand le sujet ne prend pas conscience de sa peur, celle-ci prend le dessus et bloque le processus de la confiance.

Les peurs principales sont celles d'être ignoré, humilié et rejeté.

- la peur d'être ignoré fait essentiellement référence à la crainte de ne pas être reconnu par les autres, de ne pas participer à leurs échanges, de ne pas être intégré à leur groupe ;
- la peur d'être humilié fait référence à la crainte de ne pas être à la hauteur des enjeux, de ne pas être compétent, de ne pas savoir faire ;
- la peur d'être rejeté fait référence à la crainte de ne pas être apprécié en tant que personne, de ne pas être aimé. Non pas pour des raisons de compétence ou d'importance mais pour ce que la personne est, intimement.

Retrouvons l'exemple d'Alain et les niveaux d'ouverture qu'il a identifiés.

> « J'ai l'impression que vous me prenez pour un idiot. » : niveau 4.
>
> « Ce n'est pas parce que vous êtes le PDG que vous êtes plus intelligent que moi. » : niveau 1.
>
> « Vous n'écoutez jamais ce que je dis, vous pensez à vos réponses déjà toutes faites sans m'avoir écouté. » : niveau 2.
>
> « Je me sens déstabilisé par vos remarques. Par conséquent, cela rend moins clairs et moins précis mes arguments… et la boucle est bouclée. » : niveau 3.

© Dunod – La photocopie non autorisée est un délit

« Je pense que vous n'imaginez pas qu'il puisse sortir quelque chose de bon de moi. » : niveau 4.

En recherchant l'ouverture de niveau 5, Alain découvre : « J'ai peur de ne pas être à la hauteur. J'ai le sentiment d'être grillé, d'être victime du syndrome de Pygmalion. »

Pour illustrer de manière encore plus concrète et vivante les niveaux d'ouverture, ou de vérité, nous présentons l'exemple d'un travail mené auprès de deux membres d'un comité de direction d'une grande entreprise de service. Le tableau suivant permet de suivre les phases d'ouverture entre les deux personnes au travers de leurs propos.

Nous avons évoqué plus haut la situation de Gérard et Isabelle qui travaillent ensemble depuis quelques années. Ils sont tous deux directeurs au sein d'une société de service. Gérard et Isabelle sont en conflit larvé, ils s'expriment peu sur leurs tensions. Un séminaire de cohésion d'équipe permet, entre autres, de les aider à renouer le dialogue et à résoudre leur différend. Pour créer un climat de confiance entre eux, nous leur demandons de s'ouvrir sincèrement l'un à l'autre et de prendre conscience de leur expérience personnelle et respective. Grâce aux niveaux d'ouverture, le dialogue est facilité. Le tableau ci-dessous est une reconstitution de leurs propos.

Tableau 4.3 – Exemple concret illustrant les niveaux d'ouverture

Niveau d'ouverture		Gérard exprime…	Isabelle exprime…
-1	Déni de l'expérience.	Ce niveau ne les concerne pas.	
0	Rétention de leur expérience. Ne partagent pas ce qu'ils éprouvent.	N'a rien dit pendant longtemps ; il garde pour lui tout ce qu'il pense et ressent.	N'a rien dit pendant longtemps à Gérard mais se plaint à d'autres personnes.
1	Blâment l'autre.	« Ça ne marchera pas, ils n'y connaissent rien, ils n'ont pas d'expérience ; ce n'est pas comme ça qu'il faut faire. » « Tu es froide ! »	« Il est archaïque, il ne pense qu'au passé, il ne veut pas voir les méthodes nouvelles. » « Tu ne m'aides pas pour réussir. »

2	Expriment leur ressenti vis-à-vis de l'autre.	« Je ressens de la colère et de la crainte. »	« Je ressens de la colère et de la non-reconnaissance. »
3	Donnent une explication à leur ressenti.	« Parce que tu ne tiens pas compte de mon expérience, tu ne m'écoutes pas, tu ne me reconnais pas. »	« Parce que tu ne veux pas reconnaître ma compétence et que je peux réussir avec des idées différentes des tiennes. »
4	Ont l'impression que l'autre pense…	« J'ai l'impression que tu penses que je suis un vieux schnock, un vieux con radoteur. »	« J'ai l'impression que tu penses que je veux prendre ta place. »
5	Reconnaissent leur peur personnelle	« J'ai peur d'être rejeté par toi et par l'entreprise. »	« J'ai peur de ne pas y arriver, de ne pas réussir et de passer pour incompétente. »

PAUSE POUR LA RÉFLEXION

Maintenant reprenez la feuille sur laquelle vous avez écrit tout ce que vous aimeriez dire à cette personne à laquelle vous pensiez.

Identifiez les niveaux d'ouverture que vous avez utilisés.

Puis, si vous ne les avez pas tous utilisés, complétez la grille et écrivez ce que vous diriez à la personne en vous ouvrant à elle, en vous exprimant à chaque niveau, en partant du premier vers le cinquième.

Les niveaux d'ouverture par rapport à soi et aux autres		
Niveau	**Affirmation**	**Votre exemple**
1	« Vous êtes…	…
2	« Vis-à-vis de vous je ressens…	…
3	« Parce que vous ne…	…
4	« J'ai l'impression que vous pensez que je suis…	…
5	« J'ai peur d'être…	…

© Dunod – La photocopie non autorisée est un délit

➤ L'ouverture, source de la confiance en soi et en l'autre

Où la confiance prend-elle sa source et pourquoi l'ouverture en est-elle son origine ? Au cours de sa vie tout individu a éprouvé des peurs comme celles d'être ignoré, incompétent, rejeté ou bien d'autres. Il les éprouve parfois et les ressentira encore. Elles sont typiquement humaines. Tout être humain a été, est, et sera encore confronté à ses peurs Par rapport à elles toute personne a une histoire qui lui est propre. Cette histoire remonte jusqu'au premiers instants de son existence. Au cours de celle-ci, l'individu fut confronté aux enjeux de son intégration aux groupes, aux enjeux liés à la maîtrise des situations, à la compétence et aussi à l'amour reçu et donné. Toute son histoire est constitutive de son identité.

Aussi les situations vécues quotidiennement dans l'entreprise, les travaux en équipes, les confrontations professionnelles, les relations avec les autres (hiérarchiques, collègues, collaborateurs, fournisseurs, clients) sont-elles susceptibles de créer des circonstances propres à réactiver des sentiments liés à quelques craintes et enjeux personnels non conscients. Il y a chaque jour des dizaines d'occasions d'entendre des reproches et de se sentir ignoré, exclu, incompris, impuissant, incompétent, rejeté ou mal aimé. Chacun réagit à sa façon. Certaines personnes se sentiront blessées ou offensées.

Si je me sens blessé ou offensé, que faire alors de cette offense qui m'est faite ? Que faire avec l'autre que je crois responsable d'avoir commis un acte ou une parole qui me blessent ? Lui en parler.

Si je ne dis rien, si je ne lui en parle pas, si je ne m'ouvre pas à lui, alors je garde sur moi le poids de l'offense, le poids de sa faute, que je lui rendrai en me vengeant. Il fera alors de même à la prochaine occasion et le cercle infernal se mettra en marche. En faisant du mal à l'autre pour lui montrer sa faute je ne ferai qu'aggraver la situation. Par conséquent, la meilleure façon de résoudre ce problème est de m'ouvrir à lui pour lui dire mon reproche.

Approfondir une relation exige de prendre l'initiative de s'ouvrir à l'autre malgré le doute quant aux conséquences. Si personne ne risque le premier pas la relation stagne dans la méfiance. La confiance et l'ouverture sont intimement liées. La confiance repose sur l'ouverture à l'autre et à soi. En acceptant le reproche de l'autre, je m'ouvre à lui et à moi. En disant à l'autre ce que je lui reproche je le reconnais et lui demande de me reconnaître, je l'influence et lui montre son influence sur moi, je l'apprécie et lui demande de m'apprécier.

On trouve déjà cela dans les écrits bibliques les plus anciens, comme le Lévitique qui regroupe un ensemble de prescriptions religieuses, culturelles, morales et d'interdits[1].

Dans la version Tob, on peut lire au chapitre 19, versets 17-18 : « *N'aie aucune pensée de haine contre ton frère. Mais n'hésite pas à réprimander ton compatriote pour ne pas te charger d'un péché à son égard ; ne te venge pas, et ne sois pas rancunier à l'égard des fils de ton peuple : c'est ainsi que tu aimeras ton prochain comme toi-même.* »

Ce texte invite à parler, à s'ouvrir, à dire ce qui ne va pas. En ne parlant pas à l'autre, en ne m'ouvrant pas à lui pour le reprendre, ou lui adresser un reproche, je prends le risque de le haïr. En m'adressant à lui, je lui montre que je l'aime. J'aime l'autre et m'ouvre à lui quand j'aime la personne que je suis. Ce texte de loi fort ancien nous indique comment les relations humaines et l'ouverture reposent sur l'estime de soi et l'estime de l'autre. On retrouve ici le « beau pari sur l'amour » que transporte la confiance.

Les sciences psychologiques et en particulier les travaux de Will Schutz nous apprennent à aller encore plus loin que le simple reproche ou jugement. Les niveaux d'ouverture tels qu'ils sont formalisés permettent d'approfondir la relation à l'autre et à soi, de rechercher un climat de confiance et de réciprocité. La collaboration en est stimulée ainsi que la recherche de buts coopératifs.

Mais les niveaux d'ouverture mettent aussi en évidence l'importance de s'ouvrir à soi-même pour créer des relations de confiance. Le niveau 5 d'ouverture concerne la personne elle-même, là où elle prend conscience de ses peurs. Peur d'être ignorée, incompétente ou rejetée. Plus profondément, la peur fondamentale est la peur de ne pas savoir faire face.

Par exemple imaginez-vous plongeant en pleine mer et vous retrouver nez à nez avec un requin. Aurez-vous peur ? La plupart des gens répond « Oui, à cause du requin. » En effet, s'il n'était pas là il n'y aurait pas de raison particulière d'avoir peur.

Maintenant imaginez que vous plongez en mer mais à l'intérieur d'une solide cage anti-requin en acier. Le requin est là, face à vous, de

1. Voir Marie Balmary, *Le Sacrifice interdit*, Grasset, 1986.

© Dunod – La photocopie non autorisée est un délit

l'autre côté des barreaux. Avez-vous peur ? Vraisemblablement non. Pourtant le requin est bien présent. En réalité l'objet de la peur n'est pas le requin mais la peur de ne pas savoir faire face au requin. Dans la cage vous pouvez y faire face.

Dans les relations humaines les choses se déroulent de la même façon. L'objet de la peur n'est pas l'autre, le groupe, la tâche, ou le projet mais la peur de ne pas savoir faire face à la situation. Cette peur est en moi. En tant que personne, je peux avoir peur de ne pas savoir faire face si l'autre m'ignore, me rejette, me trouve incompétent ou m'offense.

Ainsi l'exemple de Gérard et Isabelle illustre comment ils s'y sont pris pour éviter leur peur de se sentir rejeté ou incompétent. Leur démarche d'évitement ou de protection par rapport à leurs peurs s'est déroulée sans qu'ils en soient conscients. Leurs peurs personnelles, non reconnues, agissent comme autant de zones d'ombre dans l'estime de soi. Dans les faits ils ont l'impression l'un comme l'autre d'être bloqué par l'autre.

Pour résoudre ce problème, il convient de prendre conscience de soi pour mieux comprendre l'autre et la relation qui s'établit avec lui dans laquelle les deux personnes sont actrices. La prise de conscience est le premier principe de base de la confiance, c'est l'ouverture à soi, aux autres, au monde. Il y a donc une double dimension exprimée par l'ouverture. Une dimension d'ouverture à soi, la prise de conscience de soi et une dimension d'ouverture vers l'autre. L'ouverture à l'autre dépend de l'ouverture à soi.

L'ouverture à soi permet de prendre conscience de ses peurs. Ainsi mises à jour elles ne bloqueront plus le flux énergétique de la confiance. L'énergie n'est plus investie dans les mécanismes de défense. La confiance apparaît et libère la créativité, la découverte de soi et des autres.

On comprend dès lors pourquoi le développement de la dimension humaine dans l'entreprise ne peut faire abstraction du développement des personnes.

Ainsi pour le leader, faire un travail personnel pour mieux se connaître permet de comprendre les situations relationnelles auxquelles il est confronté, lui et les autres. Il peut ainsi comprendre pourquoi certains blocages surgissent et agir pour créer un climat favorable au développement de la confiance. En cas de blocages, les questions à se poser sont les suivantes :

- De quoi ai-je peur dans la situation ? Peur d'être ignoré, incompétent, humilié, rejeté, pas aimé ?

- Qu'est-ce qui me fait peur et pour lequel j'ai peur de ne pas savoir faire face ?
- De quoi l'autre a-t-il peur dans la situation ? Peur d'être ignoré, incompétent, humilié, rejeté, pas aimé ?
- Qu'est-ce qui lui fait peur et pour lequel il a peur de ne pas savoir faire face ?

L'ouverture est la base de la confiance et du développement de la dimension humaine dans l'entreprise. En s'ouvrant à soi-même et aux autres chacun contribue à créer un climat relationnel permettant d'aborder les problèmes techniques mais aussi, et surtout, les difficultés humaines. La confiance est spécifiquement humaine. On peut, bien sûr, avoir confiance ou pas en une machine. Mais dans ce cas les solutions sont techniques. Nous envisageons ici la confiance comme confiance en l'autre et en soi. Il nous semble qu'il s'agit de la voie la plus appropriée pour situer la confiance au cœur du développement de la dimension humaine.

PAUSE POUR LA RÉFLEXION

Nous vous invitons à poursuivre votre réflexion à partir des niveaux d'ouverture identifiés plus haut au cours de l'exemple personnel que vous avez choisi. Explorez l'hypothèse inhabituelle suivante[1].

Toute situation qui existe entre deux personnes est le résultat de leur contribution. Autrement dit, chacun contribue à 100 % à la situation et personne n'est à accuser. Selon cette hypothèse, l'accusation est à laisser de côté pour se pencher sur la compréhension du problème et sur les solutions.

Répondez aux questions suivantes et écrivez la première chose qui vous vient à l'esprit, peu importe sa pertinence.

1. De quoi ai-je peur dans la situation ? Peur d'être ignoré, incompétent, humilié, rejeté, pas aimé ?
2. Qu'est-ce qui me fait peur et pour lequel j'ai peur de ne pas savoir faire face ?
3. De quoi l'autre a-t-il peur dans la situation ? Peur d'être ignoré, incompétent, humilié, rejeté, pas aimé ?

1. Exercice composé à partir d'éléments du document de formation Cegos, © Will Schutz Associates, © Cegos.

© Dunod – La photocopie non autorisée est un délit

4. Qu'est-ce qui lui fait peur et pour lequel il a peur de ne pas savoir faire face ?
5. Qu'est-ce que je fais pour contribuer à cette situation ? Qu'est-ce que je fais ou ne fais pas pour que la situation soit telle qu'elle est ?
6. Quels avantages ai-je à maintenir la situation telle qu'elle est ? Quels sont mes bénéfices secondaires issus de la situation actuelle ?
7. Puis-je trouver une ou plusieurs solutions qui me procurent les mêmes bénéfices mais sans les inconvénients ?
8. Qu'ai-je appris de la situation ? sur moi ? sur l'autre ?
9. Que puis-je faire pour améliorer la situation ?

Les leviers organisationnels de la confiance

La confiance n'existe pas a priori, elle se gagne auprès des autres. Pour gagner la confiance des personnes dans l'entreprise les leaders et l'organisation vont mettre en place certaines actions concrètes. La difficulté est de savoir dans quelles directions entreprendre ces actions. L'objet de ce chapitre est de clarifier ces leviers d'action de la confiance également paramètres observables et quantifiables.

Après nous être intéressé à la sphère du leadership, nous présentons successivement les paramètres de la confiance selon les trois autres champs du développement de la dimension humaine : l'organisation, les personnes et les relations.

En premier lieu nous présentons les leviers d'actions organisationnels. Les leaders vont aussi actionner ces leviers. Il s'agit de règles et de principes de fonctionnement sur lesquels vont se fonder les actions des leaders et des personnes dans l'entreprise. Il s'agit aussi de grandes orientations pour penser la gestion des ressources humaines.

➤ L'exemple d'un site industriel

Nous souhaitons illustrer nos propos par un cas réel présenté dans un ouvrage récent[1] consacré à la motivation et à la productivité. Les auteurs, Adolf Haasen et Gordon F. Shea le cite comme un exemple d'entreprise apprenante. Pour notre part, nous souhaitons nous en

1. A. Haasen et G. F. Shea, *A better place to work*, American Management Association, 1997.

inspirer pour mettre en relief les leviers de la confiance actionnés par les dirigeants de cette entreprise.

Les auteurs ont surtout eu le souci de montrer comment le site fut transformé en entreprise apprenante et ils ne font jamais référence à la confiance en tant que telle. Ils soulignent seulement la qualité des relations et l'effort fait par chacun pour parler ouvertement et franchement. De leur témoignage nous retenons les éléments clés concernant les paramètres de la confiance.

On trouve dans cet exemple les quatre piliers fondamentaux de la confiance sur lesquels se sont portés les efforts des dirigeants. L'organisation a été revue et de nouvelles règles de fonctionnement introduites. Les managers ont changé de rôles pour devenir leaders et coachs. Les relations restaurées ont aidé les personnes à entrer dans un processus de développement de leurs compétences professionnelles fondées sur la flexibilité et la polyvalence.

En 1995, cinq ans après son lancement, Opel Eisenach était considérée comme la meilleure et la plus productive des usines automobiles européennes. Situé dans l'ancienne Allemagne de l'Est, le site a démarré comme une expérience pour tester de nouveaux concepts. Il s'agissait de créer un travail complètement piloté au sein d'équipes automanagées. L'apprentissage et la rémunération des compétences étaient deux paramètres forts pour récompenser la qualité et encourager la flexibilité des opérateurs. En même temps, on mettait en place une culture d'entreprise fondée sur des communications ouvertes et sur la confiance mutuelle.

Avant la chute du mur de Berlin en novembre 1989, il y avait deux usines automobiles en Allemagne de l'Est. Celle qui nous intéresse produisait presque 300 voitures par jour, d'un modèle datant des années soixante, la Wartburg. Malgré cela la demande était forte. Il fallait attendre 17 ans pour en avoir une. Le site employait 10 000 personnes, soient six fois plus qu'un site comparable de l'ouest.

Pour le président d'Opel, l'objectif était de devenir numéro un en Allemagne de l'Est. En premier lieu, pour commencer, et presque immédiatement, Opel ferait l'assemblage final de 10 000 Vectra à Eisenach. Ensuite, le site se transformerait pour produire complètement les modèles Astra et Corsa pour atteindre un objectif de 150 000 voitures en 1994.

Fin 1990, la première Vectra sort d'Eisenach. Pour y parvenir Opel avait

© Dunod – La photocopie non autorisée est un délit

mené une stratégie agressive avec des méthodes de *lean production*[1]. Mais, le système de production envisagé allait au-delà de ces concepts car s'il encourageait la responsabilité et l'initiative, il reposait sur deux principes essentiels :

– travailler en petite équipe pour améliorer la contribution de chacun ;

– travailler sur une large séquence de la ligne de production et avoir des responsabilités sur cette séquence (contrôle qualité, maintenance de l'équipement, commandes des fournitures) ; on pensait ainsi donner de la satisfaction et du plaisir à travailler.

Dans ce nouvel environnement Opel s'appuyait sur la première ligne d'opérateurs pour décider dans les détails du processus de production en se basant sur leur expérience. La direction donna également aux personnes la possibilité d'examiner toutes les procédures et de restructurer le flux de production pour le rendre le plus efficace possible. Un style de communication ouverte et un dialogue franc devint la clé de la réussite dans cet univers. Le rôle du management était celui de coach et de conseiller, assistant surtout dans les moments difficiles.

Le site fonctionnait avec quelques 200 équipes de production comptant chacune 6 à 8 membres. Chaque équipe couvre une séquence particulière sur la ligne de production, appelée cellule de fabrication. L'équipe a l'entière responsabilité du travail à faire dans la cellule.

Comme la flexibilité est un des objectifs les plus importants du système de production, les membres sont formés pour occuper chaque poste de travail dans la cellule. Acquérir de nouvelles compétences et devenir plus flexible est important pour l'évaluation des performances individuelles.

Quand une équipe atteint le niveau de flexibilité souhaitée, elle peut envoyer un de ses membres dans une autre unité. Il s'agit d'un échange temporaire qui aide à étendre le concept de flexibilité entre les équipes. Quand les opérateurs montrent un degré spécifique de flexibilité ils sont payés au plus haut niveau. Le concept d'équipe est un facteur important de la motivation et de la productivité sur ce site. « Il permet d'intégrer toute les personnes et crée un travail d'équipe harmonieux. Il y a un sentiment d'appartenance et de fierté d'équipe. »

Comme toutes les voitures sont produites à partir de la demande client il y a une grande variété de modèles, de couleurs et d'options. Alors la respon-

1. « *Lean production* » ou « *lean company* » traduit en français par « production au plus juste ». On peut donner la définition suivante : « L'entreprise au plus juste est une entreprise qui a mis en place la Qualité Totale, le juste à temps et l'ingénierie simultanée et tout ce qui en dérive concernant son organisation et ses méthodes de travail » *in* J. Brilman, *l'Entreprise réinventée, op. cit.*

sabilité est clairement donnée à l'équipe. Elle décide quand faire les rotations de postes. Les pièces sont commandées juste à temps. Les équipes sont responsables pour la qualité. Elles doivent s'assurer que chaque voiture est assemblée correctement et qu'il n'y a aucun problème. Chaque place de travail est équipée de signaux de détresse, jaune pour demander de l'aide, rouge pour arrêter la ligne.

Le rôle du management de proximité a changé. Au premier niveau, « les leaders d'équipe » sont choisis avec l'accord de l'équipe. Ils coordonnent les activités, l'emploi du temps, l'ordre du jour des réunions hebdomadaires, donnent des conseils et des informations à leur équipe. Ils la représentent dans les autres lieux de l'entreprise.

La réussite de ce travail en équipe fut facilité car il reposait sur une tradition de l'entraide mutuelle. Par ailleurs, très déçues par le passé de l'ex RDA, les personnes étaient avides d'essayer quelque chose de nouveau.

L'entreprise mit aussi l'accent sur des programmes d'activité en dehors du travail pour recréer un état d'esprit et un sentiment d'appartenance à une culture et une tradition automobile vieille d'un siècle à Eisenach.

Cette présentation faite, entrons concrètement dans l'exploration des leviers organisationnels de la dimension humaine et de la confiance. Comme nous l'avons déjà dit, la confiance existe dans l'entreprise quand l'organisation et les leaders créent un climat propice qui permet de gagner la confiance des collaborateurs.

Ce climat se développe en respectant les principes de base présentés plus haut : la prise de conscience, l'ouverture, le choix et la présence. Pour mettre en œuvre ces principes, l'organisation dispose de six leviers formant un système cohérent que présente la figure 8.

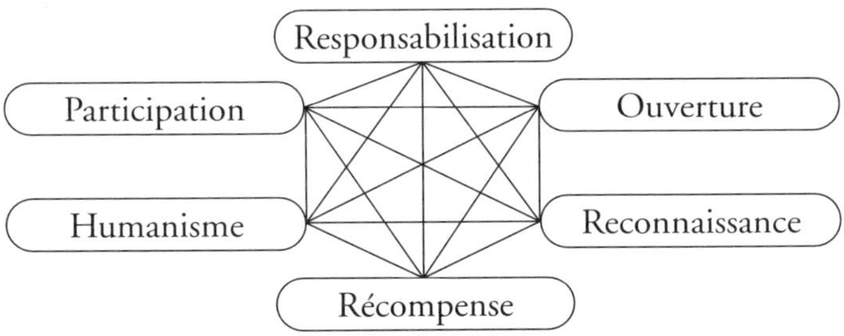

Figure 8 – L'ensemble systémique des leviers organisationnels de la confiance

© Dunod – La photocopie non autorisée est un délit

➤ La participation

La participation signifie être associé ou faire les choses ensemble.

Ce principe d'action consiste à associer les personnes de quelque façon que ce soit dans les actions de l'entreprise. L'organisation donne la possibilité de participer aux projets, aux affaires.

Les leaders et les dirigeants sont invités à penser à tous les employés pour les associer à toutes les actions possibles. Quel que soit le niveau auquel se situe la personne, elle est associée au fonctionnement de l'équipe, du service, du département, de l'entreprise ; elle participe aux décisions ou aux projets qui la concernent.

On se trouve là aux antipodes de la conception taylorienne du travail qui n'associe pas les personnes mais, au contraire, les dissocient en morcelant, émiettant et en spécialisant les tâches.

Pour pouvoir se sentir impliqué dans un projet il faut y être associé. Il est très difficile, voire irréaliste, de motiver des personnes alors qu'elles n'ont pas été associées dès le début de l'action. La participation est la base de la collaboration qui rend possible de travailler ensemble et de coopérer.

Comme nous l'avons vu les entreprises performantes misent de plus en plus sur le travail d'équipe. Les personnes appartiennent à un groupe restreint au sein duquel plusieurs compétences ou métiers sont réunis, associés.

L'exemple d'Opel est très éclairant à ce sujet. Les ouvriers travaillent en petites équipes, de six ou huit, au sein desquelles ils sont polyvalents. Par ailleurs ils changent d'équipes pour connaître l'ensemble de la séquence de production. Grâce à ce dispositif chacun peut avoir des contacts personnels avec un nombre important de personnes. Chacun se sent responsable de maintenir le contact avec les autres et éprouve même un sentiment d'appartenance et de fierté d'équipe.

➤ L'*empowerment* ou responsabilisation

L'*empowerment* signifie mettre en puissance les personnes, ou les équipes, en leur donnant le pouvoir de décision finale. Ce principe consiste à donner aux personnes la possibilité de prendre la décision finale pour les projets ou les problèmes qui les concernent. Pour cela il est obligatoire de former les personnes.

Plus les personnes ont fait l'expérience de pouvoir peser et contrôler ce qui se passe dans l'entreprise plus celle-ci sera efficace et les personnes satisfaites.

En revanche, quand les individus se sentent désarmés, quel que soit leur niveau hiérarchique, ils ont tendance à se raccrocher à la moindre parcelle de pouvoir qu'ils peuvent détenir. L'analyse stratégique des organisations, selon Crozier, nous montre le rôle central du pouvoir dans les entreprises tayloriennes.

Or partager le pouvoir n'est pas chose facile. Les entreprises et leurs dirigeants ont du mal à y parvenir. Il y a comme une sorte d'illusion selon laquelle quand le pouvoir de l'un augmente celui de l'autre diminue. Les managers croient que l'*empowerment* signifie que les subordonnés usurpent leurs pouvoirs. Et les employés imaginent qu'il leur permet une liberté totale. Avec une telle logique il y a peu de chance pour arriver à responsabiliser les personnes.

La logique taylorienne scinde l'entreprise en deux : la direction qui décide et les ateliers qui exécutent. Cette logique a abouti au cloisonnement vertical et horizontal de l'entreprise.

Aujourd'hui la volonté de travailler en équipe transversale s'accompagne d'une mise en puissance des personnes. Une organisation mise en puissance suppose que les managers s'engagent activement et illustrent un leadership nouveau. Quant aux employés ils assument une plus forte responsabilité. L'*empowerment* est le choix délibéré d'adopter une stratégie d'entreprise qui redistribue le pouvoir aux individus et aux équipes conduites par les employés à tous les niveaux. Chacun est associé et parfaitement informé sur la manière dont l'entreprise fonctionne. Il y a une compréhension claire des paramètres décisionnels. Ensuite, individuellement ou en équipe, les personnes assument les responsabilités. Le pouvoir n'est plus uniquement concentré en haut de la pyramide, ni a l'intérieur des départements ou des services cloisonnés verticalement et horizontalement[1]. L'*empowerment* est une façon de concevoir, de penser et de se comporter comme si chacun a un pouvoir sur les aspects de sa propre vie ou de son travail.

1. Un de nos clients aime qualifier ce type d'organisation du nom « d'entreprise pharaonique ». Cette métaphore signifie l'existence de pyramides à l'intérieur de la pyramide et par voie de conséquence de pharaons exerçant leur autorité à tous les étages de l'édifice.

© Dunod – La photocopie non autorisée est un délit

À l'usine d'Eisenach, la responsabilisation est très présente. Les équipes ont l'entière responsabilités du travail à faire dans la cellule ainsi que pour le contrôle qualité, la maintenance et les commandes. Chaque place de travail est équipée de signaux de détresse et chacun peut ainsi agir pour arrêter la ligne ou demander de l'aide. Quant au premier niveau d'encadrement, « les leaders d'équipe », ils coordonnent les activités, l'emploi du temps et l'ordre du jour des réunions hebdomadaires. Par ailleurs, l'équipe décide en son sein du moment et du choix de la personne à former ou à envoyer dans une autre équipe. L'*empowerment* est établi au cœur des métiers et des fonctions, là où les personnes sont capables de prendre des décisions, d'engager les ressources appropriées et de mesurer leur propre progrès.

➤ La transparence, l'ouverture

La transparence est la possibilité d'avoir accès à toute information. L'ouverture est la possibilité de pouvoir s'exprimer librement en étant respecté quelle que soit sa place dans l'organisation.

Le principe d'ouverture suppose la transparence dans l'entreprise. Cela signifie qu'il n'y a pas de secret particulier sauf industriels. La rétention d'information n'existe pas et chacun peut avoir des réponses à ses questions. La hiérarchie, les leaders ne mentent pas.

La confiance est le résultat de relations dans lesquelles les acteurs s'apprécient mutuellement. Chaque personne apprécie son partenaire et a confiance en lui quand l'autre crée une relation sincère et authentique où il dit la vérité. « J'ai confiance en toi quand dans la relation que nous avons je m'apprécie moi-même, j'ai une bonne image de moi, j'ai confiance en moi. Ceci arrive quand tu es sincère, authentique, quand tu me dis la vérité. »

Les leaders et l'organisation jouent un rôle fondamental pour créer des relations de confiance. Plus l'organisation joue la transparence, l'ouverture, le dialogue avec ses employés ou avec ses partenaires plus la confiance a des chances de se développer. Cela permet aux personnes de pouvoir exprimer leurs idées et leurs pensées sans crainte de faire des suggestions inutiles ou d'émettre des opinions dérangeantes.

L'ouverture et la transparence créent des relations où les personnes se sentent moins vulnérables et plus honnêtes. Dire la vérité constitue le socle de relations partenariales alors que ne pas la dire, ou mentir, est un acte de trahison. À Eisenach, le dialogue franc et ouvert est fortement encouragé, il favorise la responsabilisation de chaque personne quelle que soit son activité. Chacun a alors la possibilité de révéler sans craintes tous les problèmes rencontrés. A contrario, dans une atmosphère opaque, la peur du jugement, le scepticisme, l'attentisme ou le cynisme créent des attitudes antagonistes au développement de la responsabilisation et de relations humaines ouvertes et franches.

➤ La reconnaissance

La reconnaissance existe quand les personnes ont l'impression d'exister aux yeux des autres.

La reconnaissance c'est la connaissance de chaque personne dans l'entreprise. Celle-ci montre à ses employés comment ils sont importants. Il y a maintes façons de témoigner la reconnaissance. Le leader prend le temps de communiquer avec chacun des membres de son équipe. La reconnaissance consiste aussi à montrer des signes d'encouragement, de remerciement, de satisfaction. Il est important d'encourager les personnes à se soutenir et à se remercier plutôt que de vivre comme si tout était normal.

Chaque personne dans l'entreprise a l'impression d'exister et d'être connue et reconnue pour son travail, ses qualités professionnelles et aussi personnelles. Quand un collaborateur, ou une équipe, propose des idées et que celles-ci sont exploitées alors il y a reconnaissance. En revanche demander l'avis des collaborateurs et ne pas leur donner de réponse peut créer de la méfiance.

La reconnaissance repose aussi sur une certaine qualité relationnelle des leaders de l'entreprise. La façon de se comporter avec les personnes est déterminante.

Dans notre entreprise, les personnes aiment se réunir autour d'un verre pour les anniversaires, les succès ou les fêtes. Parfois cela donne l'occasion d'offrir des cadeaux ou tout simplement de voir des collègues et de passer un moment convivial. Il y a de multiples formes de reconnaissance, elles doivent avoir du sens pour les personnes.

➤ La récompense

La récompense va au-delà de la reconnaissance, il s'agit de la rétribution accordée en échange du travail fournit.

© Dunod – La photocopie non autorisée est un délit

Tout travail mérite salaire et la récompense concerne le partage du fruit du succès de son équipe, ou de son unité, et les récompenses offertes pour avoir rempli sa mission. À Eisenach, la récompense comprend deux volets majeurs. Le premier est lié à la flexibilité payée au plus haut niveau quand l'opérateur a atteint le degré souhaité. Le second est celui de la formation qui contribue aussi à favoriser la flexibilité.

Un point sensible réside dans le système de rétribution. Il peut favoriser un lien de confiance ou de méfiance entre l'entreprise et ses employés. À ce niveau les questions à se poser concernent le système de rétribution et d'évaluation.

Plus le système d'évaluation et de rétribution est transparent, objectif, logique et accepté, plus les personnes pourront créer un lien de confiance et d'engagement envers l'entreprise et entre collègues. Notre propos n'est pas de définir ici un système d'évaluation et de rétribution particulier. Pour cela nous renvoyons le lecteur vers l'ouvrage de Jean Pascal Lapra[1].

Néanmoins, la logique, selon le développement de la dimension humaine, consiste à associer les personnes, leurs représentants, tous les partenaires qui ont un rôle à jouer dans une réflexion sur le système d'évaluation et de récompense.

Les leviers de la confiance forment un système cohérent. On ne peut choisir un levier plutôt qu'un autre ou rejeter celui qui ne plaît pas. La confiance se développe en actionnant tous les leviers. Aussi les personnes associées à la réflexion devront-elles avoir un certain pouvoir de décision et travailler dans la transparence avec les dirigeants de l'entreprise.

➤ L'humanisme

Ce levier est un principe d'action et une valeur forte qui considère l'homme comme l'élément le plus important. Il s'agit ici de considérer l'entreprise et l'économie au service de l'homme et non le contraire. Certes les deux sont liés car l'homme est aussi au service du développement économique. Il s'agit de ne plus voir les choses en sens unique mais selon un processus circulaire avec une forte priorité donnée à l'humain. Ce levier mérite une véritable réflexion dans les entreprises.

1. Jean-Pascal Lapra, *L'Évaluation du personnel dans l'entreprise*, Dunod, 1992.

Celles-ci ont plus souvent tendance à ne considérer que les seuls critères économiques au détriment des répercussions sur les hommes. Ces dernières années les restructurations ont sérieusement mis à mal le rapport de confiance entre les personnes et l'entreprise.

Dans le cas de l'entreprise ABC, l'humanisme fort de ses dirigeants et notamment du DG, a permis de mobiliser l'ensemble des personnes concernées par les restructurations. Neuf mois avant la date de démarrage de la nouvelle unité, chacun fut informé de sa future affectation, ou de son probable licenciement, et des moyens mis en œuvre pour l'aider. Le licenciement est toujours un drame pour ceux qui ne l'ont pas voulu. L'entreprise, si elle ne peut l'éviter, a bien souvent tous les moyens pour aider et accompagner décemment les personnes qui en seront victimes.

Les personnes dans l'entreprise qui se sentent reconnues plus pour leur force de production que pour leur humanité ont tendance à adopter des positions de méfiance. Avoir l'humanisme comme principe d'action change profondément les relations au travail et aux employés et favorise l'essor de la confiance. Sans humanisme la dimension humaine n'a pas de sens et la confiance n'a aucune chance.

Il y a, avec ce principe d'action humaniste, une reconnaissance forte du véritable sens de l'action de l'entreprise par rapport au hommes et au monde. Le référentiel EFQM prend en compte ses nouveaux enjeux en s'intéressant à la satisfaction des personnes et à l'intégration de l'entreprise à la vie de la collectivité. À Eisenach, l'entreprise s'est intéressée aux personnes par un programme d'activités en dehors du travail et a ranimé l'état d'esprit et le sentiment d'appartenir à la vieille tradition automobile.

Nous avons vu plus haut comment, depuis peu, les critères économiques ne suffisent plus pour évaluer une entreprise performante. Après l'EVA (economic value added) et la CVA (customer value added) on voit quelques grandes entreprises, de niveau mondial, mettre en évidence des critères de PVA (people value added).

Le World Economic Forum de Davos, en février 1999, présente une nouvelle mouvance et un ton nouveau, moins dominateur et plus ouvert aux préoccupations sociales. Ainsi pour Jack Greenberg, président de McDonald « les engagements sociaux et financiers sont fatalement liés » ; Douglas Ivester, le président de Coca Cola explique, pour

© Dunod – La photocopie non autorisée est un délit

sa part, que la confiance s'établit lorsque la compagnie s'engage dans le long terme et « notre responsabilité est d'autant plus forte en période de crise ». Pour Peter Hartz membre de la direction générale de Volskwagen, « l'économie, le social et l'environnement vont main dans la main »[1]. Les enjeux économiques et sociaux sont liés entre eux. Kofi Annan, secrétaire général des Nations Unies, a lui aussi défendu à ce forum de Davos « une mondialisation à visage humain ». Cette évolution dans les esprits est réelle. Il semblerait que l'humanisation de l'entreprise soit en marche. Archier et Sérieyx l'appelait de leur vœux « pour offrir aux hommes d'aujourd'hui une qualité de vie à leur mesure »[2]. Mais les actions sur le terrain sont à construire.

➤ Un équilibre systémique

Adolf Haasen et Gordon F. Shea identifient deux leçons majeures dans l'exemple d'Eisenach. Pour eux, le niveau surprenant de motivation au travail est lié à la grande responsabilité donnée aux équipes pour effectuer leur mission et s'organiser. Ceci a modifié le rôle de l'encadrement qui est devenu un partenaire source de conseils et d'encouragements à partir de relations étroites et ouvertes.

Le second point réside dans l'importance de l'apprentissage permanent et continu de nouvelles compétences. Apprendre au cœur de son équipe, et avec les autres équipes, donne aux personnes une excellente compréhension du cadre de travail et facilite le rôle de chacun. L'apprentissage procure une grande flexibilité qui conduit aussi à mettre en place les améliorations et l'innovation. Les personnes sont vigilantes et savent s'adapter très vite au moindre changement. Il s'agit pour les auteurs d'un excellent cas d'entreprise apprenante.

Pour notre part, nous y voyons le jeu des relations systémiques entre le développement de l'organisation et des personnes. D'un point de vue professionnel chacune apprend de nouveaux comportements liés à l'activité. D'autre part, dans cet environnement où chaque personne est reconnue et valorisée, chacune retire un sentiment de bien être personnel en développant ses compétences. La personne a confiance en elle et se découvre de nouveaux talents. Dans ce cas, l'humanisme donne une couleur beaucoup plus profonde au développement de la personne.

1. *In* « La Revanche du social », L.M., *Le Figaro*, 2 février 1999.
2. Georges Archier, Hervé Sérieyx, *L'Entreprise du 3e type*, Seuil, 1984.

L'ensemble de ces six leviers fonctionne comme un système cohérent. Cela signifie que la performance et l'efficacité des actions résultent de la mise en œuvre des six leviers. Si un seul d'entre eux ne fonctionnait pas l'ensemble du système en serait altéré. Cela arriverait car ces leviers actionnent les ressorts psychologiques de la confiance. Aussi est-il nécessaire de les actionner tous.

L'objet du prochain chapitre est de montrer les ressorts psychologiques individuels qui contribuent au sentiment de confiance.

PAUSE POUR LA RÉFLEXION

Réfléchissez dès maintenant aux actions que vous pouvez entreprendre à votre niveau pour agir sur ces leviers de la confiance.

Complétez les phrases suivantes avec deux, trois, quatre actions concrètes, voire plus :

- « Je favorise la participation chaque fois que je… »
- « Je développe la responsabilisation chaque fois que je… »
- « J'encourage la transparence, l'ouverture, chaque fois que je… »
- « Je privilégie la reconnaissance chaque fois que je… »
- « Je récompense les personnes chaque fois que je… »
- « J'encourage l'humanisme chaque fois que je… »

Question : avez-vous maintenant une idée du message que j'ai adressé à chaque trio de balayeurs ?[1]

Les leviers personnels de la confiance

L'ensemble des leviers organisationnels de la confiance agissent sur les ressorts psychologiques personnels. Grâce au climat de participation, d'*empowerment*, d'ouverture, de reconnaissance, de récompense et d'humanisme les personnes sont intimement et affectivement mobilisées. Ceci est possible car ces leviers agissent sur les dimensions personnelles de l'image de soi et de l'estime de soi.

Les leviers personnels de la confiance sont aussi au nombre de six et forment également un système cohérent en relation avec les leviers organisationnels. Dans un tel climat, les personnes se sentent présentes,

1. Voir l'introduction.

© Dunod – La photocopie non autorisée est un délit

impliquées ; déterminées ; conscientes d'elles-mêmes ; importantes ; compétentes et appréciées ou sympathiques.

Les leviers personnels de la confiance sont la présence, la détermination personnelle, la conscience de soi, l'importance, la compétence et la sympathie (voir fig. 9). Ces leviers sont actifs car ils constituent des buts individuels permettant de parvenir à un sentiment positif d'estime de soi.

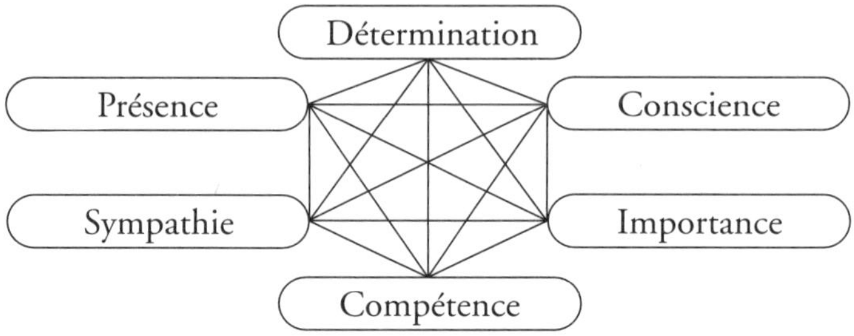

Figure 9 – L'ensemble systémique des leviers personnels de la confiance

➤ La présence : se sentir impliqué

Ce levier d'action concerne l'implication de la personne dans les actions. La personne se sent présente car l'organisation lui donne la possibilité de participer aux activités de l'entreprise et de pouvoir agir. La personne peut ainsi investir son énergie pour remplir ses missions. Se sentir présent c'est pouvoir choisir le juste degré d'implication dans les actions à mener.

Par rapport au levier de la participation, l'acteur se sent impliqué et prend confiance en lui car l'organisation lui témoigne de la confiance en lui demandant de participer aux activités. Ainsi la peur d'être ignoré par l'organisation est mise à distance. Dans un tel climat, la personne a la possibilité d'être complètement disponible dans ses activités. Elle est en pleine possession de ses moyens et ne s'ennuie pas.

Le rôle des leaders et de l'organisation est capital pour maintenir un climat favorable afin que chaque individu puisse s'investir selon son degré optimum d'implication. En faisant participer leurs collaborateurs, les leaders créent un sentiment d'implication et de présence. Dans l'exemple de l'usine Opel d'Eisenach, la restructuration de l'entreprise était fondée sur une participation forte des ouvriers. On leur avait demandé de participer à plusieurs équipes.

On comprend aussi comment l'implication du leader joue un rôle fondamental dans sa relation aux membres de l'équipe. En créant les conditions pour participer aux actions avec les autres, en cherchant les moments de rencontre, chacun peut ainsi se sentir impliqué.

Impliquer les personnes agit aussi sur le sentiment d'importance dont nous parlerons plus loin.

➤ La détermination personnelle : se sentir déterminé, responsable

La détermination personnelle est la possibilité d'agir et de choisir ses propres actions. La possibilité de choisir est fondamentale car la confiance se développe quand les personnes peuvent agir par elles-mêmes.

La personne prend confiance en elle quand elle peut agir sur son environnement, sur les autres, et sur elle-même, et ceci en fonction de ses capacités ou compétences. La personne n'aura pas confiance en elle quand ses actions, ses comportements n'ont que très peu d'effets sur l'environnement ou sur les autres.

Ainsi, en faisant participer les personnes le leader crée l'implication et le sentiment de présence chez les collaborateurs. Puis en leur donnant la possibilité de décider par eux-mêmes, le leader renforce la capacité à choisir. En donnant ce pouvoir aux collaborateurs, on leur permet d'exercer leur propre choix et de prendre conscience de leurs responsabilités. Le sentiment de détermination personnelle existe quand la personne sait qu'elle décide par elle-même et pour elle-même. La personne est alors autonome, libre, non-contrainte et se sent responsable.

La responsabilisation se développe avec la possibilité d'agir, de choisir, de déterminer les actions à mettre en œuvre. Chez Opel Eisenach le travail en équipes autonomes crée les conditions pour être impliqué. Les ouvriers participent au travail de l'équipe et décident ensemble des actions à mettre en œuvre. En donnant la liberté aux personnes pour contrôler la qualité, les approvisionnements en fournitures, la rotation sur les postes ou arrêter la ligne de production, on leur permet d'exercer leurs responsabilités. Ainsi les personnes sentent qu'elles ont la possibilité de choisir les actions à mettre en œuvre.

© Dunod – La photocopie non autorisée est un délit

A contrario, le management classique a tendance à déresponsabiliser les acteurs, qui participent à très peu de décisions, voire aucune. On ne leur demande pas souvent leur avis. En agissant ainsi on crée des sentiments de déresponsabilisation, voire d'inutilité dans le travail.

L'être humain souhaite agir sur son environnement et pouvoir exercer son libre arbitre car cela lui donne le sentiment d'exister. On comprend alors les thèses de Crozier selon lesquels l'individu cherche à investir son énergie dans la conquête d'un pouvoir au sein de l'organisation. C'est humain. Quand l'organisation ne permet pas aux individus d'exercer leur détermination personnelle dans le cadre de leur mission, alors ils s'investissent dans d'autres actions. Celles-ci ne sont alors plus en cohérence avec l'activité de l'entreprise.

En donnant la possibilité d'exercer des choix, en créant la responsabilisation ou l'*empowerment*, on agit sur le levier de la détermination personnelle et aussi sur celui de la compétence. Nous y reviendrons.

➤ La conscience de soi : se connaître soi-même

La principale définition de la conscience de soi est la connaissance de soi, la compréhension de ses relations aux autres et au monde. La conscience de soi consiste à s'efforcer de réduire la partie non-consciente de soi pour mieux se connaître et comprendre les autres et le monde. En étant conscient de soi-même on ne se leurre pas.

Quand la personne se connaît, comprend les autres et le monde elle peut agir. C'est la raison pour laquelle le leadership repose sur la connaissance de soi, des autres et des relations. Prendre conscience c'est connaître et comprendre ses comportements, ses sentiments, ses points forts, ses points faibles et comment y remédier. Pour tout leader, ses aspects sont indispensables.

Plus les individus sont informés et formés plus ils peuvent comprendre le sens dans lequel agir. Plus ils sont à l'aise avec les autres et plus ils ont confiance en eux. Ceci arrive dans un climat d'ouverture et de transparence entre les personnes. En favorisant le dialogue franc et ouvert chacun peut exprimer ses opinions sans crainte. Grâce à un tel climat les personnes acquièrent de la puissance car elle peuvent mesurer l'importance de leur rôle. La participation réussie passe aussi par la possibilité de s'exprimer librement, de pouvoir avancer ses idées, de dire ses craintes ou ses réserves.

L'usine d'Eisenach permet aux ouvriers et aux leaders de travailler en équipe autonome, d'accéder aux informations, de décider ensemble des actions à mettre en œuvre. La prise de conscience sur la situation et sur les choix à faire sont transparents. Le climat d'ouverture permet aussi à chacun de s'exprimer, de mieux prendre conscience de ses actions, de son travail, de qui il est et comment il se comporte avec les autres. Dans un tel climat la personne s'apprécie elle-même et se sent sympathique.

➤ L'importance : se sentir important

Le sentiment d'importance est relié au levier de la participation. L'individu a l'occasion de se sentir important quand on lui demande de participer aux actions. La personne se sent importante quand elle sent qu'elle a de la valeur pour les autres. Sa présence est significative. Ceci arrive quand l'entreprise, les managers ou les collègues invitent la personne à exprimer son opinion ou à exercer une activité dans le groupe. Dans ce cas, la personne se sent présente, impliquée, elle investit son énergie dans les actions et ne s'ennuie pas.

En associant les ouvriers dans les phases de reconception des processus, l'usine Opel, facilite un climat de travail où les personnes participent et éprouvent le sentiment d'être importantes. La participation est un levier de la confiance qui agit en créant les sentiments de présence et d'importance.

➤ La compétence : se sentir compétent

L'individu a l'occasion de se sentir compétent quand on lui demande d'exercer des choix, de prendre des responsabilités. La personne éprouve ce sentiment de compétence quand elle sait faire face aux événements qui se présentent à elle, quand elle sait choisir les solutions. La responsabilisation, ou l'*empowerment*, agit sur ce levier personnel de la confiance. Pouvoir agir dans le sens choisi par soi-même crée le sentiment de savoir faire face aux situations pour lesquelles la personne est responsable.

Les équipes automanagées fonctionnent en laissant les personnes choisir par elles-mêmes les solutions aux problèmes rencontrés. D'une part elles sont associées et impliquées au sein d'un groupe et d'autre part elles exercent des choix. Dans le cas de l'usine Opel, les ouvriers se sentent compétents car ils exercent leur libre arbitre sur un ensemble

© Dunod – La photocopie non autorisée est un délit

très significatif de décisions pour lesquelles l'encadrement ne leur demande pas de justification.

La responsabilisation, en permettant d'associer les personnes aux décisions, crée les conditions pour se sentir compétent et déterminé.

➤ La sympathie : se sentir apprécié

Se sentir sympathique c'est se sentir apprécié. C'est aussi apprécier soi-même la personne que l'on est. Ceci peut arriver dans un environnement qui considère les personnes comme des êtres humains et favorise les contacts sociaux.

Chaque fois que l'entreprise ou les managers montrent qu'ils considèrent les employés comme des personnes très importantes alors ils créent les conditions de la confiance.

L'humanisme appartient à la dimension humaine et affective de la confiance. Il lie les individus et leur permet de se sentir appréciés pour ce qu'ils sont en tant qu'êtres humains. Les considérations d'ordre professionnel, quant à elles, sont orientées sur l'axe rationnel, cérébral, de la confiance. Elles s'inscrivent dans la logique du contrat ou du don contre don.

À Eisenach, Opel a permis de reconstituer un réseau social entre les ouvriers et la ville en participant à des œuvres associatives locales. Les ouvriers ne vivent pas cela comme du paternalisme où l'entreprise s'immisce dans la vie privée. Ils le ressentent comme un témoignage de respect. L'entreprise est capable de montrer qu'elle ne s'intéresse pas qu'à la force de production de son personnel. Elle souhaite installer des relations durables et de qualité.

Les préoccupations récentes de Davos indiquent la voie dans laquelle souhaiteraient s'engager certaines grandes entreprises de classe mondiale. En mettant l'accent sur le rôle social de l'entreprise, on évoque la dimension humaniste à laquelle on souhaite attacher de l'importance. Les référentiels d'auto-évaluation, ou de qualité, soulignent clairement cette orientation.

Prendre en compte l'individu en tant qu'être humain et non plus seulement comme force de production ou de consommation va dans le sens de l'humanisme. À long terme ce levier crée la confiance car il agit sur un besoin humain fondamental : se sentir apprécié pour soi-même ; pas forcément pour son travail mais en tant que personne.

Tableau 4.4 – Correspondance entre les leviers organisationnels et personnels de la confiance

Les leviers organisationnels	Les leviers personnels
La participation	La présence
La responsabilisation	La détermination personnelle
L'ouverture, la connaissance	La conscience de soi
La reconnaissance	L'importance
La récompense	La compétence
L'humanisme	La sympathie

L'ensemble de ces leviers forme un système cohérent où chaque levier agit sur chacun des autres. En même temps, ces leviers agissent à leur tour sur les leviers relationnels de la confiance.

PAUSE POUR LA RÉFLEXION

Réfléchissez dès maintenant aux actions que vous pouvez entreprendre à votre niveau pour agir sur ces leviers personnels de la confiance.

Complétez les phrases suivantes avec deux, trois, quatre actions concrètes, voire plus.

En tant que leader par rapport à moi-même :

« En tant que leader je me sens présent, impliqué, chaque fois que je… »

« En tant que leader je me sens responsable chaque fois que je… »

« En tant que leader je me sens conscient de moi-même chaque fois que je… »

« En tant que leader je me sens important chaque fois que je… »

« En tant que leader je me sens compétent chaque fois que je… »

« En tant que leader je me sens sympathique chaque fois que je… »

En tant que leader par rapport à mon équipe :

« Les personnes de mon équipe se sentent impliquées chaque fois que je… »

« Les personnes de mon équipe se sentent responsables chaque fois que je… »

© Dunod – La photocopie non autorisée est un délit

« Les personnes de mon équipe se sentent conscientes d'elles-mêmes chaque fois que je… »

« Les personnes de mon équipe se sentent importantes chaque fois que je… »

« Les personnes de mon équipe se sentent compétentes chaque fois que je… »

« Les personnes de mon équipe se sentent sympathiques chaque fois que je… »

Question : avez-vous maintenant une idée du message que j'ai adressé à chaque trio de balayeurs ?[1]

Les leviers relationnels de la confiance

L'ensemble des leviers organisationnels de la confiance agissent sur les ressorts psychologiques personnels. Grâce au climat de participation, d'*empowerment*, d'ouverture, de reconnaissance, de récompense et d'humanisme, les personnes sont intimement et affectivement mobilisées. Ceci est possible car ces leviers organisationnels agissent sur les leviers personnels et permettent de parvenir à un sentiment positif d'estime de soi.

En même temps, et pour des raisons de logique de système, on peut agir sur les leviers relationnels de la confiance. Eux-mêmes au nombre de six : le dynamisme, la maturité, l'honnêteté, la valorisation, la coopération, l'amabilité. Ils mobilisent et caractérisent le système social relationnel entre employés et entre toute personne dans l'entreprise ou avec l'extérieur. Les personnes chercheront à créer des relations : dynamiques, matures, honnêtes, valorisantes, coopératives et amicales (voir figure 10).

➤ Le dynamisme

Ce levier d'action sur la relation permet de mettre en énergie les personnes. Avoir des relations dynamiques signifie que chaque acteur investit son énergie dans la relation et par rapport au but recherché. Il n'est pas distrait ou préoccupé par d'autres questions sans lien avec l'objectif

1. Voir l'introduction.

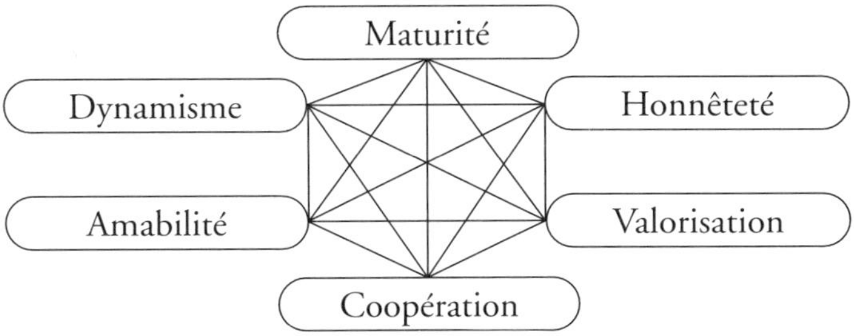

Figure 10 – L'ensemble systémique des leviers relationnels de la confiance

traité. Il focalise son attention sur les objectifs à atteindre et ne perd pas son temps à faire autre chose. Quand les personnes investissent leur énergie à 100 % dans la relation à l'autre, elles créent les conditions d'une relation dynamique.

Créer des relations dynamiques permet de favoriser l'investissement et la participation des personnes. En retour, et selon un principe systémique, plus les personnes ont la possibilité de participer, en fonction de leurs possibilités, plus les relations dans le groupe sont dynamiques.

➤ La maturité

Ce levier d'action permet d'agir de manière adulte dans la relation. Cela signifie que les personnes se comportent en adoptant des attitudes relationnelles dépourvues de passivité, d'agressivité ou de manipulation. Au contraire, elles savent s'investir dans la relation en respectant l'autre, son modèle du monde et ses opinions. Les personnes se considèrent comme responsables, compétentes et conscientes de leur capacités réciproques.

La maturité signifie que chaque personne du groupe connaît ses limites, acceptent de ne pas tout savoir et sait reconnaître le point de vue des autres. Avoir des relations matures ou adultes c'est avoir des liens d'interdépendance entre les personnes. Chacun est autonome dans son domaine et sait s'appuyer sur les autres quand il en a besoin. Dans les relations matures les personnes sont reconnues pour leur niveau de responsabilité et considérées comme pouvant participer aux décisions.

© Dunod – La photocopie non autorisée est un délit

➤ L'honnêteté

L'honnêteté c'est la dimension de l'ouverture. Ce levier relationnel consiste à être vrai, à être soi-même, à accepter de s'ouvrir aux autres pour exprimer ses opinions, sentiments ou craintes. L'honnêteté c'est l'ouverture à soi et aux autres. Rien n'est caché ou retenu vis-à-vis des personnes. Ainsi chacun peut se sentir conscient de la situation.

Etre honnête dans la relation exige de prendre l'initiative de s'ouvrir à l'autre malgré le doute quant aux conséquences. Si personne ne risque le premier pas la relation stagne dans la méfiance. La confiance et l'ouverture sont intimement liées l'une à l'autre.

La confiance repose sur l'honnêteté c'est-à-dire sur l'ouverture à l'autre et à soi. C'est aussi accepter les reproches de l'autre.

Le développement de la confiance repose sur l'honnêteté, sur la transparence et l'ouverture. Si l'entreprise et ses leaders dissimulent des informations ou tout autre chose à leurs employés ceux-ci mettront en doute la sincérité, l'honnêteté des dirigeants, et auront du mal à leur faire confiance. Moins les leaders seront ouverts et honnêtes plus les personnes feront de même. Les informations circuleront faiblement et de plus en plus de choses seront cachées à la hiérarchie et aux acteurs clés. Les conséquences seront désastreuses : par manque de visibilité la réactivité sera très faible et la résolution des problèmes de plus en plus difficile.

➤ La valorisation

Avoir des relations valorisantes c'est avoir des relations qui enrichissent les personnes. Travailler ensemble leur apporte un plus qui a de la valeur pour elles. Ce peut être le plaisir d'être ensemble, l'apport d'un savoir, le partage d'expérience ou tout autre aspect. Les personnes quand elles sont ensemble vivent une situation qui les enrichit mutuellement. Travailler ensemble sur un projet et apprendre de nouvelles connaissances professionnelles entre dans le cadre de relations valorisantes. Plus les relations sont valorisantes plus les personnes apprécient de travailler ensemble et trouvent l'énergie pour atteindre les objectifs de l'équipe.

A contrario, dès que les relations commencent à peser et à être sans valeur pour les acteurs alors ceux-ci se contentent du minimum. Ils travaillent ensemble sans s'apprécier en tant que personne. Cela n'empêche pas de réaliser des tâches ou des missions. Cela peut seulement créer des points de faiblesse. S'il n'est pas nécessaire que les personnes travaillent bien ensemble, cela sera sans conséquence. Mais s'il est important que les personnes travaillent bien ensemble pour l'atteinte des objectifs de l'équipe alors il y a un risque d'échec non négligeable à la moindre tension.

➤ La coopération

Les relations sont coopératives quand les personnes cherchent à travailler ensemble à la recherche de solutions afin d'optimiser les résultats de chacun ou de l'équipe. La coopération c'est la mise en commun des compétences et des responsabilités pour atteindre le but commun.

La coopération est complètement dépendante de tous les autres leviers car ils forment un système cohérent. La coopération apparaît plus facilement quand les personnes ont pu créer des liens dynamiques, matures, honnêtes et valorisants. En même temps, la coopération entretient tous ces leviers. Elle permet aux personnes engagées d'apporter leur contribution dans la construction de solution et la prise de décision.

A contrario, faire participer les personnes à des projets mais en sollicitant faiblement leur avis, favorisera la déresponsabilisation. En ne pouvant mettre en œuvre leur compétence et leur capacité à faire des choix, les personnes se sentiront en retrait puis ne chercheront plus à être coopératives.

➤ L'amabilité

Les relations sont amicales quand les personnes s'apprécient entre elles pour ce qu'elles sont humainement. Cela n'a rien à voir avec les compétences ou l'importance. Chacun estime les autres non pour ses capacités professionnelles, ou son rang dans l'entreprise, mais plutôt pour ses qualités en tant que personne. C'est l'individu en tant que tel qui est apprécié. Il ne s'agit pas de son rôle mais de sa personne.

Les relations prennent une couleur amicale car chacun est considéré d'abord comme un être humain avant d'être perçu comme un professionnel. Cela ne veut pas dire que l'aspect professionnel des individus est négligé. Cela signifie que l'on s'apprécie d'abord en tant que personne.

© Dunod – La photocopie non autorisée est un délit

Une telle attitude dans les relations favorise un climat relationnel empreint de respect. Ce climat joue un rôle très important en facilitant l'ouverture et l'honnêteté dans les échanges. En même temps, il crée les conditions qui permettront d'aborder les problèmes les plus difficiles au sein d'une équipe, à savoir ses tensions et sa cohésion.

A contrario, quand le climat relationnel montre peu de respect envers les personnes, celles-ci seront beaucoup plus portées vers des comportements stratégiques. La confiance s'évanouit et le sens des autres disparaît.

Tableau 4.5 – Correspondance entre les leviers organisationnels, personnels et relationnels de la confiance

Les leviers organisationnels	Les leviers personnels	Les leviers relationnels
Quand l'organisation met en œuvre un climat de …	Les personnes développent des attitudes et des comportements de…	Les relations dans l'organisation se développent avec**…**
Participation	Présence	Dynamisme
Responsabilisation	Détermination personnelle	Maturité
Ouverture	Conscience de soi	Honnêteté
Reconnaissance	Importance	Valorisation
Récompense	Compétence	Coopération
Humanisme	Sympathie	Amabilité

PAUSE POUR LA RÉFLEXION

Réfléchissez dès maintenant aux actions que vous pouvez entreprendre à votre niveau pour agir sur ces leviers relationnels de la confiance.

Complétez les phrases suivantes avec deux, trois, quatre actions concrètes, voire plus.

Par rapport aux autres, en tant que leader :

« En tant que leader je crée des relations dynamiques avec les autres chaque fois que je… »

« En tant que leader je crée des relations matures avec les autres chaque fois que je… »

« En tant que leader je crée des relations honnêtes avec les autres chaque fois que je… »

« En tant que leader je crée des relations valorisantes avec les autres chaque fois que je… »

« En tant que leader je crée des relations coopératives avec les autres chaque fois que je… »

« En tant que leader je crée des relations amicales avec les autres chaque fois que je… »

En tant que leader par rapport à mon équipe :

« Pour que les personnes de mon équipe aient des relations dynamiques entre elles je… »

« Pour que les personnes de mon équipe aient des relations matures entre elles je… »

« Pour que les personnes de mon équipe aient des relations honnêtes entre elles je… »

« Pour que les personnes de mon équipe aient des relations valorisantes entre elles je… »

« Pour que les personnes de mon équipe aient des relations coopératives entre elles je… »

« Pour que les personnes de mon équipe aient des relations amicales entre elles je… »

Question : avez-vous maintenant une idée du message que j'ai adressé à chaque trio de balayeurs ?[1]

➤ L'exemple de l'entreprise ABC

Nous souhaitons présenter le processus de changement mis en œuvre pour transformer une DRH. L'intervention illustre un enjeu et une tendance actuelle. Beaucoup d'entreprises sont désireuses de faire évoluer leur fonctions supports et notamment la gestion des ressources humaines.

L'exemple sert deux objectifs. D'une part illustrer l'application des concepts et des leviers de la confiance pour accompagner une entreprise

1. Voir l'introduction.

© Dunod – La photocopie non autorisée est un délit

en période de forts changements. D'autre part pour illustrer comment cette DRH active ces leviers pour que la gestion des ressources humaines soit une fonction partagée.

L'intervention eut lieu dans un contexte de changements très forts et multiples : introduction de nouvelles technologies de production, mise en place d'équipes autonomes, installation d'un logiciel de gestion globale, construction d'une nouvelle usine. Depuis plusieurs mois nous[1] y intervenions pour accompagner l'équipe de direction autour de ses missions de reconception des processus, et dans la mise en œuvre du « management du futur » pour les 135 managers.

Le contexte de cette DRH était caractérisé par trois points essentiels :

- La fonction Ressources humaines du site remplissait de manière satisfaisante son rôle d'administration du personnel mais très imparfaitement celui d'accompagnateur du changement.
- Le directeur des Ressources humaines et ses collaborateurs étaient insatisfaits du climat régnant dans ce département. Beaucoup trop de cloisonnements, peu d'initiatives, des attitudes parfois vexantes de la hiérarchie. Par ailleurs la tension montait entre les unités de production « qui travaillent » et les administratifs « qui se la coulent douce ».
- Pour certaines missions (recrutements pointus de seniors, accompagnement du changement), les directeurs de départements ne sollicitaient plus la DRH et préféraient sous-traiter à l'extérieur.

La demande initiale du DRH consistait à mieux savoir « qui fait quoi dans le service ». Après plusieurs semaines, cette demande évolua pour se transformer en « comment mieux servir nos clients internes ».

La démarche mise en œuvre repose sur les quatre principes de base de la confiance : prise de conscience de la situation, responsabilisation des acteurs, transparence et ouverture entre les acteurs, présence et implication de chaque acteur. Les 42 collaborateurs de la DRH furent tous conviés à participer à l'ensemble de la démarche.

Une des toutes premières étapes consistait à réunir l'ensemble du département, au cours d'un jour et demi de séminaire, soit quatre niveaux hiérarchiques en trois groupes de 14 personnes représentant les différents services. En tant que consultant nous avons adopté le langage

1. L'intervention relatée ici fut conduite conjointement par l'auteur et Charles Vincent, consultants à la Cegos.

de la transparence et de la responsabilisation : « *Nous sommes mandatés pour vous accompagner et vous aider dans l'évolution de votre département et réussir avec vous. Nous disposons de méthodes et d'outils pour vous guider mais vous êtes libres de vos choix en ce qui concerne les solutions qui seront trouvées. Nous allons co-produire cette démarche avec vous.* » Surpris et sceptiques dans un premier temps, les personnes ont vite saisi l'opportunité pour se parler ouvertement et franchement afin d'aborder les dysfonctionnements et se tourner rapidement vers l'avenir.

Pour approfondir la prise de conscience de leur situation, une enquête client-fournisseur fut élaborée avec les trois groupes en faisant la synthèse de questions et d'hypothèses à vérifier. Très vite il s'est agi de « leur enquête ». La cible de cette enquête fut aussi définie par les membres de ces groupes. Elle fut diffusée auprès de 80 personnes cibles dans l'ensemble de l'entreprise ABC. Elle permit d'évaluer les aspects suivants :

- la perception des clients internes vis-à-vis du département RH ;
- les attentes des départements clients ;
- le bilan des prestations offertes, ;
- le bilan des attitudes et comportements de services.

Une fois le processus d'évolution mis en œuvre, et après le travail des trois groupes, les relations ont commencé à changer et la confiance à s'éveiller entre les 42 personnes. Ils choisirent alors les 14 personnes représentant l'ensemble du département et qui continueraient le travail avec nous dans la phase suivante.

Au cours d'un séminaire de deux jours, il s'agissait de prendre connaissance des résultats de l'enquête que nous avions recueillis et analysés. La prise de conscience se poursuivait et la responsabilisation devenait plus importante car il fallait aussi envisager des solutions pour répondre aux besoins des clients internes.

Le DRH ne souhaitait pas de changement de structures car l'entreprise vivait déjà suffisamment de réformes. D'un commun accord, la logique du fonctionnement par processus fut privilégiée ainsi qu'une réflexion sur les fonctionnements transversaux et la répartition des rôles. Les fonctions ont été repensées en se centrant sur le « cœur de métier » RH pour faire des choix de priorités.

© Dunod – La photocopie non autorisée est un délit

Dans les semaines suivant le séminaire, le département Ressources humaines a engagé un travail minutieux de réflexion et de tris de l'ensemble de ses rôles.

Au cours du séminaire, nous avons plutôt examiné la logique d'un fonctionnement par processus et notamment pour les responsabilités RH partagées. Est apparue l'idée d'une nouvelle fonction : le responsable client ressources humaines (RCRH) présent physiquement dans le département client. Le RCRH joue le rôle de pilote ou leader de processus et permet de répondre aux attentes des clients internes :

- avoir un interlocuteur permanent et disponible ;
- assurer une bonne compréhension des besoins ;
- anticiper les problèmes ;
- traiter rapidement les demandes.

La confiance entre la DRH et les départements s'est progressivement établie du fait de l'installation physique des RCRH chez leurs clients. Cela a notamment permis de renforcer l'alliance relationnelle entre opérationnels et fonctionnels, faciliter la transparence, responsabiliser les acteurs RH et opérationnels.

Les RCRH n'ont pas été choisis parmi les responsables hiérarchiques cadres supérieurs. Ils le furent parmi les cadres ou agents de maîtrise, après qu'ait été élaboré un profil du RCRH en fonction de compétences et qualités. La motivation a joué un rôle très fort. Comme le dialogue et les choix s'exerçaient dans la transparence, c'est finalement le désir de remplir cette fonction qui fut déterminant plus que les critères objectifs. Les nouveaux RCRH illustraient ainsi déjà leur qualité de leader nécessaires à leurs futurs rôles.

Ainsi l'organisation de la démarche de changement fut menée en actionnant les leviers de la confiance :

- la participation en réunissant l'ensemble des collaborateurs et les clients internes ;
- la responsabilisation en demandant à chacun d'œuvrer dans cette démarche, et en laissant le choix des solutions aux acteurs eux-mêmes ;
- la transparence pour bien comprendre la situation et parler franchement ;

- la reconnaissance en associant l'ensemble des acteurs RH, par le contact avec les clients internes, et aussi les encouragements de la hiérarchie ;
- la récompense pour les RCRH engagés dans de nouvelles fonctions, et pour tous les autres qui voient le fruit de leurs efforts reconnus dans les entretiens d'évaluation ;
- l'humanisme dans l'attitude du directeur des Ressources humaines qui a toujours privilégié un dialogue franc, clair et respectueux ;
- pour les relations on constate aujourd'hui qu'elles sont devenues dynamiques, matures, ouvertes, valorisantes pour les acteurs, coopératives entre les départements et amicales. De leur côté, les personnes se sentent beaucoup plus impliquées, déterminées et responsables, conscientes de leur action. Chacun se trouve plus important dans l'ensemble, pouvant exercer sa compétence et se sentir apprécié des autres.

CHAPITRE 5

La connaissance de soi et des autres, premier pas vers la confiance

L'OBJECTIF de cette partie est d'apporter l'éclairage nécessaire pour comprendre la dimension psychologique de la confiance et du leadership.

Peu nombreux, simples, sobres et commodes, les leviers de la confiance exercent une action puissante sur les personnes et les groupes. Plus précisément leur efficacité réside en la création d'un contexte dans lequel les personnes peuvent agir librement et exercer leur choix avec plus de souplesse. La mise en mouvement de ces leviers agit sur les ressorts personnels de la confiance.

Ces leviers sont efficaces et pertinents car ils répondent aux besoins psychologiques interpersonnels les plus élémentaires de tout être humain. Un besoin interpersonnel correspond à la nécessité d'établir et de maintenir une relation satisfaisante entre l'individu et son environnement humain.

Will Schutz a longuement étudié les comportements de manière scientifique. Ses premiers travaux, menés à partir de 1951, ont débouché sur la théorie Firo (*Fundamental Interpersonal Relations Orientation*)[1], aujourd'hui largement connue et diffusée. Ses recherches tendent à démontrer que les nombreuses approches psychologiques ou

1. Will Schutz, *Firo : a three-dimensional theory of interpersonal behavior,* New York, Rinehart, 1958, WSA, 1989.

psychanalytiques du comportement humain mettent en évidence trois dimensions essentielles de besoins psychologiques propres à tout individu : l'intégration, le contrôle et l'affection.

Pour Schutz, ces trois catégories de besoins sont suffisantes pour expliquer les relations et les comportements interpersonnels. Ainsi pour satisfaire ses besoins d'intégration, de contrôle et d'affection, la personne met en œuvre des comportements d'inclusion, d'influence et d'ouverture. À partir de ses découvertes il construit le test Firo-B (*Fundamental Interpersonal Relations Orientation-Behavior*) dans l'intention d'identifier et de prédire les comportements interpersonnels des individus dans ces trois domaines.

Néanmoins, le lien entre besoins et comportements interpersonnels est très complexe, variable et différent d'un individu à l'autre. En effet, dans toute relation, l'image de soi et l'image de l'autre jouent un rôle déterminant dans la représentation de la situation. Les sentiments éprouvés constituent également un filtre dans la perception de la relation. Les besoins interpersonnels relèvent des trois niveaux indissociables que constituent les comportements, les sentiments et le concept de soi. Par conséquent, l'établissement de relations interpersonnelles satisfaisantes demande de se connaître soi-même et de comprendre les autres. La prise de conscience de soi et l'ouverture à l'autre, la réflexion sur soi et sur ses relations sont une invitation à la recherche de sa propre authenticité.

Mieux se connaître, comprendre ses comportements et ses sentiments permet d'élargir ses choix, ses actions, sa liberté. L'image de soi intervient de manière déterminante dans sa relations aux autres et dans l'établissement de la confiance. Celle-ci apparaît dans une relation interpersonnelle où confiance en soi et confiance en l'autre entretiennent une relation systémique circulaire. Plus la personne a confiance en elle, plus il lui sera possible de créer la confiance avec l'autre. En même temps, plus l'autre fait confiance au premier plus il crée une relation qui contribue au sentiment de confiance en soi. Le succès du leadership repose sur sa confiance personnelle.

Les dimensions de base des comportements interpersonnels

Le comportement constitue les conduites, les réactions directement observables entre des individus agissant les uns envers les autres. Le comportement se voit, et s'entend. Tout être humain est, depuis sa naissance, concerné par trois dimensions essentielles et fondamentales du comportement. Elles sont à l'œuvre en permanence à des degrés divers selon les situations et les personnes. Il s'agit des dimensions de l'inclusion, de l'influence et de l'ouverture selon les travaux de Will Schutz.

➤ L'inclusion

L'inclusion se rapporte au nombre de contacts avec les autres. Le besoin sous-jacent est d'établir et de maintenir une relation satisfaisante en termes d'interaction, d'échanges ou d'association. Depuis l'enfance, tout individu a eu l'occasion d'expérimenter plusieurs types de relations ou de contacts avec les autres. Cela a débuté à la naissance, avec ses relations familiales, l'école, les éducateurs, le quartier, les loisirs, le sport et plus tard le travail. Chacun a ainsi éprouvé, observé, vérifié les différences de comportements entre diverses situations ou avec des personnes variées.

Selon une image spatiale, l'inclusion peut être illustrée par un mouvement entre le dedans et le dehors. La personne est dans le groupe ou en dehors. La dimension de l'inclusion concerne ce mouvement d'appartenir ou pas à un groupe, d'être ou non en contact avec une ou plusieurs autres personnes. Parfois, on aime bien avoir des contacts avec les autres, parfois on préfère s'isoler.

Depuis le développement du télétravail, ou du travail à distance, beaucoup de personnes se sont retrouvées seules chez elles face à leur ordinateur. Pour certaines, cette situation de faible inclusion leur convient très bien. Pour d'autres, en revanche, ce mode de travail est difficile. Par exemple, depuis peu, on voit apparaître, aux États-Unis, des regroupements de personnes qui télé-travaillent. Elles se retrouvent dans un lieu où chacune continue ses activités propres. La différence réside uniquement dans le fait de pouvoir établir un minimum de contacts : dire bonjour, se parler un peu, partager un local, participer aux tâches minimales requises pour travailler sur le même lieu. Chaque personne vient chercher la satisfaction de son besoin minimum de relations et d'échanges avec les autres.

Dans le cadre professionnel, certaines activités nécessitent des contacts avec les autres, l'inclusion, ou l'intégration, est recherchée. C'est par exemple le cas des réunions nombreuses. Les personnes qui

© Dunod – La photocopie non autorisée est un délit

aiment travailler avec d'autres, au sein d'un groupe, en équipe, ont un goût pour l'inclusion. Les portes de leur bureau sont ouvertes.

En revanche celles qui préfèrent s'isoler, et travailler seules, ont une faible préférence pour l'inclusion. Elles travaillent le plus souvent dans leur bureau.

En tant que personne je suis plus ou moins intéressée par l'inclusion quand :

- je recherche activement la compagnie des gens ;
- j'aime faire partie de groupes ou d'associations ;
- j'associe les autres à mes projets ;
- j'ai des gens autour de moi ;

et aussi quand je suis invité par les autres à :

- me joindre à eux ;
- faire des choses avec eux ;
- être associé à leurs activités ;
- participer à leur discussion ;
- être invité pour des soirées ou lors de temps libre.

Pour être satisfaisante dans la dimension de l'inclusion, la relation doit être confortable sur le plan psychologique selon une double perspective :

- quand la personne est à l'initiative du comportement d'inclusion envers les autres ;
- quand la personne reçoit des comportements d'inclusion de la part des autres.

Dans un cas l'individu est en situation d'émetteur, dans l'autre en situation de récepteur du comportement d'inclusion. Par ailleurs, les comportements émetteurs, comme les comportements récepteurs, peuvent s'effectuer sur une échelle allant d'un niveau d'interaction minimum à un niveau d'interaction maximum.

Plus concrètement, la satisfaction peut provenir de comportements ou d'intentions allant de :

- en situation d'émetteur : « J'initie et je suis à l'origine d'interactions avec tout le monde » à « Je n'initie d'interactions avec personne » ;

- en situation de récepteur : « Les autres initient toujours des interactions avec moi » à « Les autres n'initient jamais d'interactions avec moi ».

La satisfaction découle de l'action d'associer les autres ou d'être intégré par eux selon un degré personnel choisi. Sauf cas particuliers, la personne n'est jamais complètement en situation de récepteur ou d'émetteur. De la même manière elle est rarement figée sur la position forte ou faible. La plupart du temps chacun a la possibilité de choisir son rôle et son degré d'engagement. Par ailleurs les situations de la vie comme les situations professionnelles invitent à s'adapter.

Tableau 5.1 – Les quatre pôles du comportement d'inclusion

	Inclusion faible	Inclusion forte
Émetteur	« Je n'initie d'interactions avec personne. »	« J'initie et je suis à l'origine d'interactions avec tout le monde. »
Récepteur	« Les autres n'initient jamais d'interactions avec moi. »	« Les autres initient toujours des interactions avec moi. »

Quand l'organisation ou le leader agissent sur le levier de la participation, ils interviennent dans le domaine de l'inclusion. Ils invitent les personnes à établir des contacts et des échanges. Chacune peut être reconnue et intégrée dans un groupe de travail, une équipe, l'unité ou l'entreprise. La personne peut alors créer des relations satisfaisantes pour elle dans la mesure où son besoin personnel d'inclusion est satisfait. Quand, au contraire, la participation fait défaut les individus n'ont pas la possibilité de se sentir satisfaits et peuvent éprouver des sentiments de malaise.

Il est important pour le leader de pouvoir se mouvoir sur toute la largeur du spectre du comportement d'inclusion. Pour lui, l'enjeu est d'être à l'aise aussi bien en tant qu'émetteur ou que récepteur. En même temps, le leader est capable de choisir le degré d'implication en fonction de ce qu'il perçoit de la situation. Ces qualités de souplesse lui permettent de s'adapter à chacun de ses interlocuteurs. Il a ainsi la possibilité de maintenir un lien d'inclusion adapté à chaque membre de son équipe.

© Dunod – La photocopie non autorisée est un délit

➤ L'influence

La dimension de l'influence est en rapport avec l'impact que la personne souhaite exercer sur elle ou sur les autres. Cette dimension s'est constituée assez tôt dans l'évolution de la personne. Le besoin sous-jacent est d'établir et de maintenir une relation satisfaisante en termes de contrôle, d'influence ou de pouvoir. Depuis l'enfance, tout individu a eu l'occasion d'expérimenter son influence sur l'environnement, ou celle à laquelle il est soumis dans différents contextes. Cela a débuté avec ses relations familiales, l'école, les éducateurs, et bien d'autres situations.

Selon une image spatiale, l'influence peut être illustrée par les positions dessus-dessous ou dominant-dominé. Cette dimension se manifestent quand il s'agit d'exercer son autorité, son impact ou son pouvoir sur les situations ou sur les autres. Certaines personnes aiment les responsabilités, apprécient de prendre les choses en mains, sont à l'aise pour conduire les autres et leur indiquer quoi faire. D'autres préfèrent être guidées ou orientées. Elles sont plus à l'aise quand on prend des décisions pour elles.

En tant que personne je suis plus ou moins intéressé par l'influence dans les situations suivantes :

- je domine en présence des autres ;
- j'amène les gens à faire ce que je souhaite ;
- j'influence les autres dans leur action ;
- j'influence les idées des autres ;
- je prends les choses en main en société ;
- je prends la direction des opérations dans le travail ;
- j'obtiens des gens qu'ils fassent les choses à ma façon.

et aussi quand les autres :

- m'invitent à choisir leurs activités ;
- influencent mes actes ;
- me mènent facilement ;
- décident pour moi ;
- m'influencent par ce qu'ils disent ;
- prennent les choses en mains dans le travail.

Pour être satisfaisante dans la dimension de l'influence, la relation doit être confortable sur le plan psychologique selon une double perspective :

- quand la personne est à l'initiative du comportement d'influence envers les autres ;
- quand la personne reçoit des comportements d'influence de la part des autres.

Dans un cas l'individu est en situation d'émetteur, dans l'autre en situation de récepteur du comportement d'influence. Par ailleurs les comportements émetteurs, comme les comportements récepteurs, peuvent s'effectuer sur une échelle allant d'un niveau d'influence minimum à un niveau d'influence maximum.

Plus concrètement, la satisfaction peut provenir de comportements ou d'intentions allant de :

- en situation d'émetteur : « J'influence tous les comportements des autres » à « Je n'influence aucun comportements chez les autres » ;
- en situation de récepteur : « Les autres influencent toujours mes comportements » à « Les autres n'influencent jamais mes comportements ».

La satisfaction découle de l'action d'influencer les autres ou d'être influencé par eux selon un degré personnel choisi. Sauf cas particuliers, la personne n'est jamais complètement influencée par les autres ou en situation d'influence totale. La plupart du temps chacun peut avoir la possibilité de choisir son rôle et son degré d'influence.

Tableau 5.2 – Les quatre pôles du comportement d'influence

	Influence faible	Influence forte
Émetteur	« Je n'influence aucun comportements chez les autres. »	« J'influence tous les comportements des autres. »
Récepteur	« Les autres n'influencent jamais mes comportements. »	« Les autres influencent toujours mes comportements. »

Quand l'organisation ou le leader agissent sur le levier de la responsabilisation, ils interviennent dans le domaine de l'influence. Ils invitent les personnes à agir sur l'environnement, à prendre des

© Dunod – La photocopie non autorisée est un délit

responsabilités ou des initiatives. Les personnes peuvent alors exercer leurs choix, décider, orienter le travail du groupe, de l'équipe, de l'unité ou de l'entreprise. La personne peut alors créer des relations satisfaisantes pour elle dans la mesure où son besoin personnel d'influence est satisfait. Quand, au contraire, la responsabilisation fait défaut les individus n'ont pas la possibilité d'intervenir et de jouer un rôle actif sur la situation.

La détermination personnelle, ou le choix, sont reliés à la dimension de l'influence. C'est la possibilité d'agir et de choisir soi-même ses propres actions. Le concept de choix est fondamental. Quand les personnes peuvent agir par elles-mêmes, la confiance se développe. Plus les personnes ont fait l'expérience de pouvoir influencer et contrôler les événements de leur vie, plus elles ont acquis de la confiance en elle-même. Plus l'entreprise confie des responsabilités, plus elle sera efficace car les personnes seront satisfaites de pouvoir exercer leur capacité de choix. En revanche quand les individus se sentent désarmés, quel que soit leur niveau hiérarchique, ils ont tendance à se raccrocher à la moindre parcelle de pouvoir qu'ils peuvent détenir.

Pour l'exercice du leadership, il est fondamental d'aimer exercer l'influence sur les autres et sur l'environnement. En même temps, il est facile de concevoir combien il est capital de permettre aux autres de l'exercer selon leur niveau d'aspiration.

Pour cela le leader doit savoir se mouvoir sur toute la largeur du spectre du comportement d'influence. Pour lui l'enjeu est d'être à l'aise aussi bien en tant qu'émetteur ou que récepteur. Il n'exerce pas le pouvoir pour le pouvoir. Cela signifie qu'il est prêt à influencer comme à être influencé. En même temps, le leader est capable de choisir le degré de responsabilisation en fonction de ce qu'il perçoit de la situation. Ses qualités de souplesse lui permettent de s'adapter à chacun de ses interlocuteurs. Il a ainsi la possibilité de responsabiliser chaque membre de son équipe. Le leader, comme l'organisation, a un rôle clé à jouer pour maintenir un niveau toujours optimum de mise en pouvoir des personnes afin de contribuer à leur développement.

➤ L'ouverture

Nous avons déjà eu l'occasion de développer le concept d'ouverture dans les chapitres précédents. Nous abordons ici le fondement psychologique de cette dimension de base des comportements.

L'ouverture se réfère à l'expression de soi, de ses sentiments, émotions, pensées et opinions. Dans un climat d'ouverture, les personnes s'impliquent, les relations sont plus affectives et sincères, les échanges plus intimes. Si l'inclusion a un rapport avec le nombre de contact établis par une personne, l'ouverture quand à elle n'est pas liée à une fréquence particulière. Elle est en relation avec la nature plus ou moins profonde et sincère de la relation.

Selon une représentation spatiale, cette dimension correspond à l'ouverture-fermeture et au fait d'être proche ou éloigné.

En tant que personne je suis plus ou moins intéressée par l'ouverture dans les situations suivantes :

- je me confie à des amis ;
- je suis tout à fait honnête et sincères avec mes amis ;
- je me sens à l'aise lorsque les gens gardent leur distance ;
- je fais part de mes secrets à certaines personnes ;
- j'ai une part de moi-même que je ne dévoile à personne ;
- j'ai quelques amis à qui je dis tout ;
- j'ai des relations proches avec un petit nombre de personnes.

et aussi quand :

- j'ai des amis qui partagent leurs sentiments avec moi ;
- j'écoute mes amis parler de leurs problèmes personnels ;
- j'ai des amis qui se confient à moi, qui partagent leurs sentiments profonds ;
- je pense que les gens devraient garder leurs sentiments pour eux ;
- j'ai des amis qui me font part de ce qu'ils ressentent, qui parlent de leur vie privée.

Comme pour les dimensions précédentes, chaque individu a ses propres préférences en matière d'ouverture. Cette dimension comportementale de base est reliée au besoin interpersonnel d'affection. Tout individu a besoin de maintenir des relations affectives satisfaisantes avec les autres. Cela signifie que la relation doit être confortable sur le plan psychologique selon une double perspective :

- quand la personne est à l'initiative du comportement d'ouverture envers les autres ;

© Dunod – La photocopie non autorisée est un délit

- quand la personne reçoit des comportements d'ouverture de la part des autres.

En même temps, les comportements émetteurs, comme les comportements récepteurs, peuvent s'effectuer sur une échelle allant d'un niveau d'interaction minimum à un niveau d'interaction maximum.

Plus concrètement, la satisfaction peut provenir de comportements ou d'intentions allant de :

- en situation d'émetteur : « J'initie des relations proches et personnelles avec tout le monde » à « Je n'initie aucune relation proche avec personne » ;
- en situation de récepteur : « Les autres initient toujours des relations proches et personnelles avec moi » à « Les autres n'initient jamais de relations proches et personnelles avec moi ».

Tableau 5.3 – Les quatre pôles du comportement d'ouverture

	Ouverture faible	**Ouverture forte**
Emetteur	« Je n'initie aucune relation proche avec personne. »	« Jinitie des relations proches et personnelles avec tout le monde. »
Récepteur	« Les autres n'initient jamais de relations proches et personnelles avec moi. »	« Les autres initient toujours des relations proches et personnelles avec moi. »

Le levier de la transparence est déterminant pour l'établissement de la confiance et pour le développement de la dimension humaine dans l'entreprise. Il agit sur l'ouverture, crée des relations honnêtes et sincères. En s'ouvrant à soi-même et aux autres, chacun contribue à créer un climat relationnel permettant d'aborder les problèmes techniques mais aussi, et surtout, les difficultés humaines. La confiance est spécifiquement humaine.

Lorsque l'organisation facilite un climat d'ouverture, de transparence ou d'honnêteté elle répond à un besoin psychologique interpersonnel. L'individu perçoit qu'il n'existe pas seulement comme acteur d'un système qui tente de canaliser et de mobiliser ses motivations. Il existe surtout en tant que personne humaine.

PAUSE POUR LA RÉFLEXION

À la suite de tout ce que vous avez découvert dans ce chapitre, cet exercice[1] de réflexion vous invite à vous interroger sur :

- vos comportements actuels à l'égard des autres ;
- vos comportements souhaités à l'égard des autres ;
- les comportements actuels des autres à votre égard ;
- les comportements souhaités des autres à votre égard.

Il vous suffit de remplir le tableau 5.4.

Pensez à votre situation professionnelle actuelle. Pour évaluer chaque comportement portez un chiffre compris entre 0 et 9 (0 signifie je ne suis pas d'accord et 9 je suis d'accord). En évaluant avec une valeur chiffrée chacun des items vous avez la possibilité de mieux comprendre vos comportements et de mieux vous connaître. Les chiffres sont uniquement là pour refléter votre perception de vous-même. Ils ne sont pas une fin en soi. Dans le choix du score prêtez une égale attention à vos pensées et sentiments. Votre réaction dans le choix d'un chiffre est aussi importante que le chiffre lui-même. Observez votre réaction et vous pourrez apprendre quelque chose sur vous-même et ce que vous souhaitez être.

- Inclus : a des activités avec, fais des choses avec…
- Influence : prend les choses en main, a de l'impact sur…
- Ouvert : est sincère, exprime ses vrais sentiments et opinions…

Le ressenti ou les perceptions interpersonnelles

En parallèle et sous-jacents aux comportements se trouvent les perceptions et les sentiments. Ces deux termes se réfèrent aux impressions ressenties en présence des autres et vis-à-vis de soi-même. Ces sentiments et impressions ont des effets sur les comportements et sur l'image de soi. Ceci signifie que les comportements d'une personne à l'égard des autres dépendent :

- du ressenti à l'égard de l'autre ;
- du ressenti de l'autre à l'égard de soi ;
- du ressenti à l'égard de soi-même.

1. À partir de la charte Élément B, © Will Schutz Associates, © Cegos, *L'Élément Humain* ® traduit et adapté de l'américain par la Cegos.

© Dunod – La photocopie non autorisée est un délit

Tableau 5.4 – Exercice sur les comportements

Je ne suis pas d'accord → 0 1 2 3 4 5 6 7 8 9 ← Je suis d'accord		
Comportement	Comment je me perçois dans mon travail. 0 1 2 3 4 5 6 7 8 9	Quelles remarques puis-je formuler à propos de ce score ?
J'inclus les gens.		
Je souhaite inclure les gens.		
Les gens m'incluent.		
Je souhaite que les gens m'incluent.		
J'influence les gens.		
Je souhaite influencer les gens.		
Les gens m'influencent.		
Je souhaite que les gens m'influencent.		
Je suis ouvert avec les gens.		
je souhaite m'ouvrir avec les gens.		
Les gens s'ouvrent à moi.		
Je souhaite que les gens s'ouvrent à moi.		

© Cegos L'Élément Humain ®

En même temps, les comportements entre les personnes laissent à celles-ci des impressions et des sentiments sur chacune d'elle.

Le ressenti est constitué d'intuitions et d'éléments subjectifs liés aux perceptions, aux sentiments, aux croyances personnelles de chacun, à l'image de soi et à l'estime de soi. Le ressenti est déterminant dans la relation et dans le comportement. On ne peut comprendre les relations humaines si on ne tient pas compte du ressenti. Celui-ci existe en parallèle avec le comportement. Les perceptions ressenties correspondant aux dimensions de l'inclusion, de l'influence et de l'ouverture sont respectivement : l'importance, la compétence et l'amabilité.

➤ L'importance

Le sentiment d'importance, ou la perception d'être important, est lié au comportement interpersonnel d'inclusion. Cela signifie qu'inclure l'autre dans des activités avec soi lui procure un sentiment d'importance. Par exemple, cette dimension de la perception ou des sentiments se rapporte au fait d'être digne ou pas d'attention, d'être signifiant ou insignifiant aux yeux des autres, d'être connu ou inconnu. C'est aussi le sentiment qui entre en jeu chez les personnes qui n'osent pas empiéter sur le temps des autres, elles auraient l'impression d'entrer dans un espace-temps qui n'est pas le leur. En oubliant le nom de quelqu'un on met en doute son importance.

En tant que personne je suis plus ou moins concerné par le sentiment d'importance quand :

- je m'intéresse aux autres ;
- je trouve que chaque personne a une valeur en soi ;
- je trouve que les gens signifient quelque chose pour moi ;
- je ne me sens pas indifférent vis-à-vis des gens ;
- je me soucie des autres, je me sens concerné par les autres ;
- je suis fasciné, stimulé par les autres.

L'importance est aussi en jeu pour moi quand les autres :

- s'intéressent à moi ;
- me trouvent une valeur ;
- trouvent que je signifie quelque chose pour eux ;
- ne se sentent pas indifférents vis-à-vis de moi ;
- se soucient de moi, se sentent concernés par moi ;
- sont fascinés, stimulés par moi.

> Dans l'exemple de l'entreprise ABC, les 42 collaborateurs de la direction des Ressources humaines furent associés, inclus, à la recherche de solutions pour améliorer le fonctionnement de cette équipe. Ils en ont retiré le sentiment d'être perçus par leur entreprise comme des gens importants. Par

© Dunod – La photocopie non autorisée est un délit

ailleurs, les clients internes eurent aussi la même réaction en découvrant qu'ils participaient à une enquête. Ce sentiment s'est renforcé par la suite avec la nomination d'un Responsable Client RH pour chaque département client interne de l'entreprise. Ce responsable initie l'inclusion en allant sur le lieu même de son client et participe avec lui aux activités RH. Le client interne et le responsable se sentent valorisés par cette démarche où l'initiative de l'inclusion est prise par le département RH.

La peur sous-jacente par rapport aux autres, liée à la dimension de l'inclusion, est la peur d'être ignoré. Cette peur se réveille chaque fois que la personne a le sentiment de ne pas être importante aux yeux des autres. Nous avons précédemment expliqué comment la confiance et la peur sont deux expériences primaires de tout individu. Chaque fois que la personne est incluse, associée aux activité avec les autres elle a la possibilité de se sentir importante pour les autres. En revanche chaque fois qu'elle sera exclue, non-consultée, la peur de se sentir ignorée a de grandes chances d'apparaître. Dans le premier cas, le levier de la confiance agit sur le sentiment d'importance et repousse la crainte d'être ignoré. Dans le deuxième cas la peur se manifeste et peut bloquer la possibilité de créer la confiance.

Quand la DRH de ABC prend en compte les attentes de ses clients internes, elle met fin à leur sentiment d'être ignorés. Ils peuvent dès lors commencer à se sentir important, la coopération peut apparaître. Dans la mesure où elle est sincère, cette attention portée au client crée le sentiment de confiance.

➤ La compétence

Le sentiment, ou la perception de compétence est liée à la dimension de l'influence. Cette perception n'est pas liée à la véritable compétence de la personne mais à l'idée que les autres peuvent s'en faire. Il s'agit d'une représentation subjective. Une personne peut posséder des diplômes de haut niveau et être perçue comme peu compétente aux yeux des autres. Au contraire, quelqu'un ne possédant aucun diplôme pourra être vu comme compétent. Les croyances interviennent beaucoup dans le champ de la perception, aussi chacun imagine-t-il à sa façon les critères de la compétence selon lui. Ce sentiment entre en jeu chez les personnes qui pensent que leur travail est en adéquation avec leurs aptitudes. Le fait de voir les autres comme capables, forts, intelligents ou au contraire idiots ou fumistes relève du sentiment de compétence. En fonction de ces représentations les comportements seront différents.

En tant que personne je suis concerné par le sentiment de compétence quand :

- je peux me fier au jugement des autres ;
- je doute des capacités des autres ;
- j'admire la capacité des autres ;
- je suis suspicieux de la compétence des autres ;

et aussi quand :

- les autres ont confiance en mes capacités ;
- les autres peuvent se fier à mon jugement ;
- les autres admirent ma compétence ou mes aptitudes ;
- les autres doutent de ma capacité ou de mes jugements.

> En associant les collaborateurs de l'entreprise ABC, nous avons pu créer chez eux un sentiment d'importance. Passé ce premier objectif nous les avons invités à co-produire avec nous leur plan d'action. En les considérant comme compétents pour mener leur changement nous avons agi en leur permettant d'exercer leur influence en laissant le choix des solutions aux acteurs eux-mêmes. La responsabilisation a permis à chacun d'œuvrer pour trouver les solutions les plus adaptées. Chacun a pu se sentir conforté dans son sentiment d'être important et compétent, c'est-à-dire capable de faire face à la situation.

La peur sous-jacente par rapport aux autres, correspondant à cette dimension, est la peur d'être vulnérable, embarrassé ou humilié. Cette peur se réveille chaque fois que la personne a le sentiment de ne pas être compétente ou à la hauteur aux yeux des autres. Chaque fois que la personne peut exercer son influence sur les autres, ou sur l'environnement, elle a la possibilité d'être perçue comme compétente. En revanche chaque fois qu'elle n'aura pas la possibilité d'influer sur les choix ou les décisions alors la crainte d'être humiliée a de grandes chances d'apparaître. Dans le premier cas, le levier de la confiance agit sur le sentiment de compétence et repousse la peur d'être humilié. Dans le deuxième cas, la peur se manifeste et peut bloquer la possibilité de créer la confiance.

© Dunod – La photocopie non autorisée est un délit

➤ L'amabilité

Ce sentiment d'amabilité est lié à la dimension de l'ouverture. Cette perception est la plus subjective de toute. Le sentiment de sympathie ou d'antipathie ne se fonde pas forcément sur des critères objectifs, même si parfois on peut le croire. Il y a des situations où les personnes se sentent attirées par d'autres, parfois repoussées et la plupart du temps il est assez difficile de comprendre pourquoi.

Le sentiment ou la perception de l'autre comme aimable ou sympathique est le fruit d'une atmosphère relationnelle dans laquelle l'individu s'apprécie lui-même. Cela se produit quand les acteurs sont ouverts, quand ils ont la possibilité de se parler franchement, quand ils sont chaleureux ou humains.

En tant que personne je perçois le sentiment d'amabilité quand :

- je me sens chaleureux envers les autres ;
- je ressens de l'affection pour les autres ;
- je me sens proche des autres ;
- je suis amical, j'éprouve de la sympathie ;
- j'aime, j'apprécie les autres.

Et aussi quand les autres

- se sentent chaleureux envers moi ;
- ressentent de l'affection pour moi ;
- se sentent proches de moi ;
- sont amicaux, éprouvent de la sympathie pour moi ;
- m'aiment, m'apprécient.

Le sentiment de sympathie ou d'amabilité est perçu chaque fois que l'atmosphère relationnelle est celle de la transparence et de la sincérité entre les personnes. Nous souhaitons souligner combien le levier d'ouverture est capital et puissant pour la confiance. Il agit au cœur de l'individu en créant un sentiment fort où celui-ci s'apprécie en tant que personne. Ce point est extrêmement important car il a un rapport très fort avec l'estime de soi.

> Le dialogue franc entre tous les acteurs de la DRH de l'entreprise ABC fut aussi un paramètre clé dans la réussite de l'action. Jusque là l'habitude était de s'ouvrir peu, de garder une certaine réserve par rapport aux problèmes.

Le respect de la hiérarchie, et de l'ordre établi était renforcé aussi par une culture régionale où on ne montre pas ses sentiments. Il y est difficile d'aborder les problèmes par crainte de blesser l'autre. Sans bousculer le système ni les valeurs traditionnelles de cette entreprise, les personnes ont pu s'ouvrir juste à la mesure des enjeux. Chacun a pu constater que ses opinions, pensées et sentiments étaient accueillis avec respect de la part des autres et notamment de la hiérarchie. Le but n'était pas de blâmer qui que ce soit à propos des dysfonctionnements anciens. Le but était de résoudre le problème. Ainsi furent mises en commun les énergies de l'ensemble des acteurs ayant un rôle clé dans la décision. Le climat de transparence et de sincérité a donné à chaque personne présente le sentiment d'être appréciée. Chacun a perçu combien la crainte de blesser qui que ce soit n'était qu'une croyance. En se parlant franchement et ouvertement les problèmes se résolvent plus rapidement.

Par rapport à l'amabilité, la peur sous-jacente dans la relation à l'autre est la peur d'être rejeté ou pas aimé. Cette peur se réveille chaque fois que la personne a le sentiment de ne pas être appréciée des autres. Par contre, chaque fois que la personne se trouve dans une relation où l'autre est ouvert, sincère, chaleureux alors l'amabilité et la sympathie peuvent apparaître. En revanche, quand l'ouverture fait défaut, quand la sincérité est absente, ou quand la vérité est cachée, le sentiment d'être rejeté, pas aimé ou pas apprécié peut apparaître. La confiance n'a dès lors aucune chance de se frayer un chemin entre les personnes.

Dans ce chapitre nous avons utilisé les termes « perception », « sentiment » et « ressenti ». En réalité, pour décrire cette dimension émotionnelle sous-jacente aux comportements, le mot le plus adapté est celui de « ressenti ». Le vocable « sentiment » peut en effet entretenir une certaine confusion. Pour être rigoureux, le terme « sentiment » se réfère surtout aux émotions telles que la peur, la joie, la tristesse et la colère. Une personne peut éprouver ces sentiments dans chacune des dimensions comportementales. Ainsi la peur s'exprime aussi bien en rapport avec l'inclusion, l'influence ou l'ouverture. Il en va de même pour la joie, la tristesse et la colère.

Le terme « ressenti » est plutôt réservé aux perceptions émotionnelles dans la relation et en rapport avec la dimension concernée. Ainsi le ressenti perçu dans les comportements d'inclusion est l'importance ; avec l'influence il s'agit de la compétence ; en rapport avec l'ouverture il s'agit de la sympathie.

© Dunod – La photocopie non autorisée est un délit

PAUSE POUR LA RÉFLEXION

À la suite de tout ce que vous avez découvert dans ce chapitre, cet exercice[1] de réflexion vous invite à vous interroger sur :

- vos perceptions actuelles à l'égard des autres ;
- vos perceptions souhaitées à l'égard des autres ;
- les perceptions actuelles des autres à votre égard ;
- les perceptions souhaitées des autres à votre égard.

Il vous suffit de remplir le tableau 5.5, page suivante.

Pensez à votre situation professionnelle actuelle. Pour évaluer chaque perception portez un chiffre compris entre 0 et 9 (0 signifie je ne suis pas d'accord et 9 je suis d'accord). En évaluant avec une valeur chiffrée chacun des items vous avez la possibilité de mieux comprendre vos perceptions, vos sentiments, et de mieux vous connaître. Les chiffres sont uniquement là pour refléter votre perception de vous-même. Ils ne sont pas une fin en soi. Dans le choix du score prêtez une égale attention à vos pensées et sentiments. Votre réaction dans le choix d'un chiffre est aussi importante que le chiffre lui-même. Observez votre réaction et vous pourrez apprendre quelque chose sur vous-même et ce que vous souhaitez être.

- Important : qui a de la valeur, pris en considération…
- Compétent : capable, qui sait faire face…
- Aime bien : se sent bien avec, apprécie la compagnie de…

Le concept de soi

Le concept de soi correspond à l'identité personnelle. Une part de celle-ci est consciente, connue du sujet, une autre part est inconsciente, le sujet ne la connaît pas. Cette notion de concept de soi est issue de différents courants psychologiques et psychanalytiques, lesquels ne sont pas toujours complètement en phase sur le plan des théories. Concept de soi est la traduction de *self,* ou *self concept.* Le soi et le moi sont des concepts différents. Pour sa part, Schutz donne une définition du concept de soi en fonction de sa théorie Firo.

1. À partir de la charte Élément B, © Will Schutz Associates, © Cegos, *L'Élément Humain* ® traduit et adapté de l'américain par la Cegos.

Tableau 5.5 – Exercice sur les perceptions et les sentiments

Je ne suis pas d'accord → 0 1 2 3 4 5 6 7 8 9 ← Je suis d'accord		
Le ressenti	Comment je me perçois dans mon travail. 0 1 2 3 4 5 6 7 8 9	Quelles remarques puis-je formuler à propos de ce score ?
Je trouve que les gens sont importants.		
Je souhaite trouver que les gens sont importants.		
Les gens me trouvent important.		
Je souhaite que les gens me trouvent important.		
Je trouve que les gens sont compétents.		
Je souhaite trouver que les gens sont compétents.		
Les gens me trouve compétent.		
Je souhaite que les gens me trouvent compétent.		
J'aime bien les gens.		
je souhaite bien aimer les gens.		
Les gens m'aiment bien.		
Je souhaite que les gens m'aiment bien.		

© Cegos L'Élément Humain ®

Jusqu'à présent nous avons découvert les comportements et les perceptions de soi à l'égard des autres et, des autres à l'égard de soi. Avec le concept de soi nous envisageons les comportements et les perceptions à l'égard de soi-même. C'est-à-dire : comment les trois dimensions de base des comportements, inclusion, influence, ouverture, et les perceptions d'importance, de compétence et d'amabilité s'appliquent à soi.

© Dunod – La photocopie non autorisée est un délit

Le concept de soi est une notion de psychologie qui relève de l'identité de la personne. Bien que l'individu se développe tout au long de sa vie, il est maintenant admis que l'enfance constitue une période capitale. Au cours de celle-ci sont vécues les expériences majeures concernant la personnalité et le concept de soi.

Chacun de nous a vécu dans un environnement caractérisé par les dimensions de l'inclusion, de l'influence et de l'ouverture. En même temps, nous avons reçu des messages verbaux et non verbaux nous renvoyant une image particulière en termes d'importance, de compétence ou d'amabilité. Le soi s'est constitué sur la base de l'interaction entre soi et les autres. Bien entendu il s'agit d'un développement interactif fondé sur ce que chacun perçoit ou imagine percevoir de la réalité et des autres.

Aujourd'hui encore, la perception des autres influence la compréhension de leurs comportements et du ressenti. En même temps, la perception des autres influence aussi leurs comportements en fonction de ce qu'ils perçoivent. Par ailleurs ce que chacun perçoit dans la situation est aussi dépendant de ce que chacun ressent à propos de lui-même, de son concept de soi. Souvent cette perception n'est pas consciente.

Concept de soi, sentiments, perceptions, et comportements entre deux personnes forment un système cohérent. Pour l'illustrer prenons l'exemple de la situation entre Gérard et Isabelle, avec qui nous avons illustré plus haut les niveaux d'ouverture.

> Pour des raisons liées au passé de l'entreprise, Gérard percevait de manière assez négative son arrivée au poste de directeur du Marketing dans la nouvelle organisation (méfiance).
>
> Gérard avait peur (sentiment) d'être rejeté (abandonné) par l'entreprise, mais aussi par Isabelle (peur de ne pas être apprécié).
>
> Il avait l'impression qu'elle le percevait (perception) comme « un vieux schnock, un vieux con radoteur » (pas compétent).
>
> Cette impression était fondée sur le fait que Gérard constatait qu'Isabelle ne tenait pas compte de son expérience (perception d'être ignoré), ne l'écoutait pas, ne le reconnaissait pas (pas d'inclusion). À partir de là, il ressentait de la colère et de la crainte (sentiment, peur).
>
> Il en concluait que les actions d'Isabelle ne marcheraient pas. En aparté Gérard s'épanchait : « Ils n'y connaissent rien, ils n'ont pas d'expérience ; ce

n'est pas comme ça qu'il faut faire » (perception liée à la compétence). En même temps, il l'accusait d'être « froide » (perception de non amabilité).

Mais, de tout cela, Gérard n'a rien dit pendant longtemps, il gardait tout pour lui, aussi bien ce qu'il ressentait que ce qu'il pensait (comportement de non-ouverture).

Grâce au travail de prise de conscience avec les niveaux d'ouverture, Gérard comprend comment son concept de soi est menacé. Les peurs d'être rejeté ou abandonné détermine ses perceptions et comportements envers Isabelle.

Isabelle quant à elle se sent menacée sur le plan de la compétence. Le contexte de réorganisation et sa relation avec Gérard déterminent aussi ses perceptions et comportements.

Ainsi, de son côté, face à cette situation, Isabelle ne dit rien à Gérard pendant longtemps (pas d'ouverture).

Mais elle aussi se plaint à d'autres personnes : « Il est archaïque, il ne pense qu'au passé, il ne veut pas voir les méthodes nouvelles» (perception de non-compétence). Elle pense même qu'il ne veut pas l'aider pour réussir (non-inclusion).

Alors elle ressent de la non-reconnaissance (ignorée) et de la colère (sentiment).

Elle imagine qu'il ne veux pas reconnaître sa compétence ni qu'elle peut réussir avec des idées différentes (peur d'être perçue comme incompétente).

Elle croit que Gérard a l'impression (perception) qu'elle veut lui prendre sa place (exclure Gérard).

En réalité ses attitudes et comportements sont mus par la peur de ne pas y arriver, de ne pas réussir et de passer pour incompétente (peur d'être humiliée).

Leurs peurs respectives ont joué un rôle déterminant dans leurs attitudes à tous les deux. La confiance ne pouvait s'installer car les craintes ne favorisaient pas l'ouverture. À la place la méfiance s'était développée.

La connaissance de soi permet de mieux anticiper ses réactions en fonction des situations. Dans l'approche Élément Humain de Will Schutz le concept de soi est composé de six facettes à partir des dimensions :

© Dunod – La photocopie non autorisée est un délit

- de l'inclusion, de l'influence et de l'ouverture pour ce qui concerne les comportements ;
- de l'importance, de la compétence et de l'amabilité pour les perceptions et sentiments.

Ces six facettes constituant le concept de soi sont les six leviers personnels de la confiance.

➤ L'inclusion de soi : la présence

Cette facette du concept de soi correspond à la façon dont un sujet s'inclut globalement lui-même à sa propre existence, et de manière concrète à chaque instant vécu. Etre présent, c'est participer à la situation de tout son être, ici et maintenant. La personne investit son énergie dans ce qu'elle fait. Elle est concentrée. Son corps, ses pensées, ses sentiments sont impliqués dans l'événement. Elle est en pleine possession de ses moyens.

À l'opposé, une faible présence montre un certain détachement de la situation ou de l'événement vécu. S'éparpiller, faire plusieurs choses en même temps sans s'investir totalement dans l'une d'elle peut révéler une faible présence.

Parfois la personne se sent bien moins présente qu'elle ne le souhaite, elle s'ennuie, se sent fatiguée, démotivée, insensible, rien ne semble pouvoir la mobiliser. Parfois elle peut se sentir au contraire trop présente, hypersensible aux événements, hyperactive dans les situations. Les sentiments vécus sont exacerbés, insupportables et source de souffrance.

La présence optimum correspond au niveau d'implication souhaité dans une situation. Cela signifie de savoir trouver le niveau désiré entre l'intense présence et le détachement.

En tant que personne, ma présence peut se traduire concrètement dans les situations suivantes :

- je donne toute mon attention à ce qui est en train de se passer ;
- je suis très énergique ;
- je me sens plein de vie ;
- je sens que je suis une personne stimulante.

À l'inverse, les situations suivantes traduisent plutôt une faible présence :

- je suis facilement distrait ;
- je dors beaucoup, parfois je ne me sens pas vivant ;
- je me sens souvent fatigué ;
- je m'ennuie souvent ;
- vivre ou mourir n'a pas d'importance.

La présence, première facette du concept de soi intervient dans la mise en œuvre de la confiance en tant que principe de base. En sollicitant la participation des personnes, les leaders ou l'organisation vont faire en sorte que chacun dans l'entreprise investisse le niveau optimum d'énergie. Le sens de cette action se comprend désormais car elle agit au niveau du concept de soi de l'individu et de l'estime de soi que nous abordons plus loin.

➤ L'influence de soi : la détermination personnelle

S'influencer soi-même signifie déterminer sa propre existence, exercer ses choix. La détermination personnelle intervient dans le choix de sa vie, de ses pensées, opinions, sentiments, réactions, émotions ou maladies. À l'opposé une faible détermination personnelle signifie abandonner sa vie, ses pensées, ses sentiments ou réactions à des forces hors de soi. En général on fait appel à la chance, au destin, à toute sorte de raisons qui n'impliquent pas la personne mais qui lui sont extérieures.

On peut avoir l'impression de déterminer complètement sa vie ou au contraire de ne pouvoir en être capable. En réalité, la plupart du temps, on oscille entre ses deux positions.

En tant que personne, ma détermination personnelle peut se traduire concrètement dans les situations suivantes :

- je décide de ma propre destinée ;
- je peux changer à n'importe quel moment ;
- je choisis tout dans ma vie ;
- je choisis mes comportements et mes sentiments.

À l'inverse les situations suivantes traduisent plutôt une faible détermination personnelle :

- ce qui m'arrive est le résultat du hasard ;
- ma vie est déterminée par les événements ;
- ma vie est prédéterminée par l'hérédité.

© Dunod – La photocopie non autorisée est un délit

La détermination personnelle, ou concept de choix, a déjà fait l'objet d'une présentation. Elle constitue un des quatre principes de base pour la mise en œuvre de la confiance, et un des six leviers personnels. En offrant à la personne le pouvoir de déterminer elle-même ses choix, ces leviers opèrent au niveau du concept de soi et de l'estime de soi.

➤ L'ouverture à soi : la prise de conscience

La prise de conscience correspond à la connaissance de soi. Il s'agit de tout ce qu'une personne peut mettre en œuvre pour réduire sa part non consciente d'elle-même. Ceci concerne les comportements, les sentiments, les perceptions, les facettes de son concept de soi, son niveau d'estime de soi, ses mécanismes de défenses pour se protéger, ses points forts, ses limites, ses réactions dans les groupes.

Il y a parfois des expériences où la personne souhaiterait limiter son degré de prise de conscience, notamment lors d'expériences douloureuses, physiques ou morales. À d'autres moments le contraire peut se produire, la personne aimerait mieux comprendre le sens de certaines de ses actions.

La conscience de soi est une part importante de l'ouverture telle que nous l'avons abordée plus haut. La conscience de soi se comprend dans un double mouvement : s'ouvrir à soi-même pour mieux se connaître personnellement et s'ouvrir aux autres pour mieux se comprendre mutuellement.

En tant que personne mon degré d'ouverture vis-à-vis de moi-même peut se traduire concrètement dans les situations suivantes :

- je n'ai pas de secrets pour moi-même ;
- je ne me cache rien ;
- je sais découvrir mes motivations cachées ;
- je me comprends ;
- je me connais bien ;
- je suis conscient des aspects négatifs de moi-même ;
- j'ai conscience de mes sentiments.

La prise de conscience et l'ouverture constituent deux principes de base de la confiance. Ils créent les conditions dans lesquelles les personnes ont la possibilité d'agir selon l'image qu'elles souhaitent avoir d'elles-mêmes. Pour ces raisons, ces deux aspects interviennent comme levier personnel de la confiance. La personne crée elle-même sa propre motivation ou implication dans l'action.

➤ L'importance, la compétence et l'amabilité vis-à-vis de soi

Ces trois facettes du concept de soi reprennent exactement ce que nous avons présenté dans les pages consacrées aux perceptions et ressentis interpersonnels. Ils s'adressent ici à soi-même.

Se sentir important signifie se percevoir soi-même, selon ses propres représentations comme une personne digne d'intérêt, une personne ayant intrinsèquement de la valeur. L'enjeu par rapport à cette facette du soi est de trouver le niveau d'importance que la personne souhaite pour elle.

En tant que personne, mon sentiment d'importance vis-à-vis de moi-même peut se traduire dans les aspects suivants :

- je sens que je suis important ;
- je sens que je suis une personne intéressante ;
- je me sens digne d'attention ;
- je sens que j'ai de la valeur.

Se sentir compétent signifie se sentir à la hauteur, capable de résoudre les situations qui se présentent à soi. L'enjeu est de trouver le juste niveau de compétence que la personne souhaite atteindre. Dans certains domaines elle pourra rechercher un niveau plus élevé que dans d'autres champs où elle saura faire face en demandant de l'aide.

En tant que personne, mon sentiment de compétence vis-à-vis de moi-même peut se traduire dans les aspects suivants :

- je peux me fier à mon propre jugement ;
- j'ai confiance en mes propres capacités ;
- je crois en ma propre compétence.

Se sentir aimable, s'apprécier soi-même, renvoie à l'idée de s'apprécier soi-même tel qu'on est, d'apprécier sa propre personne et d'avoir des sentiments positifs à son égard. L'enjeu est de trouver le niveau d'amabilité qui convient pour être en bonne relation avec soi-même et avec les autres.

En tant que personne, mon sentiment d'amabilité vis-à-vis de moi-même peut se traduire dans les aspects suivants :

© Dunod – La photocopie non autorisée est un délit

- j'ai un sentiment chaleureux, j'éprouve de l'affection vis-à-vis de moi-même ;
- je me sens sympathique ;
- je me sens bienveillant à mon égard.

À l'inverse j'ai un faible sentiment d'amabilité envers moi quand :

- je ne me sens pas particulièrement sympathique ;
- je me déteste ;
- je ne m'aime pas.

Ces six facettes, présence, détermination, prise de conscience, importance, compétence et amabilité constituent les leviers personnels de la confiance. On comprend dès lors pourquoi ils agissent de manière puissante. Ils constituent tout simplement les facettes du concept de soi. Lorsque, dans une situation donnée, elles sont concernées, touchées, mobilisées, ou activées c'est le concept de soi qui est mis en mouvement dans son ensemble :

- imaginez que votre environnement professionnel vous permettent de vous sentir : impliqué, déterminé, conscient de vous même, important, compétent et aimable ; à votre avis comment vous comporterez-vous dans vos activités et avec les autres ?
- imaginez que votre façon d'exercer le leadership avec votre équipe, permette aux personnes de se sentir impliquées, déterminées, conscientes d'elles-mêmes, importantes, compétentes et aimables. À votre avis quels résultats obtiendrez-vous de votre équipe ?

Le tableau suivant permet de synthétiser les différents aspects étudiés relativement aux dimensions de bases : inclusion, influence et ouverture.

Tableau 5.6 – Quelques aspects de l'orientation fondamentale des relations interpersonnelles

	Inclusion	Influence	Ouverture
Buts et enjeux	Dedans/dehors	Dessus/dessous	Ouvert/fermé
Comportements avec les autres	Intégrer, associer	Influencer	S'ouvrir
Interaction, relation	Rencontrer	Confronter	Embrasser

Perception ou sentiment sous-jacent	Importance	Compétence	Amabilité
Peur par rapport aux autres	Être ignoré, abandonné	Être humilié, embarrassé	Être rejeté, pas aimé
Comportement à l'égard de soi	Vivre, être présent	Décider par soi-même, choisir	Prendre conscience
Peur profonde personnelle	Être insignifiant, sans importance, ne valant pas la peine	Être incompétent, incapable	Être non digne d'amour, ne pas s'aimer, ne pas pouvoir être aimé

PAUSE POUR LA RÉFLEXION

À la suite de tout ce que vous avez découvert dans ce chapitre, cet exercice[1] de réflexion vous invite à vous interroger sur votre concept de soi :

- vos perceptions actuelles à l'égard de vous-même ;
- vos perceptions souhaitées à l'égard de vous-même.

Il vous suffit de remplir le tableau 5.7.

Pensez à votre situation professionnelle actuelle. Pour évaluer chaque perception portez un chiffre compris entre 0 et 9 (0 signifie je ne suis pas d'accord et 9 je suis d'accord). En évaluant avec une valeur chiffrée chacun des items, vous avez la possibilité de mieux comprendre vos perceptions, vos sentiments, et de mieux vous connaître. Les chiffres sont uniquement là pour refléter votre perception de vous-même. Ils ne sont pas une fin en soi. Dans le choix du score prêtez une égale attention à vos pensées et sentiments. Votre réaction dans le choix d'un chiffre est aussi importante que le chiffre lui-même. Observez votre réaction et vous pourrez apprendre quelque chose sur vous-même et ce que vous souhaitez être.

- Présent : centré sur ce que je fais, en contact avec ce qui se passe.
- Détermine : je prends les choses en main, j'influence.
- Conscient : je connais mes sentiments, je me connais bien.
- Important : qui a de la valeur, qui a du sens, pris en considération…
- Compétent : capable, qui sait faire face…
- Aimable : s'apprécie, se sent sympathique…

1. À partir de la charte Élément B, © Will Schutz Associates, © Cegos, *L'Élément Humain* ® traduit et adapté de l'américain par la Cegos.

© Dunod – La photocopie non autorisée est un délit

Tableau 5.7 – Exercice sur le concept de soi

Je ne suis pas d'accord → 0 1 2 3 4 5 6 7 8 9 ← Je suis d'accord		
Concept de soi	Comment je me perçois dans mon travail. 0 1 2 3 4 5 6 7 8 9	Quelles remarques puis-je formuler à propos de ce score ?
Je suis présent.		
Je souhaite être présent.		
Je détermine ma vie.		
Je souhaite déterminer ma vie.		
Je suis conscient.		
Je souhaite être conscient.		
Je me sens important.		
Je souhaite me sentir important.		
Je me sens compétent.		
Je souhaite me sentir compétent.		
Je me sens aimable.		
Je souhaite me sentir aimable.		

© Cegos L'Élément Humain ®

L'estime de soi source de la confiance en soi

Nous avons exploré les comportements, c'est-à-dire comment les personnes agissent les unes envers les autres. Puis nous avons découvert les sentiments ou ce que les personnes ressentent les unes envers les autres. Enfin nous avons abordé le concept de soi c'est-à-dire, les comportements et les ressentis par rapport à soi. Avec l'estime de soi s'ouvre une nouvelle piste de développement et de connaissance de soi.

Le concept de soi et l'estime de soi sont en évolution tout au long de la vie. La connaissance de soi est un moyen d'enrichir et de développer son estime de soi. Plus on se connaît soi-même, plus on découvre des aspects nouveaux de soi et plus on a l'occasion de se percevoir autrement. Ce processus peut être comparé à la visite d'une ville. Elle existe depuis un certain temps, a connu plusieurs époques et s'est enrichie de ses échanges. En même temps, elle est en croissance, évolue, change et se modifie. Plus on visite une ville, plus on découvre des choses jusque là passées inaperçues. Plus on la connaît, plus on peut comprendre sa construction et retracer son histoire. Et plus elle nous dévoilera encore ses secrets.

La connaissance de soi est parfois comprise comme regarder son passé, son enfance, son histoire, comme s'il y avait une vérité absolue cachée. Il y a plusieurs lectures possibles. Comme pour la visite d'une ville cela dépend du plan, du guide touristique, de ceux qui vous accompagnent et de vous-même. Certes le passé a son importance. Mais l'histoire continue dans le présent et dans le futur. Se connaître soi-même et se développer, c'est se comprendre aujourd'hui et construire son futur. L'enjeu est de savoir qu'elle histoire a-t-on envie de vivre et quelle personne souhaite-t-on être.

➤ L'estime de soi

L'estime de soi, dans l'approche de Will Schutz, est le sentiment éprouvé par rapport au concept de soi, c'est-à-dire par rapport à son identité personnelle. Quand une personne ressent qu'il n'y a pas de différence entre ce qu'elle est et ce qu'elle souhaite être, alors elle a un sentiment positif vis-à-vis d'elle-même. Son concept de soi est positif. Ceci lui permet de se sentir aussi vivante, déterminée, consciente, importante, compétente et appréciable qu'elle le souhaite. Plus la personne a un sentiment positif par rapport à son concept de soi plus son estime de soi est élevée. En revanche plus la personne a un sentiment négatif par rapport à son concept de soi plus son estime de soi est faible.

Une estime de soi élevée ne signifie pas se sentir le meilleur, le plus fort, le plus beau, le plus intelligent. Une estime de soi élevée n'a rien à voir avec le fait de se mettre en avant pour éviter d'être ignoré, ni vanter ses résultats pour se rassurer au sujet de sa compétence, pas plus que clamer à tout le monde son amour par souci d'être apprécié. Tous ces exemples sont au contraire les conséquences d'une estime de soi faible.

© Dunod – La photocopie non autorisée est un délit

La personne compense l'écart entre ce qu'elle pense être et ce qu'elle aimerait devenir.

L'estime de soi pâtit chaque fois qu'un écart existe entre l'identité personnelle actuelle et celle souhaitée. Au contraire, l'estime de soi élevée provient du faible écart entre son concept de soi actuel et le concept de soi souhaité et ceci selon les six dimensions du concept de soi.

- **présence** : je suis présent/je souhaite être présent ;
- **détermination personnelle** : je détermine ma vie/je souhaite déterminer ma vie ;
- **conscience de soi** : je suis conscient/je souhaite être conscient ;
- **importance** : je me sens important/je souhaite me sentir important ;
- **compétence** : je me sens compétent/je souhaite me sentir compétent ;
- **amabilité** : je me sens aimable/je souhaite me sentir aimable.

L'importance de l'écart joue également un rôle. Seule la personne peut savoir en quoi cette différence est significative à ses yeux. Plus l'écart est réduit entre ce que la personne veut pour elle et ce qu'elle perçoit être, plus son estime de soi est élevée.

Avec une estime de soi élevée, la personne sent qu'elle :

- vit avec tout son être, elle est en pleine possession de ses moyens ;
- sent qu'elle choisit sa vie, ses comportements, ses pensées, ses sentiments, sa spontanéité ;
- se connaît, comprend ses comportements, ses sentiments, ses pensées ;
- se sent importante ;
- se sent capable, compétente ;
- se sent sympathique, s'apprécie.

La confiance en soi survient quand la personne ne se leurre pas, ne se ment pas à elle-même, mais quand elle est sincère vis-à-vis d'elle selon les six dimensions du concept de soi.

Cela signifie connaître ses points forts, ses limites et accepter celles-ci sans culpabilité. Cela ne signifie pas n'avoir aucun défaut, ni aucun point faible et être parfait. La connaissance de soi permet de découvrir ses atouts, de comprendre ses insuffisances, de les accepter ou de les limiter selon ses choix. La confiance en soi provient de sa capacité à choisir les niveaux de présence, de détermination, de conscience de soi, d'importance, de compétence et d'amabilité.

Plus l'estime de soi est élevée plus la personne a confiance en elle. La confiance en soi provient du sentiment positif éprouvé à l'égard de soi. Dans les relations aux autres, la confiance en soi permet de créer un climat relationnel où la confiance mutuelle peut se développer.

À l'inverse, un écart entre le soi souhaité et le soi perçu affaiblit l'estime de soi. La perception d'une différence fragilise le concept de soi et crée un sentiment de malaise chez la personne. La plupart du temps cette perception reste non consciente. La personne ne sait pas pourquoi elle vit mal certaines situations. Aussi la réaction la plus simple et la plus évidente consiste à croire que le malaise provient de la situation elle-même, ou de quelqu'un perçu comme responsable.

En projetant sur la situation ou les autres la source du malaise, les mécanismes de défense agissent de manière à protéger le concept de soi. La personne peut ainsi s'adapter à la situation. En même temps, ils lui évitent de pointer les faiblesses du concept de soi, de l'estime de soi, et au contraire permettent de les masquer.

À ce titre, le travail d'aide mené auprès de Gérard et Isabelle est fort instructif. En accédant aux niveaux d'ouverture les plus profonds, chacun a pu prendre conscience de ses peurs intimes.

En même temps, leur relation a pu s'améliorer. En s'ouvrant mutuellement l'un à l'autre l'estime de soi s'est trouvée renforcée aussi bien pour Gérard que pour Isabelle.

Niveau d'ouverture	Affirmation	Gérard	Isabelle
5	« J'ai peur d'être… »	« J'ai peur d'être rejeté par toi et par l'entreprise. »	« J'ai peur de ne pas y arriver, de ne pas réussir et de passer pour incompétente. »

Les leaders sont impliqués dans les processus de connaissance de soi et de développement de l'estime de soi. Michel, Directeur Général et

© Dunod – La photocopie non autorisée est un délit

responsable de Gérard et Isabelle, a permis aux membres du comité de direction d'effectuer un tel travail. La prise de conscience, la connaissance de soi et l'ouverture ont renforcé la cohésion de l'équipe.

➤ L'estime de soi et la performance

En France, le concept d'estime de soi s'est longtemps heurté aux croyances culturelles (parfois alimentées par certains auteurs) selon lesquelles il s'agissait de narcissisme, d'orgueil, de prétention, de suffisance ou de « gonflette du moi ». La psychologie française, très influencée par la psychanalyse, théorise peu sur le soi et a fortiori encore moins sur l'estime de soi. Dans les années soixante, les courants de pensée et de recherche sociopolitiques ont surtout stimulé la réflexion au sujet de l'impact de la société sur l'individu. Aussi les programmes sur l'estime de soi n'ont pas toujours été pris au sérieux.

Aux États-Unis en revanche, l'estime de soi est un concept admis en psychologie. Il est donc normal d'y trouver une littérature très abondante sur le sujet. À ce titre l'ouvrage récent de Christophe André et François Lelord[1] est très éloquent. La bibliographie riche de deux cent trois références compte moins de dix articles français sur l'estime de soi. Toutes les autres références sont en anglais.

Cette attitude à l'égard de l'estime de soi en tant que concept scientifique rappelle celle à l'égard des recherches menées sur le cerveau dans la première moitié du vingtième siècle. Sous prétexte que l'hémisphère gauche du cerveau était le siège de l'intelligence, l'hémisphère droit était nommé le cerveau mineur. Pour ces raisons purement culturelles, les recherches sur le cerveau gauche ont été mille fois plus nombreuses que celles sur le cerveau droit ![2] Il était donc normal de ne pas en comprendre son fonctionnement ni ses pathologies.

Tous les travaux sur l'estime de soi mettent en évidence son rôle dans le développement de la personne et de ses relations. Le lien est aussi établi avec la performance individuelle ou du groupe[3].

1. Christophe André, François Lelord, *L'Estime de soi*, Odile Jacob, 1999.
2. Voir l'ouvrage du neurologue Oliver Sachs, *L'Homme qui prenait sa femme pour un chapeau*, Point, 1988.
3. Outre les travaux de Will Schutz, on peut consulter notamment l'ouvrage de M. Mc Kay et P. Fanning, *Self Esteem*, New Harbinger Publications, 1992.

L'estime de soi est au cœur du succès des personnes et des organisations. Bien sûr aucune organisation ne peut procurer de l'estime de soi à quiconque. En revanche elle peut créer les conditions dans lesquelles chaque employé aura la possibilité de se développer. Par développement des personnes nous voulons signifier aussi bien l'extension des connaissances sur les plans techniques, professionnels, que personnel et relationnel. Ces pistes de croissance concernent le concept de soi et l'estime de soi.

Les exemples relatés au fil des pages (Opel Eisenach, ABC, BCD) montrent comment les paramètres environnementaux, organisationnels, relationnels, et ceux concernant le leadership, créent des conditions favorables où les personnes agissent en renforçant leur estime de soi. Lorsque l'organisation crée les conditions de la confiance, elle permet aux personnes de développer leur estime de soi, la confiance en soi et la confiance en l'autre. Au contraire, lorsque l'organisation ne crée pas un climat de participation, de responsabilisation, de transparence, de reconnaissance, de récompense et d'humanisme, elle instaure une ambiance de travail qui ne permet pas aux personnes de développer leur estime de soi et leur confiance en soi. Pour ces raisons, la confiance n'existe pas dans l'organisation.

Il est aisé de comprendre comment peuvent réussir les managers dans leurs nouveaux rôles tels que nous les présentons plus haut : stimuler et coordonner, coacher et accompagner le développement des collaborateurs, leur faire prendre des décisions, confier des missions, faire émerger les idées du groupes, faciliter les processus d'équipe performante. Ces rôles reposent sur la mise en œuvre d'un climat organisationnel et relationnel favorisant l'essor de l'estime de soi et des personnes. Les leviers personnels de la confiance sont actionnés par les personnes elles-mêmes. Elles ont d'autant plus de chance de les mettre en mouvement quand le climat et leurs leaders agissent sur les leviers organisationnels et relationnels de la confiance.

Il est communément admis que le leader doive avoir une vision puisqu'il engage les personnes derrière celle-ci. Pour cela il s'appuie sur la pertinence de la dite vision, et aussi sur ses qualités de communication. Ce n'est pas faux, mais très insuffisant. Le leader doit pouvoir mobiliser l'ensemble des talents des personnes autour de lui, y compris lui-même. Dans cet ordre d'idée, les personnes les plus qualifiées et concernées par les décisions doivent les prendre et les appliquer.

© Dunod – La photocopie non autorisée est un délit

Tableau 5.8 – L'influence du climat organisationnel

L'organisation crée un climat de confiance en développant :	Dans ce climat les personnes développent leur :	Les relations sont empreintes de :
Participation	Présence	Dynamisme
Responsabilisation	Détermination personnelle	Maturité
Ouverture	Conscience de soi	Honnêteté
Reconnaissance	Importance	Valorisation
Récompense	Compétence	Coopération
Humanisme	Sympathie	Amabilité

En tant que leader, il est important de mieux se connaître, de comprendre les autres, de savoir être à l'aise par rapport à l'intégration, à l'influence et à l'ouverture. La connaissance de soi développe l'estime de soi et la confiance en soi.

Lorsque l'estime de soi est élevée, les personnes ont plus de facilité pour réussir les actes quotidiens dans leur travail ainsi que les tâches plus rares et plus difficiles. Chacun peut prendre des risques. Il ne recule pas devant la difficulté ni ne fonce sans précaution. Recevoir des consignes ou des ordres, comme en donner, ne suscite pas de réactions de rejet ou de culpabilité. Les critiques, normales dans la vie professionnelle, ne sont pas source d'agressivité ni de tension. Les personnes savent les recevoir et les formuler dans le but de comprendre pour progresser. Il est plus facile de résoudre directement, franchement, simplement et honnêtement les problèmes, plutôt que d'en parler le dos tourné. Il est aussi plus facile de s'écouter pleinement pour accéder aux sentiments au-delà des mots.

Quand, dans une équipe, ou une entreprise, certains membres ont une estime de soi affaiblie, les répercussions se mesurent à différents niveaux. Les rigidités et les défenses bloquent le travail d'équipe, y compris sa cohésion. La résolution des problèmes ne se fait pas dans la sérénité, mais sous la pression. Les conflits ont du mal à être résolus, ce qui en crée d'autres. Les managers ont plutôt tendance à se centrer sur les procédures pour diriger. Les entretiens d'appréciation peuvent tourner au jugement. À partir de là, beaucoup d'autres difficultés apparaissent. On peut imaginer ce qu'il advient des programmes qualité, ou des perspectives de changement.

L'estime de soi est au centre des enjeux humains, individuels et collectifs. La productivité des organisations est aussi concernée par l'estime de soi des employés. Comme le dit l'adage populaire et biblique bien connu : si je donne un poisson à celui qui a faim, il n'aura plus faim ; si je lui apprends à pêcher alors il n'aura plus jamais faim. On peut aussi rajouter : si je crée les conditions pour qu'il apprenne à pêcher par lui-même alors, non seulement il n'aura plus jamais faim, mais en plus il aura développer son estime de soi et sa confiance en soi.

Désormais la réponse à l'énigme de l'introduction de ce livre apparaît plus clairement. La différence de qualité de travail entre les deux trios est liée à l'estime de soi de chacun des membres. Dans un trio les membres ont une haute estime de soi alors que dans l'autre elle est faible.

Au premier trio, nous avons demandé à chacun de s'imaginer dans la peau d'un personnage dont l'estime de soi est faible. Concrètement : « Vous avez une estime de soi très faible. Vous vous sentez éteint, impuissant, inconscient, insignifiant, incompétent et en plus vous sentez que les gens ne vous aiment pas. Ressentez cela aussi fort que vous le pouvez tout au long de l'exercice. »

Au deuxième trio, nous avons demandé à chacun de s'imaginer dans la peau d'un personnage dont l'estime de soi est très forte. Concrètement : « Vous avez une estime de soi très élevée. Vous vous sentez vivant, autonome, conscient de ce qui arrive, important, compétent et vous sentez que les gens vous aiment. Ressentez cela aussi fort que vous le pouvez tout au long de l'exercice. »[1]

1. Cet exercice est une création de Ron Luyet, associé de Will Schutz Associates. Il est publié dans *The Human Element® leader's manual*, WSA, 1998 Edition. ©Will Schutz Associates.

PAUSE POUR LA RÉFLEXION

La réflexion à laquelle nous vous invitons prend du temps. Elle peut vous permettre d'éclairer quelques aspects de vous-même et de votre concept de soi.

Reprenez les items du concept de soi de l'exercice précédent, p. 166.

- Quels sont les scores qui vous posent questions ?
- En quoi vous questionnent-ils ? Sont-ils trop bas ? trop haut ? En quoi le sont-ils ?
- Pour chacune des six dimensions (présence, détermination, conscience, importance, compétence, amabilité) quelles sont les différences les plus significatives, selon vous, entre les positions actuelles et les positions souhaitées?
- Comment expliquez-vous ces différences ? Pour chacune de ces différences quelle interprétation positive faites-vous ? Quel est votre souhait par rapport à chacune des différences ? Que pensez-vous faire ?

Reprenez les réflexions que vous avez engagées dans l'exercice introductif du chapitre 3, p. 63.

- Comparez vos réponses à celle de l'exercice ci-dessus.
- Quels sont les points communs entre les deux exercices ?
- Que vous apprennent-ils sur vous ? Sur votre concept de soi ?
- En quoi cela peut-il vous aider dans votre rôle de leader ?

➤ Les mécanismes de défense

Pour se protéger de ce qui peut menacer le concept de soi et affaiblir l'estime de soi, la personne utilise des mécanismes de défense. Ils sont à l'œuvre de manière non consciente. La personne ne sait pas qu'elle les utilise. Ce qui est aussi une bonne protection. Ce dont le sujet se préserve, de manière non consciente, ce sont ses peurs personnelles profondes. Celles-ci sont normales, vécues et expérimentées par tout être humain, quelle que soit son histoire ou sa culture.

Ces peurs sont liées aux dimensions de base des comportements : inclusion, influence et ouverture. Il s'agit respectivement des peurs :

- d'être insignifiant, ne valant pas la peine ;
- d'être incompétent, incapable ;
- de ne pas être digne d'amour, ne pas être aimé.

Chacun de nous a une histoire particulière avec ces peurs. Nous y avons été confrontés, nous le sommes et nous le serons encore. En fonction de ce que nous avons vécu à la rencontre de chacunes d'elles, nous en avons tiré une certaine philosophie de la vie. Nous avons acquis et forgé un ensemble de croyances personnelles. Parmi celles-ci nos mécanismes de défense tiennent un rôle important. Ils entrent en jeu chaque fois que nous rencontrons une situation où nous percevons des éléments qui menacent ou risque de menacer notre identité personnelle.

En entreprise ce genre de situation se développe fréquemment lors des restructurations, fusions, réorganisations du travail ou changements de procédures. Les relations de travail au sein d'équipes modifiées sont autant d'occasion de vivre un événement susceptible de mettre le soi en danger.

Il est possible de savoir qu'une personne utilise ses mécanismes de défense quand elle accomplit quelques unes des actions suivantes[1] :

- conserver rigidement sa position, quoiqu'il arrive ;
- ne pas écouter les gens ;
- mal interpréter ce que les gens lui disent ;
- arrêter de parler et commencer à dissimuler ;
- sentir que personne ne la comprend ;
- ne pas vouloir négocier ;
- être facilement irritée ;
- ne pas vouloir parler de « certaines choses » ;
- ne pas vouloir rechercher ou enquêter sur certains motifs ;
- s'indigner quand on la met en doute ;
- avoir la colère facile ;
- devenir confuse ;
- perdre le sens de l'humour.

Les mécanismes de défense interviennent pour éviter d'être confronté à ses propres insuffisances personnelles reliées aux peurs

1. Cette liste d'indices a été développée par Ron Luyet et publiée dans *The Human Element*, Will Schutz, Jossey-Bass, San Francisco, 1994, ©Will Schutz Associates.

© Dunod – La photocopie non autorisée est un délit

profondes, et par crainte de ne pas savoir faire face à celles-ci. En même temps, cela permet de maintenir une certaine représentation du monde. Cet équilibre correspond aux croyances de la personne et lui permet d'avoir en retour des bénéfices secondaires.

Par exemple une personne n'aime pas l'humour et prend tout au sérieux. Dans la relation, les autres la perçoivent alors comme une personne sérieuse et lui renvoie donc cette image. Plus les autres lui confirment qu'ils la considèrent comme étant sérieuse, plus la personne se sent protégée de ses doutes quant à son sentiment d'être incompétente. Mais pour parvenir à cette fin, la personne doit accepter de diminuer son estime de soi en perdant son sens de l'humour. Parce qu'il y a un bénéfice secondaire, la personne accepte de diminuer son estime de soi. Dans l'exemple fictif ci-dessus, le bénéfice obtenu est de se protéger de son sentiment d'incompétence. Bien sûr tout ce processus n'est pas conscient.

Les mécanismes de défense permettent de masquer une insuffisance, une peur liée au concept de soi : « Je ne me trouve pas important », « Je ne me trouve pas compétent », « Je ne m'aime pas ».

Les principaux mécanismes de défenses peuvent être introduit à partir de quelques variations sur la phrase « Je ne m'aime pas». La même illustration pourrait aussi s'appliquer à « Je ne me trouve pas important » et « Je ne me trouve pas compétent ».

- La projection : *« Vous ne m'aimez pas. »* Ce mécanisme permet de se sentir victime en interprétant tout ce que les autres peuvent dire comme une attaque contre soi. Dans la logique de se sentir victime, cela permettra d'être pris en pitié par les autres et ainsi d'éviter de résoudre ses propres insuffisances. (En se sentant victime la personne ne transforme pas complètement la réalité, mais quelle part dépend de son niveau de conscience ?)
- Le déplacement : « *Je ne vous aime pas.* » Ce mécanisme permet de critiquer tout le monde et à propos de n'importe quoi. Cela évite de se critiquer soi-même et de résoudre ses propres problèmes.
- L'identification : « *Vous ne vous aimez pas.* » Ce mécanisme consiste à considérer que l'autre a un problème qu'il ne voit pas. Aussi la personne se drape dans son rôle de sauveur pour l'aider. De cette façon elle évitera de s'occuper de ses propres problèmes.

- Le masochisme : « *Je me déteste.* » Ce mécanisme consiste à s'accuser de tout et de se sentir responsable de beaucoup de problèmes. En se blâmant tout seul soi-même cela évitera peut-être les accusations des autres.

- La compensation : « *Aimez-moi, encore.* » Ce mécanisme consiste à demander aux autres de s'occuper encore, et encore, de soi afin de compenser ses propres insuffisances. Pas besoin de s'en occuper soi-même.

- Le déni : « Il *n'y a aucun problème.* » Ce mécanisme consiste à nier toute forme de problème, il n'y en a aucun. De cette façon pas de risque d'avoir à s'occuper des siens.

Bien qu'il y ait des avantages à utiliser les mécanismes de défense (se protéger, maintenir sa représentation du monde, éviter ses peurs profondes, mettre en œuvre des stratégies connues pour s'adapter), il y a aussi des inconvénients. Notre perception des relations interpersonnelles n'est pas complètement réaliste. Elle est plus ou moins déformée, comme si nous avions des lunettes de couleurs.

Moins nous sommes conscients de nous-mêmes, de nos comportements, sentiments et concept de soi, plus nous avons tendance à méconnaître certains aspects de nos relations aux autres. Plus nous sommes conscients de nous-mêmes, plus nous sommes ouverts et percevons les autres tels qu'ils sont.

Quoiqu'il en soit, toute perception est en partie précise et réaliste, et en partie déformée. La déformation provient des mécanismes de défense et des peurs issues du soi. Plus la personne augmente son niveau de conscience d'elle-même et plus elle perçoit les situations et les autres tels qu'ils sont.

En revanche, moins la personne est consciente d'elle-même, plus les mécanismes de défense déforment sa perception de la réalité et plus elle risque d'adopter des attitudes rigides.

- Par exemple elle fuit toutes les situations d'inclusion, de groupe, et évite ainsi sa peur d'y être ignorée. Ou, au contraire, elle recherche systématiquement les relations aux autres. Elle se manifeste suffisamment, bruyamment s'il le faut, et participe à toutes les discussions pour ne pas être ignorée.

© Dunod – La photocopie non autorisée est un délit

- Par rapport à l'influence, la personne choisit uniquement des activités faciles pour elle. Cette stratégie lui permet d'éviter sa peur d'être incompétente. Une autre attitude consiste à tout contrôler, à tout vérifier, à ne rien laisser faire aux autres.
- Par rapport à l'ouverture la personne peut choisir des relations où on ne parle jamais de ses sentiments, émotions, pensées ou opinions. Elle évite ainsi de découvrir ce que les autres pensent et surtout s'ils ne l'apprécient pas. Au contraire, elle peut rechercher les situations où on s'ouvre beaucoup pour vérifier encore si les autres l'apprécient.

Inversement, plus la personne est consciente d'elle-même, plus son estime de soi est élevée, et moins sa perception de la réalité est perturbée par ses craintes. Par exemple, elle n'a pas de problème avec la peur d'être ignorée. Elle peut alors adopter des attitudes variées pour s'adapter à des situations très différentes. Elle se sent à l'aise sur toute l'étendue des comportements possibles. En fonction de la situation dans laquelle elle se trouve, elle sait choisir le niveau d'inclusion qui convient le mieux.

Il en va de même avec la peur d'être incompétent et la peur d'être rejeté. Quelle que soit la situation, la personne sait s'adapter au niveau d'influence et d'ouverture qui convient.

Cette capacité à pouvoir choisir le niveau d'inclusion, d'influence ou d'ouverture est tout à fait importante pour un leader. Cela permet de s'adapter à la situation, aux personnes, aux groupes et au travail en équipe, quels qu'ils soient.

PAUSE POUR LA RÉFLEXION

Il n'est pas toujours facile ni agréable de reconnaître ses propres mécanismes de défense. La plupart du temps ils sont inconscients. Néanmoins certaines attitudes révèlent leur présence. Pour faciliter votre réflexion, voici un dispositif[1] où l'humour permet sinon de dévoiler vos mécanismes de défenses, du moins d'en révéler leur apparition.

1. Inspiré du principe « *endarkenment* » (noircir) développé par Will Schutz et par opposition à « *enlightenment* » (mettre en lumière). La liste des mécanismes a été réalisée par Ron Luyet et Thompson Barton, associés de WSA. Document de stage de la Cegos. ©Will Schutz Associates © Cegos - *L'Élément Humain* ® traduit et adapté de l'américain par la Cegos.

Identifiez dans la liste qui suit les attitudes que vous utilisez souvent. Expliquez en quoi vous êtes un véritable expert dans l'utilisation de ces attitudes.

1. Perte du sens de l'humour
2. Se sentir offensé
3. Tensions physiques
4. Perte de ses moyens intellectuels
5. Vouloir avoir raison (« *pas de questions là-dessus !* »)
6. Vouloir avoir le dernier mot (augmentation du ton de la voix)
7. Déborder d'informations pour renforcer un argument
8. Explications sans fin et rationnalisation
9. Jouer « pauvre de moi »
10. Donner des leçons ou prêcher
11. Rigidités
12. Déni
13. Se retirer dans un silence absolu
14. Cynisme (victime)
15. Sarcasme
16. Se moquer des autres (être très critique)
17. Montrer combien on est unique
18. « *C'est mon caractère, je n'y peux rien.* »
19. Ne pas vouloir négocier
20. Blâmer, accuser
21. Maladie soudaine ou accident
22. Confusion
23. Se sentir soudainement fatigué ou avoir tout à coup envie de dormir
24. Intellectualiser
25. Faire l'idiot
26. Excentricité
27. Être trop gentil
28. Surdité sélective
29. Attaque (la meilleure défense, c'est l'offensive)
30. En vouloir
31. Rendre trivial en utilisant l'humour
32. Rire ou ricanement inapproprié

© Dunod – La photocopie non autorisée est un délit

33. Bouder
34. « *Je le sais très bien, laissez-moi tranquille.* » (défense d'être inconscient)
35. Être en état de dépendance : alcool, drogue, gens, sexe, boulot, faire les magasins, parier au jeu, chocolat, séminaire…
36. Entendre seulement ce que je veux entendre.

- Voici maintenant une manière peu habituelle pour prendre vraiment conscience de vos mécanismes de défenses. La prochaine fois que vous les utiliserez réjouissez-vous ! Plongez-y complètement. Exagérez-les. Pensez à toutes les fois où vous vous défendez et à tous les événements qui vous y conduisent. Pensez à toutes les astuces et idées géniales que vous mettez en œuvre pour vous défendre. Autorisez-vous à comprendre pourquoi vous vous défendez et trouvez un moyen plus satisfaisant de vous protéger.

Améliorer l'estime de soi est une affaire personnelle. Ceci signifie que le développement de soi se poursuit tout au long de sa vie et il y a plusieurs moyens d'y parvenir. Voici quelques idées dont certaines prendront une signification particulière pour vous.

Tableau 5.9 – 15 idées d'actions pour améliorer l'estime de soi et ses relations

Vous pouvez adopter ces comportements tout au long de votre vie, mais il est possible d'entreprendre chacun dès aujourd'hui. Vous avez le pouvoir de choisir de ne pas être submergés, et de vous demander quels premiers pas vous pourriez faire dans ce domaine dès aujourd'hui. Si vous faites cela, les autres suivront[a].
Dites votre vérité : laissez à vous-même et aux autres savoir ce qu'est votre propre vérité.
Réalisez que vous choisissez : acceptez avec empressement la responsabilité de tout ce qui vous arrive dans la vie. Sachez qu'il n'y a que vous que vous puissiez rendre un être complet.
Recherchez un niveau de conscience plus profond : lisez, discutez, méditez, plongez-vous dans des activités qui vous aident à prendre conscience de vos vieux programmes et des niveaux profonds de votre être.

Répondez émotionnellement : autorisez-vous à vous « sentir » vous-même, et vivez vos sentiments plutôt que de les laisser vous dominer ou de les endormir. Réalisez que toutes les émotions sont acceptables, mais pas toutes les actions.
Laissez tomber le blâme et le jugement : personne n'est coupable. Mieux vaut chercher à comprendre ce qui arrive et la contribution qui est la vôtre. Essayer d'écouter et clarifier le point de vue de l'autre avant de vous défendre, professer ou contrer.
Chercher à ne pas consciemment blesser les autres.
Prenez le temps de vous envisager comme vous voulez être : créez une motivation pour votre futur plutôt que d'être poussé en avant par votre passé.
Changez consciencieusement vos croyances limitantes : n'attendez pas que l'expérience les change pour vous.
Affirmez-vous : soyez conscient de vos limites et défendez-vous. Explorez les alternatives et laissez tomber « avoir raison » ou « gagner ».
Soyez aussi sincère et vulnérable que possible.
Soyez en contact avec votre corps et sa sagesse.
Recherchez un sens ou un but plus élevé dans votre vie.
Traitez votre évolution, votre épanouissement et vie intérieure avec respect, joie et patience plutôt qu'avec jugement et peur : réalisez que vous avez à apprendre de la partie sombre qui est en vous et que vous n'avez rien à rejeter de votre propre être.
Donnez pour donner : donnez de vous-même, chaque jour aux buts, aux personnes, endroits et choses que vous aimez. Arrêtez d'attendre que les autres vous aiment « d'abord », vous sécurisent, vous acceptent, soient d'accord avec vous. Commencez à être qui vous voulez être aujourd'hui.
Riez un peu : certaines choses sont bien trop importantes pour être prises au sérieux.

a. Réflexions de Ron Luyet. Document de stage de la Cegos. ©Will Schutz Associates © Cegos *L'Élément Humain* ® traduit et adapté de l'américain par la Cegos.

© Dunod – La photocopie non autorisée est un délit

CHAPITRE 6

Confiance et travail en équipe

L'importance du groupe

➤ L'exemple d'une banque

Après plus de vingt ans d'existence, la banque Grameen compte 20 000 employés, 1 080 agences et aide 360 000 villages dans son pays d'origine le Bangladesh. Tous les mois, les minuscules prêts qu'elle accorde représentent plus de 230 millions de francs. Dans le même temps, la moitié de cette somme lui est remboursée par ses emprunteurs.

Grameen vient du mot « *gram* », « village ». « *Grameen* » signifie « rural » ou « du village ». Tout le système bancaire de Grameen part de l'idée que ce n'est pas aux gens d'aller vers la banque, mais à la banque d'aller vers les gens. Cette banque démarre ses activités en 1977 dans le village de Jobra, avec l'expérience du crédit pour les pauvres[1].

La clientèle de cette banque est constituée des plus démunis, dans l'un des pays les plus pauvres de la planète. Il s'agit souvent de paysannes sans terre qui n'ont jamais gagné d'argent de leur vie. Des femmes misérables qui ne savent ni lire, ni écrire. Des femmes qui n'osent pas rester debout devant un homme et se voilent le visage en présence d'étrangers. Aujourd'hui 94 % des emprunteurs sont des femmes. Avec elles le taux de recouvrement est supérieur à 98 %.

La Grameen leur accorde des prêts minuscules, en moyenne 150 dollars par emprunteur.

Des études indépendantes montrent que vingt ans après sa création, Grameen aide douze millions d'individus, soit un sixième de la popula-

1. Cette expérience extraordinaire est racontée dans l'ouvrage de Muhammad Yunus, avec Alan Jolis, *Vers un monde sans pauvreté*, Éditions Jean-Claude Lattès, 1997.

tion du Bangladesh. Sur une durée de dix ans, le dispositif sort de la pauvreté un tiers des emprunteurs et amène un autre tiers à la lisière supérieure de la pauvreté.

Après quelques tâtonnements, la banque a réussi à mettre sur pied son système de prestation et de recouvrement.

Cette réussite repose sur une logique à deux dimensions essentielles. D'une part un raisonnement économique par rapport au marché aux antipodes de toutes les aides mondiales accordées aux pays pauvres. La vision humaniste de son fondateur, Muhammad Yunus, y est déterminante : *« Nous ne pourrons construire un monde sans pauvreté que si nous avons été capable de l'imaginer » ; « nous voulons que les femmes de citoyens de seconde zone, entièrement dépendantes de leurs maris, battues, répudiées pour un oui ou pour un non, laissées sans un sou, deviennent des personnes responsables, capables de décider de leur sort et de celui de leurs enfants. »*[1]

D'autre part le succès de l'entreprise repose sur la confiance et la dignité redonnées aux plus pauvres. La constitution de groupe d'emprunteurs est la base essentiel de cette réussite.

Individuellement les pauvres sont vulnérables. En groupe ils retrouvent la sécurité, le soutient et l'émulation. Le comportement change. Le groupe exerce aussi un contrôle sur ses membres et diminue d'autant le travail des employés de la banque.

Le premier pas consiste à mettre en œuvre la phase d'inclusion. Tout demandeur de prêt a pour première tâche de constituer un groupe de cinq personnes extérieures à sa famille et ayant les mêmes aspirations et le même statut économique et social.

Le premier emprunteur doit créer un groupe et met ainsi en mouvement sa capacité d'influencer, de contrôler son environnement, sa vie. Il parle, présente son projet, ses idées et s'ouvre. Au sein du groupe, chacun retrouve sa possibilité d'agir, et de faire face à une nouvelle situation. Le groupe se constitue lui-même. Chacun prend sa place pour s'exprimer. Grâce au groupe chacun se sent important, compétent et apprécié. Chacun peut enfin exercer ses choix.

Les demandes de prêts individuels doivent être approuvées par le groupe qui devient alors responsable car les membres se doivent entraide. Chaque emprunteur est néanmoins responsable de son prêt.

1. Muhammad Yunus, *op. cit.*

Tout emprunteur potentiel doit suivre une formation pour lui permettre de comprendre le fonctionnement de la banque. Ensuite, les cinq membres du groupe passent un examen séparément. Il n'y a pas de test écrit mais ils doivent prouver qu'ils savent de quoi ils parlent. Les choses sont difficiles et permettent ainsi d'éviter la soumission. Les membres qui surmontent ces difficultés sont plus déterminés. Ils ont du courage et de l'ambition. Plus tard, ils font preuve de leur capacité grâce au micro-crédit. Ainsi, leurs voisins, moins courageux au début, viennent ensuite vers la banque avec moins d'appréhension. Les autres, avant eux, ayant montré l'efficacité du système.

Quand le premier prêt est accordé, l'emprunteur doit rembourser régulièrement pendant les six semaines suivantes. Le crédit est alors étendu à deux autres membres du groupe. Le responsable du groupe reçoit son prêt en dernier. Si un des membres manque à ses engagements aucun autre ne peut obtenir de crédit. Ainsi les membres s'arrangent pour honorer les paiements.

Pour développer les conduites de groupe, et en améliorer l'entraide, des centres ont été créés pour réunir jusqu'à huit groupes avec un employé de la banque. Lors des réunions hebdomadaires, chacun effectue ses remboursements, dépose de l'argent, ou discute, tout simplement. L'autonomie du groupe se renforce. Chaque centre élit un directeur et un adjoint pour un mandat d'un an non renouvelable.

Le système n'a jamais recours aux aides judiciaires. Tout repose sur la force de la relation personnelle avec l'emprunteur. On lui fait confiance et il la rend en retour. Dans 99 % des cas la confiance est récompensée.

À la lumière des leviers de la confiance, on découvre que le système de la banque Grameen crée et facilite :

- la participation dans le groupe et entre les groupes ;
- la responsabilisation entre les membres ;
- le développement des personnes en leur procurant une formation pour agir ;
- la transparence grâce aux discussions ouvertes et honnêtes ;
- la reconnaissance entre les membres et aussi par le fait qu'une banque s'intéresse aux pauvres en allant vers eux ;
- la récompense grâce aux prêts obtenus et aux changement du niveau de vie ;

© Dunod – La photocopie non autorisée est un délit

- et l'humanisme en s'intéressant plus aux personnes et à leur devenir qu'à l'argent.

Au bout du compte, les pauvres recouvrent leur estime de soi. Celle-ci est suffisante pour leur donner la force d'agir et de sortir de leur misère.

Dans cet exemple, le rôle du groupe et son développement est primordial pour permettre à chacun de vivre dans la confiance pour une plus grande confiance en lui. Cette illustration montre aussi combien les dimensions de base des comportements sont spécifiquement humaines et dépassent le cadre de la culture.

➤ Le rôle du groupe

La recherche scientifique sur le fonctionnement des groupes a débuté dans les années trente. Les pionniers furent Elton Mayo, Kurt Lewin, Ronald Lippit et Ralph White pour ne citer que quelques noms célèbres. Quand Will Schutz entreprend ses propres recherches dans les années cinquante, les connaissances sur la dynamique des groupes commencent à prendre de l'ampleur. À cette époque la performance des équipes est une énigme, leur échec également. On a néanmoins quelques idées.

On croit par exemple que les groupes harmonieux réussissent mieux que les groupes conflictuels. Il n'en est rien. Les groupes difficiles et les groupes sympathiques ne font pas mieux. Ils réussissent et échouent dans les mêmes proportions. On pense alors que le succès dépend de la manière dont les membres résolvent leurs désaccords. En effet, on constate que les groupes efficaces savent rebondir après un conflit alors que les groupes inefficaces se désintègrent avec les désaccords.

Will Schutz étudie aussi l'idée selon laquelle le groupe doit avoir un objectif partagé par les membres pour pouvoir réussir. Cette idée est validée à condition que les personnes aient envie de travailler ensemble. Par la suite, il recherche comment améliorer le fonctionnement des groupes en mixant différents profils psychologiques. En réalité, il observe que les équipes efficaces ont une grande flexibilité et la recherche de profils de personnalité pour des rôles spécifiques est secondaire. Il étudie aussi les styles de leadership.

Will Schutz croise ses travaux sur le développement des personnes et ceux sur la dynamique des groupes. Il émet l'hypothèse selon laquelle l'estime de soi peut jouer un rôle pour un bon travail d'équipe. Il comprend alors que les équipes sont performantes quand les membres sont suffisamment conscients de leurs inquiétudes et quand ils peuvent l'avouer à l'équipe entière. Lorsque les membres d'une équipe éprouvent de la peur, ou de l'insécurité, sans en être pleinement conscients, alors ils deviennent rigides, ce qui bloque leur collaboration.

En d'autres termes, les équipes n'échouent pas à cause de désaccords, ni parce qu'il n'y a pas d'objectifs communs, ni parce que les membres ont différentes méthodes de résolutions de problèmes, ni parce que l'équipe n'est pas composée de personnalités complémentaires. Une équipe échoue quand un ou plusieurs de ses membres sont rigides. La rigidité provient d'un manque d'estime de soi. Ainsi le développement de la confiance en groupe, ou en entreprise est étroitement lié au développement de la confiance en soi. Selon comment le leader conçoit le travail d'équipe et ses relations, les résultats seront très différents.

Les quatre conceptions du travail en équipe

➤ La force

Cette forme, la plus traditionnelle, consiste à considérer que les gens sont embauchés et payés pour travailler ensemble. S'ils ne le font pas alors on les renvoie et on en embauche d'autre. C'est plus la peur de la sanction et le sens de la discipline qui tiennent lieu de facteur motivant dans un tel contexte.

Dans ce climat, les personnes de l'équipe ont tendance à éprouver une certaine anxiété car elles craignent les critiques des autres. Elles s'arrangent pour éviter de commettre toute erreur. En conséquence le niveau de suggestions est très faible. Chacun se raccroche au leader, s'il y en a un, qui petit à petit prend un style autocratique.

Cette conception permet parfois de remplir certains objectifs à court terme. Par contre, les désavantages sont assez nombreux. Les gens se protègent, la créativité et l'initiative laissent la place au conformisme et à la routine. La productivité en est d'autant plus limitée. Cette façon de faire peut se rencontrer parfois chez de jeunes managers. Ils ne savent pas forcément faire autrement ou tout simplement imaginent que leurs collaborateurs attendent ce type de comportement.

© Dunod – La photocopie non autorisée est un délit

➤ Le compromis

Les gens sont inévitablement différents et auront donc des désaccords. On demande alors aux membres de l'équipe de faire des efforts pour laisser de côtés leurs différences. « On laisse ses sentiments au vestiaire. » Chacun doit respecter l'autre et ses particularités car c'est mieux pour l'équipe.

Si le compromis ne développe pas les comportements négatifs du travail par la force, en revanche il en crée d'autres, plus subtils et contre-productifs. Les membres de l'équipe utilisent des règles de fonctionnement fantômes. Officiellement les gens ne sont pas en désaccord, mais dans les faits, le travail est entravé.

Par exemple les emplois du temps chargés sont un motif admis pour ne pas trouver le temps de se parler. Les ordres du jour des réunions sont flous ou inexistant. Les rendez-vous annulés au dernier moment et encore reportés. Officiellement il n'y a pas de problème. En surface tout le monde semble s'entendre. En réalité les difficultés existent mais il y a aussi une sorte de compromis pour ne pas les évoquer.

➤ La complémentarité

Elle permet d'offrir à chacun la possibilité de faire le travail pour lequel il est compétent et ainsi d'additionner les savoir-faire. Dans cette perspective on cherche plutôt à composer des équipes aux types de personnalités ou d'intelligence différents. On demande des styles de résolveurs ou de décideurs complémentaires. C'est en général une bonne idée.

Ce type d'approche permet de créer des équipes qui auront plus de chance d'être efficaces. En effet, elle offre une multiplicité de regards sur les problèmes à résoudre. Néanmoins, il y a une limite lorsque les choses deviennent difficiles. Les difficultés les plus compliquées à résoudre sont celles relevant de relations ou de situations pour lesquelles les membres éprouvent de l'anxiété.

> Gérard et Isabelle ont vécu ce cas. Tout les deux étaient effrayés. Gérard craignait un licenciement après la réorganisation. Réellement il n'y avait pas de risque. Mais comme il n'en parlait à personne (ce qui peut paraître logique dans de telles circonstances), nul ne pouvait le rassurer à ce sujet et encore moins son directeur général qui ne souhaitait aborder aucune difficulté

Quant à Isabelle, sa crainte concernée sa compétence. Jeune professionnelle brillante, doutant un peu d'elle-même, elle ne recevait aucun feed back encourageant. Comme Gérard et Isabelle devaient travailler tout les deux ensemble, ils ont chacun imaginé ce qui correspondait à leurs craintes personnelles.

Lui pensait qu'elle pouvait lui prendre sa place, elle qu'il ne lui faisait pas confiance. Ils ne pouvaient donc pas compter l'un sur l'autre, ce qui rendait leur tâche respective encore plus difficile. L'anxiété avait maintenant une bonne raison d'apparaître. Le conflit était larvé.

Tout le monde au comité de direction le sentait. Les proches collaborateurs aussi. Le DG ne savait pas comment s'en sortir et ne cherchait pas vraiment une solution. Alors on attendait que les choses se tassent d'elles-mêmes. Quand arrive Michel, DG nouvellement nommé. Avec son arrivée une restructuration de CDE est entreprise. Elle confirme Isabelle et Gérard dans de nouvelles responsabilités. Ils sont désormais au même niveau hiérarchiques. Un an plus tard, il est décidé de mettre sur pied un séminaire pour le comité de direction avec comme objectif de mieux se connaître sur le plan humain. Ce groupe prend alors une autre dimension et emprunte le chemin pour devenir équipe ouverte.

➤ Le travail en équipe ouverte

À ce stade de développement de travail en équipe, les membres savent que les problèmes et les difficultés ne proviennent pas de leurs différences. Ces différences peuvent être personnelles, d'opinions, de culture ou de quoi que ce soit. Les membres de l'équipe savent que les difficultés émergent quand les personnes restent figées et rigides sur leurs positions.

Dans le travail en équipe ouverte, les personnes peuvent parler de leurs sentiments et des peurs derrières leurs rigidités. Ces points ont des liens très forts avec les enjeux personnels d'estime de soi. Bien que la complémentarité permette de ne pas oublier les différents besoins d'une équipe, elle ne résout pas pour autant les comportements défensifs et rigides de certaines personnes.

En équipe ouverte, parler sincèrement de ses opinions, de ses sentiments et de ses peurs entre dans le processus de résolutions de problèmes. Dans un climat propice à l'ouverture, les membres ne deviennent ni rigides, ni défensifs, la confiance entre les membres se développe.

© Dunod – La photocopie non autorisée est un délit

Depuis plus de deux ans, l'entreprise ABC semblait relever assez bien tous ses challenges grâce à des actions et des projets concrets. Mais, le durcissement des enjeux tant sur le plan de la productivité que de la qualité avaient suscité des turbulences chez le personnel. Le comité de direction était lui aussi pris dans ces interrogations.

À la demande de son DG, le comité se réunit plusieurs fois en séminaires de quelques jours pour réfléchir aux enjeux, à ses objectifs, à sa mission ou vision, à son projet et aux moyens d'y parvenir. Les discussions franches et ouvertes ont permis de mettre en évidence les écarts de compréhension et d'adhésion des directeurs autour du projet. Les méconnaissances et les désaccords entre les directeurs ont enfin pu être exprimés. Les conflits, jusque là restés dans l'ombre, furent traités.

La compatibilité et la cohésion de l'équipe furent l'objet d'une réflexion approfondie. Toutes les précautions nécessaires furent prises pour ne pas éluder les dysfonctionnements mais au contraire les traiter. Les différends relationnels, les craintes éprouvées par les uns et par les autres, la peur d'être mal jugé ou la peur de voir disparaître l'entreprise furent abordés et discutés en levant les tabous.

Grâce à ce progrès, l'équipe de direction s'est mise en situation centrale pour assurer la cohérence de son projet. Par voie de conséquence ce climat d'ouverture eut des répercussions sur les niveaux hiérarchiques inférieurs.

La confiance dans le travail en équipe apparaît quand les membres peuvent s'ouvrir entre eux et peuvent reconnaître leur propres difficultés et craintes vis-à-vis des situations, des enjeux, des autres, des relations.

Dans une entreprise de service, Jean-Jacques, le directeur de division est arrivé il y a trois mois, après le départ à la retraite de son prédécesseur. Depuis son entrée en fonction, il a procédé à une réorganisation en collaboration avec la Direction Générale. Un jour, un des collaborateurs du nouveau directeur rencontre un de ses collègues et s'exprime en ces termes : « À mon avis, je sens que Jean-Jacques va droit dans le mur.

Lui en avez-vous fait part ?

Non, je n'ose pas. »

Dans cette exemple de situation on comprend aisément toutes les craintes qui peuvent survenir. Pour Jean-Jacques elles sont multiples : peur de ne pas être intégré à une équipe déjà en place, peur de ne pas réussir les challenges, peur de ne pas savoir faire face au personnel. Pour les membres du comité de direction les peurs sont aussi très actives. Peur de ne pas être apprécié par le nouveau venu, peur de ne pas être à la hauteur, peur d'être rejeté et licencié. Pour la DG la peur de ne pas réussir sa réorganisation est probablement très forte. Toutes ces peurs paralysent les personnes et par conséquent les échanges entre elles. En même temps, les perceptions des uns et des autres sont parasitées par leurs craintes respectives. Au bout du compte il est difficile de se comprendre. Comme on l'a vu plus haut, les mécanismes de défense sont à l'œuvre et déforment la réalité. Chacun croit que son problème vient d'un autre qu'on accuse.

Dans le contexte de réorganisation, le comité de direction était dans l'incapacité de s'ouvrir et d'aborder les difficultés auxquelles il fallait faire face. Faute d'ouverture et de transparence, l'échec est arrivé. Un an après son recrutement Jean-Jacques fut remercié.

Cet exemple illustre parfaitement le cas d'une situation dite difficile. L'échec de l'équipe est lié à son incapacité à reconnaître ouvertement les difficultés humaines.

La performance d'une équipe est liée à sa capacité à travailler dans l'ouverture. Quand tout va bien, quand le marché est facile, quand les affaires marchent aisément, quand il n'y a pas d'adversité importante, une équipe normale peut réussir. En revanche lorsque les enjeux sont vraiment plus sérieux, tels qu'une réorganisation ou une fusion, seule une équipe soudée et ouverte peut affronter les difficultés.

La confiance est un facteur clé de réussite. Or celle-ci n'apparaît que dans l'ouverture. L'accès à ce niveau de développement d'équipe dépend de la compatibilité des membres de l'équipe.

PAUSE POUR LA RÉFLEXION

- Dans votre entreprise quelle forme de travail est-elle la plus utilisée, la force, le compromis, la complémentarité, l'ouverture ?
- Est-elle appropriée à la situation ? en quoi ?
- Pourrait-elle évoluer vers une autre forme de travail ? Laquelle et pourquoi ?
- Dans votre équipe, à votre avis, quelle forme de travail est-elle la plus utilisée ?
- Est-elle appropriée à la situation ? En quoi ?

© Dunod – La photocopie non autorisée est un délit

- Pourrait-elle évoluer vers une autre forme de travail ? Laquelle et pourquoi ?
- Dans votre équipe, existe-t-il des attitudes de rigidité ? Pouvez-vous les faire évoluer ?
- Dans votre équipe êtes-vous aussi ouvert que vous le souhaitez ?
- Quelle est votre opinion au sujet de l'ouverture dans votre équipe ?
- Dans votre équipe, l'ouverture et l'honnêteté sont-elles d'égale importance ?

Centralité, compatibilité et productivité

La centralité et la compatibilité sont deux paramètres importants dans le développement des équipes et de la productivité. La centralité représente en quoi il est important qu'il y ait une harmonie entre les fonctions au sein d'une équipe. Cette notion ne prend pas en compte les personnes qui occupent les postes. La centralité dépend seulement des fonctions. Une position est centrale quand le poste réclame de bien travailler avec les autres postes pour mener à bien la mission de l'équipe. En revanche, un poste est peu central quand il n'y a pas besoin de travailler avec beaucoup d'autres personnes. La centralité est liée à la dimension de l'influence.

La compatibilité quant à elle représente comment les personnes travaillent bien ensemble. La compatibilité concerne les personnes et leurs relations et non les postes occupés. La compatibilité se développe en même temps que l'ouverture. En fonction du type d'équipe, la centralité et la compatibilité entretiennent des liens étroits.

Il n'est pas nécessaire de travailler toujours ensemble. Certaines tâches ne réclament pas forcément une équipe. Elles peuvent être réalisées par des personnes travaillant de manière autonome. C'est le cas de beaucoup de commerciaux. Les résultats de l'un n'influencent pas nécessairement les résultats d'un autre commercial situé dans une autre région. Ce type d'équipe est plutôt une collection de spécialistes, ou d'experts. Selon une image sportive cela correspond à une équipe de ski d'un même club. Ce sport est individuel. Chaque skieur doit faire pour le mieux. Qu'il perde ou qu'il gagne, le résultat de chacun n'a que peu d'impact sur les autres skieurs. À la fin de la compétition, le club peut additionner le nombre de médailles mais ce n'est qu'une somme de résultats individuels. D'ailleurs chaque gagnant garde sa médaille. Dans le cas de cette forme d'équipe, la centralité est très faible. Il n'est pas nécessaire que les skieurs sachent bien skier ensemble. Cela ne dépend pas des personnes mais de l'activité elle-même. En entreprise certaines équipes ont une centralité assez basse, comme chez les commerciaux.

Une autre forme de travail en équipe peut être représentée par l'image d'un relais, par exemple le quatre fois cent mètres. Dans ce cas, il est important que les relais fonctionnent bien. Le résultat global n'est pas seulement la somme des résultats individuels mais il intègre aussi les passages de témoin, les interfaces entre les coureurs. Si un coureur commet une erreur c'est toute l'équipe qui perd. Il y a quelques années l'équipe de France masculine, du quatre fois cent mètres plat, a pris le record du monde détenu par les États-Unis. Pourtant chaque coureur français était moins rapide que les sprinters américains. Le temps a été gagné sur les passages de témoin, techniquement parfaits. Quelques mois plus tard, avec un peu plus de travail, les américains ont repris « leur record ».

On retrouve en entreprise ce type de fonctionnement. Par exemple chez BCD, le processus commande se déroule en quatre phases :

> Réception de l'appel du client → Traitement → Acheminement → Réception de la marchandise

À chaque interface la centralité est élevée. Indépendamment des personnes, il est nécessaire que les postes en contact travaillent bien ensemble. En même temps, pour un fonctionnement optimum de l'ensemble de la chaîne, la compatibilité est nécessaire entre les personnes occupant les postes en interface. Pour les personnes qui n'occupent pas de poste en interface, la compatibilité a peu d'importance car la centralité est faible.

Enfin, pour terminer cette présentation imagée, le troisième type d'équipe trouve son illustration avec le sport collectif. Les joueurs ne sont pas seulement recherchés pour leur haut niveau. On souhaite surtout avoir une équipe au sein de laquelle chacun apporte un plus à l'ensemble et à son fonctionnement. En entreprise, cette forme d'équipe prend de plus en plus d'importance. La réussite du fonctionnement transversal en dépend aussi.

© Dunod – La photocopie non autorisée est un délit

Le comité de direction, les équipes projets, les équipes automanagées, les groupes transversaux sont concernés. Dans ce type d'équipe, la conception du travail en commun tient une place essentielle. La plupart des postes ont une centralité élevée. Cela signifie qu'il est important que chaque poste ait des contacts avec tous les autres pour un bon fonctionnement de l'ensemble de l'équipe. La compatibilité entre les membres de l'équipe joue un rôle déterminant pour la réussite commune.

La compatibilité est la capacité pour deux personnes à bien travailler ensemble. Cela ne dépend pas de l'objectif, ni de leurs méthodes de résolutions de problèmes, ni de leur profil psychologique. Cela dépend de leurs préférences en termes de climat relationnel et du rôle qu'elles souhaitent y jouer.

La confiance entre ces personnes est dépendante de leur compatibilité. Si les personnes sont compatibles la confiance aura plus de chance d'apparaître, alors que si elles sont incompatibles il sera très difficile de la créer. En même temps, plus les personnes sont flexibles, plus elles accroissent leur compatibilité. Plus elles sont rigides, moins elles sont compatibles. Ainsi la compatibilité entre les personnes dépend de leur capacité à choisir le bon climat relationnel et le rôle qu'elles souhaitent jouer.

➤ La compatibilité de climat

La compatibilité de climat correspond à l'ambiance, à l'atmosphère, dans laquelle les personnes se trouvent. Cela concerne l'environnement de travail et la façon de prendre les décisions. On y trouve la façon de partager les activités, les croyances, les valeurs, la culture, et différents niveaux et formes d'inclusion, d'influence et d'ouverture. Il n'y pas de bon ou mauvais climat en soi, comme il n'y a pas de bons ou mauvais comportements d'inclusion, d'influence ou d'ouverture. Chaque type de comportement a ses avantages et ses inconvénients. Cela concerne les personnes et les organisations. Si on doit travailler dans un temps très court et avec des objectifs précis un climat d'influence élevé (plan, structure) et d'ouverture faible est plus efficace que l'inverse, faible influence (pas de structure) et ouverture élevée. Si on doit faire une séance de créativité il est préférable d'avoir un faible climat d'influence et un niveau d'ouverture élevé pour se laisser aller à l'imagination.

Le climat est défini selon les trois dimensions de base du comportement et en termes de niveau, faible ou élevé. L'atmosphère varie entre six grandes catégories de climat qui correspondent plutôt à des extrêmes ou à des bornes. Le tableau 6.1 présente les bornes du climat relationnel.

Tableau 6.1 – Les bornes du climat relationnel

Dimension	Climat
Inclusion élevée	Ensemble, interactif
Inclusion basse	Seul, individuellement
Influence élevée	Hiérarchisé, structuré
Influence basse	Souple, spontané
Ouverture élevée	Ouvert, franc
Ouverture basse	Sérieux, impersonnel

Les difficultés entre les personnes apparaissent lorsque leurs préférences respectives de climat relationnel sont assez différentes. Par exemple si une personne veut travailler dans une forte ambiance d'inclusion (faire les choses ensemble, échanger, faire des réunions) alors que la seconde préfère travailler seule il y aura des difficultés entre elles. Si l'une souhaite une atmosphère très contrôlée, structurée, avec un ordre du jour minuté, alors que l'autre aime l'improvisation et n'aime pas les plans déjà préparés, il y a beaucoup de chance pour qu'elles aient du mal à s'entendre. Si l'une aime bien s'ouvrir, parler de ses sentiments alors que l'autre souhaite rester concentrée sur le travail et n'aime pas se dévoiler, il y aura aussi des difficultés.

Les personnes peuvent avoir une préférence identique sur une ou deux des dimensions (inclusion, influence ou ouverture), mais ne pas être en phase sur le troisième. Par exemple elles sont d'accord pour travailler ensemble (inclusion élevée) et sans structure (influence faible). En revanche l'une veut un climat d'ouverture élevée (parler de ses sentiments, émotions, pensées) et l'autre un climat d'ouverture basse (rester centré sur les objectifs, avoir des échanges impersonnels).

Par contre si les écarts entre les choix d'atmosphère sont réduits, les personnes auront plus de facilité à se mettre d'accord sur le climat qui leur convient le mieux pour travailler.

© Dunod – La photocopie non autorisée est un délit

➤ La compatibilité de rôle

Quand les personnes sont d'accord sur le climat dans lequel elles souhaitent travailler, une autre forme d'incompatibilité peut survenir : celle du rôle que chacun souhaite tenir. Ces incompatibilités de rôles se traduisent de deux manières : la confrontation ou l'apathie.

La confrontation apparaît quand les deux personnes veulent initier chacune le comportement et ne pas être celle qui l'attend. Dans ce cas, les conflits peuvent apparaître, les luttes de pouvoirs émergent. L'apathie se voit moins clairement car il ne se passe rien, les gens s'attendent. Personne ne prend l'initiative de faire ce qu'il faut, tout le monde croit qu'un autre s'en chargera. Le tableau ci-dessous illustrent les formes d'incompatibilité en fonctions des dimensions du comportement.

Tableau 6.2 – Les incompatibilités de rôle

	Confrontation	**Apathie**
Dimension	Chacun pense ou dit :	Chacun pense ou dit :
Inclusion	« Ne m'appelez pas, je le ferai. »	« J'attends que vous m'appeliez. »
Influence	« Je sais ce que j'ai à faire. Inutile de me le dire. »	« Dites-moi ce que j'ai à faire. Moi, je ne vous direz pas ce que vous avez à faire. »
Ouverture	« Je veux vous dire des choses sur moi, mais je ne veux pas en savoir à votre sujet. »	« Parlez-moi de vous. Je ne vous parlerez pas de moi. »

La compatibilité de rôle entre deux personnes signifie que l'une aime initier le comportement de la même manière que l'autre aime le recevoir.

Par rapport à l'inclusion, la première personne invite la seconde qui apprécie d'être invitée. Avec la confrontation l'une et l'autre souhaitent lancer l'invitation mais n'aiment pas être celle qu'on invite. Quand chacune attend que l'autre vienne l'inviter, alors il y a apathie.

Sur la dimension de l'influence lorsque les deux partenaires sont compatibles l'un exerce l'influence autant que l'autre accepte d'être influencé. Par contre, dès que les deux souhaitent influencer autant que l'autre n'aime pas l'être, c'est la confrontation. Quand les deux attendent que l'un prenne les responsabilités, alors il ne se passe rien, c'est l'apathie.

Par rapport à l'ouverture quand l'un aime parler sincèrement autant que l'autre apprécie d'écouter alors il y a compatibilité. Quand les deux veulent se parler de leurs sentiments, émotions et pensées alors que l'autre ne souhaitent pas écouter, il y a confrontation. Et lorsque chacun voudrait bien que l'autre lui parle de ses secrets, pensées, sentiments, émotions mais sans parler de lui-même, alors il y a apathie.

➤ Les rigidités

La compatibilité est la capacité de deux personnes à bien travailler ensemble. On vient de voir comment la compatibilité repose sur le climat relationnel souhaité et sur les rôles à jouer. La compatibilité est donc l'expression de ce qui se passe entre deux personnes. Ceci permet de souligner que l'attitude de chacune est déterminante pour la compatibilité. L'attitude, quant à elle, dépend du degré de souplesse ou de rigidité de la personne. Les difficultés existent non pas à cause des différences entre les personnes mais parce que celles-ci restent rigides sur leurs positions. Rester rigide sur sa position signifie avoir du mal à changer de climat ou de rôle.

Nous avons vu comment ces rigidités sont dues aux mécanismes de défense. Ils bloquent les choix de comportements possibles pour permettre à la personne de se protéger d'une situation qui ne lui conviendrait pas. Les peurs profondes liées aux dimensions de l'inclusion, de l'influence ou de l'ouverture ne permettent pas à la personne de travailler dans un climat différent de celui auquel elle est habituée.

Dans un groupe constitué de plusieurs personnes chacune a maintes fois l'occasion d'être confrontée à une de ses peurs et risque de bloquer ainsi le travail du groupe. Les attitudes rigides vont s'exprimer dans le choix presque systématique d'un comportement (d'inclusion, d'influence ou d'ouverture) alors qu'il ne convient pas forcément à la situation. D'une manière générale, lorsqu'une personne souhaite se protéger d'une peur profonde, elle choisit un climat très bas (en inclusion, influence ou ouverture) ou, au contraire, très élevé avec l'impossibilité de trouver un climat intermédiaire. En cela le comportement est rigide.

© Dunod – La photocopie non autorisée est un délit

Pour éviter d'être confronté à la peur d'être ignoré, le sujet peut choisir des situations de faible inclusion, travailler seul et refuser les situations à plusieurs ou, au contraire, rechercher systématiquement les situations de groupe afin d'être rassuré.

Pour éviter d'être confronté à la peur d'être humilié, le sujet peut choisir des situations de faible influence, un travail en dessous de ses capacités réelles. Il peut aussi rechercher des situations de travail où il contrôle tout, systématiquement, afin que rien ne lui échappe et que les autres ne perçoivent pas sa peur d'être incompétent.

Pour éviter d'être confronté à la peur d'être rejeté, le sujet peut choisir des situations de faible ouverture où il n'exprimera pas ses opinions ou ses sentiments, ainsi les autres ne les connaîtront pas et ne pourront pas le rejeter. À l'opposé, il peut rechercher à les exprimer systématiquement pensant que de la sorte il sera apprécié.

PAUSE POUR LA RÉFLEXION

Pour vous aider à identifier puis à dépasser les rigidités que vous pourriez avoir voici un moment de réflexion sur soi[1].

- Avez-vous déjà souhaité être avec d'autres personnes pour vous sentir plus vivant ? Quand ?
- Avez-vous déjà été seul pour éviter le sentiment d'être ignoré ? Quand ?
- Avez-vous déjà tenté d'être influencé parce que vous n'aviez pas confiance en vous ? Quand ?
- Avez-vous déjà évité les responsabilités afin de ne pas être exposé aux risques de l'incompétence ? Quand ?
- N'avez-vous jamais essayé de ne rester qu'au niveau des choses sérieuses en partie pour empêcher les personnes de vous trouver antipathique ? Quand ?
- Avez-vous déjà invité des gens parce que vous aviez peur que personne ne vous invite ? quand ?
- Avez-vous déjà tenu un rôle de leader afin d'éviter qu'on vous dise quoi faire ? Quand ?

1. À partir de Will Schutz, *The Human Element*, Jossey Bass, 1994. © WSA.

- Avez-vous déjà joué un rôle de subordonné pour éviter de penser par vous-même ? Quand ?
- Êtes-vous déjà resté très calme pour éviter d'offenser quelqu'un ? Quand ?
- Avez-vous déjà souhaité nier certains comportements que vous aviez préalablement reconnus ? Pourquoi ?
- Qu'est-ce que toutes ces questions vous apprennent au sujet de quelques rigidités que vous aimeriez changer ?

Développement d'une équipe

Le travail en équipe est aujourd'hui devenu central dans les nouvelles formes d'organisation. En même temps, ces organisations sont relativement mouvantes. Elles peuvent changer assez souvent de structure.

Le terme « équipe » signifie un ensemble de personnes appartenant, ou pas, à la même unité mais devant réaliser une mission commune. Le fonctionnement en mode projet est un exemple d'équipe dont les membres n'appartiennent pas toujours aux mêmes unités de l'entreprise. Chaque équipe n'atteint ses objectifs que si ses membres savent bien travailler ensemble. La performance d'une équipe va donc dépendre de son développement.

Une des principales qualité de l'approche Élément Humain réside dans son haut degré d'intégration. Cela signifie que les principes, les concepts et les dimensions de base des comportements sont les mêmes pour une personne que pour une équipe. Ainsi les dimensions de l'inclusion, de l'influence et de l'ouverture s'appliquent au développement d'un groupe ou d'une équipe. La confiance suit ce parcours en cheminant étape par étape : inclusion, influence, ouverture.

➤ L'inclusion ou l'envie de faire des choses ensemble

Philippe est nommé depuis six mois à la tête d'une équipe nouvelle qui connaît quelques difficultés internes et externes. Cette équipe doit devenir un groupe Expert dans l'entreprise DEF[1]. L'expertise doit être fonctionnelle et opérationnelle, c'est-à-dire en accompagnement sur le terrain.

1. Comme pour les autres exemples cités le nom DEF est fictif pour préserver l'anonymat.

© Dunod – La photocopie non autorisée est un délit

L'équipe est composée de quatorze emplois très divers, en termes de métier comme de formation. Les profils sont très différents allant du BEP Secrétariat au niveau école supérieure de commerce. La nouvelle équipe est constituée de personnes issues de différents groupes qui ont été dissous. Elles ne se connaissent pas toutes. Par ailleurs de nouveaux emplois sont offerts à certaines. Les motivations sont aussi un souci. Deux personnes sont presque en préretraite, une vit mal son éviction d'une activité qui lui tenait à cœur et une autre souhaite quitter l'équipe pour aller vers d'autres horizons. En résumé, le groupe est très hétérogène et pas soudé du tout.

Les difficultés externes à cette équipe proviennent des clients internes de l'entreprise. Ils pensent détenir eux-mêmes l'expertise que la nouvelle équipe est censée leur apporter. En réalité, leur forte activité quotidienne ne leur permet pas de développer cette expertise capitale.

Pour permettre à cette nouvelle équipe de se développer, la première étape consiste à favoriser l'inclusion entre les membres. En effet, les personnes composant cette équipe ignorent beaucoup de choses à propos des autres, leurs compétences, leurs qualités, leur passé professionnel comme leurs missions au sein de l'équipe. Le sentiment d'appartenance à l'équipe et au projet commun est très faible. Rien de surprenant puisqu'il est en construction.

Pour favoriser un bon déroulement de la phase d'inclusion il est nécessaire de permettre aux personnes de s'exprimer sur elles-mêmes et leur passé avant l'entrée dans la nouvelle équipe. Avant de s'impliquer pleinement dans un projet les membres doivent se connaître et se reconnaître, créer de nouvelles relations dans un environnement en devenir.

Pour favoriser les phases suivantes correspondant à l'influence et à l'ouverture, il est important que les personnes vivent pleinement la phase d'inclusion. La phase d'inclusion consiste à créer dans le groupe la volonté de faire des choses ensemble. Si cette envie n'apparaît pas, il sera très difficile, voire impossible, d'aborder la phase d'influence et le niveau de développement de l'équipe restera celui de la « force ».

Dans le cas de DEF, le temps pour cette phase est long car les personnes ont d'anciennes habitudes et certaines d'entre elles ont un ressenti négatif vis-à-vis de leur entreprise. Pour bien favoriser le développement de l'inclusion, Philippe a demandé à son équipe de prendre en charge plusieurs projets. Pour les mener à bien plusieurs groupes se sont constitués. Il s'agit de petits groupes de deux à quatre personnes au maximum. Chacun de ces groupes a un projet, une mission datée avec des objectifs précis qui correspondent à la mise en mouvement des premières actions à réaliser pour être reconnu auprès de clients internes et commencer à résoudre les difficultés rencontrées avec eux. Chaque membre de l'équipe est ainsi impliqué dans un ou plusieurs projets et appartient ainsi à un ou plusieurs petits groupes. Tout en créant les conditions pour favoriser l'inclusion, la phase d'influence se met en place avec la mise en œuvre d'actions correspondant à l'activité de chaque groupe.

La réussite des fusions entre services ou entre entreprises reposent pour l'essentiel sur cette phase d'inclusion ou d'intégration. Très souvent elle a malheureusement lieu de manière aléatoire, sans être pensée ni organisée. Il arrive que les personnes issues des entités différentes ne soient pas associées pour réfléchir à leur nouvelle équipe de travail. Dans ce cas, l'échec est prévisible pour des raisons liées aux aspects humains de la fusion. Chaque personne peut avoir le sentiment de ne pas être importante, voire ignorée.

En revanche si les personnes devant constituer la nouvelle entreprise ou le nouveau service, sont invitées à participer à sa construction, l'intégration se passera beaucoup mieux. C'est le cas de la banque CAI, Crédit Agricole Indosuez. L'entreprise a permis à ses cadres de se rencontrer peu de temps après la réalisation de la fusion.

Deux cent soixante managers de la nouvelle banque ont participé à un séminaire de rencontre, d'accueil et d'intégration pendant deux jours par groupes de quinze à vingt personnes réunissant les trois entités bancaires d'origine. Cela leur a permis de mieux connaître les autres personnes et leurs cultures respectives. Les aspects affectifs liés au deuil de sa propre culture ont pu être abordés et traités. Après cette rencontre, cette expression de la souffrance et la découverte des autres, il a été plus aisé de penser le futur.

Ainsi l'enjeu essentiel de la phase d'inclusion est d'avoir envie de faire des choses ensemble. Pour cela il est important de trouver les moyens pour que :

- les membres de l'équipe se connaissent, ainsi que leurs compétences respectives ;
- les membres de l'équipe connaissent le travail des autres et leurs responsabilités ;

© Dunod – La photocopie non autorisée est un délit

- les membres de l'équipe trouvent du temps pour faire des choses ensemble, pour se réunir ;
- les membres participent aux activités de l'équipe, qu'il y ait un engagement ;
- chacun estime le temps nécessaire aux activités en commun ;
- le sentiment d'appartenance et d'identification à l'équipe et au projet commun soit très fort.

L'inclusion se déroule en même temps que peut commencer l'influence. Ces deux phases ne sont pas séparées, l'une et l'autre entretiennent des relations étroites. En effet, pour avoir envie de faire des choses ensemble il est important de savoir ce que les personnes souhaitent réaliser. En même temps, pour bâtir des projets en commun, il est nécessaire de posséder un minimum de désir partagé. Les deux phases sont articulées entre elles comme dans un système circulaire.

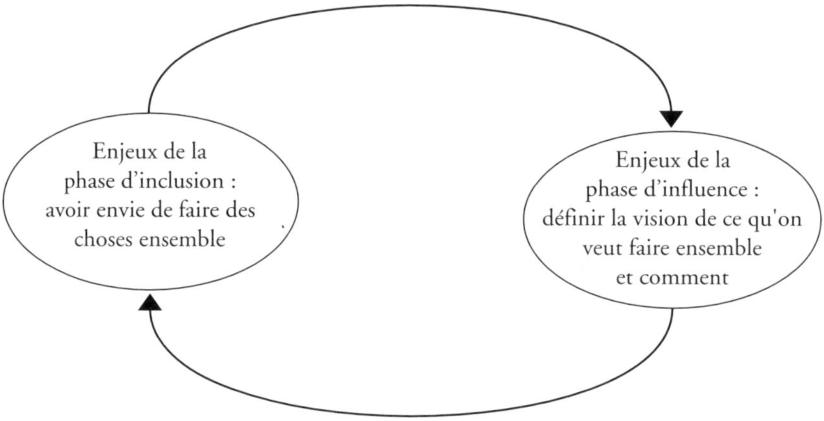

Figure 11 – De l'inclusion à l'influence

Au cours du déroulement de la phase d'inclusion, les questions qui aident à faire progresser le groupe concernent l'équipe et son environnement. Comment le groupe voit-il l'environnement de son entreprise, les changements, les évolutions ? Comment le groupe voit-il son environnement, dans l'entreprise avec les autres départements ou services, avec les clients internes et avec les clients externes ? Selon les membres du groupe quelles sont les difficultés rencontrées dans cet environnement proche ou plus lointain ? En se situant ainsi par rapport à son entourage le groupe identifie peu à peu sa place dans l'ensemble. Cette étape consiste aussi à définir les missions en rapport avec cet environnement et ce qu'il attend de l'équipe.

➤ L'influence ou la vision du projet commun

À mesure que la phase d'inclusion est pleinement vécue par les membres de l'équipe, chacun se sent important et reconnu dans le groupe. La crainte d'être ignoré est écartée. Il est alors possible de vivre la phase de développement suivante qui correspond à l'influence. Dans cette phase, il s'agit de définir le rôle de l'équipe, de savoir qui fait quoi, avec qui et comment. Cette étape concerne l'élaboration du projet, la vision, la définition des objectifs, l'organisation de l'équipe. La centralité de chacun vis-à-vis de l'équipe est définie.

Nous avons déjà parlé d'Arnaud dans le chapitre consacré à la vision chez le leader. Directeur financier France d'un grand groupe mondial de la chimie, il souhaite réorganiser et installer un management fort pour améliorer l'efficacité de ses équipes ainsi que leurs relations fonctionnelles.

Pour mettre en œuvre cette réorganisation et gérer les conséquences pour les personnes, il a organisé un séminaire dont les objectifs sont les suivants :

mieux se connaître entre nous pour réussir les nouveaux enjeux de la Direction financière France de l'entreprise ;

prendre connaissance des nouveaux enjeux de l'entreprise ;

prendre connaissance des nouveaux enjeux du service financier ;

s'approprier ces enjeux ;

prendre connaissance de la nouvelle organisation ;

comprendre et s'approprier cette organisation ;

former une cohésion autour de ces nouveaux enjeux et de l'organisation ;

faciliter la prise de responsabilité des managers nommés ;

faciliter les relations entre les managers et leur équipe ;

faciliter et multiplier les interactions entre les sites.

Pour cette équipe les difficultés liées à l'inclusion existent mais sont faciles à traiter. Ainsi pour sept de ses collaborateurs, Arnaud a obtenu la transformation de leurs contrats à durée déterminée en contrats à durée indétermi-

© Dunod – La photocopie non autorisée est un délit

née. En même temps, il négocie le départ d'une personne pour laquelle il n'y a plus d'avenir possible dans l'équipe. Les trente-cinq personnes composant la direction financière ne se connaissent pas toutes mais celles qui travaillent ensemble se connaissent suffisamment. Les problèmes majeurs concernent la nouvelle organisation du service financier et la nomination de managers.

Cet exemple illustre les objectifs et les enjeux liés à la phase d'influence. L'équipe doit comprendre et mettre en œuvre son organisation en fonction de la vision et des missions à remplir. Dans cette phase de développement, les enjeux sont liés à la structuration de l'équipe.

Avec la nomination de managers issus des différents groupes déjà existant, Arnaud structure la Direction financière et nomme certaines personnes à des postes à responsabilités. Le but est d'obtenir un meilleur fonctionnement de l'ensemble de la direction. Dans ce cas, les questions soulevées par les personnes sont celles du rapport au pouvoir. Les managers nommés doivent s'affirmer dans ce rôle et les collaborateurs établir des liens nouveaux avec leurs responsables.

Pour permettre à chacun de bien se situer, d'être intégré et de pouvoir agir, nous avons demandé à chaque équipe réunie autour de son manager de :

- faire le point sur ses difficultés actuelles et d'envisager comment les résoudre ;
- d'identifier ce que chacun souhaite faire et ne pas faire dans l'équipe.

En procédant de la sorte, chaque membre de l'équipe se sent compétent et capable de faire face aux enjeux. En même temps, un dialogue ouvert s'installe et initie ainsi la phase suivante d'ouverture.

Dans la phase d'influence, les difficultés à résoudre sont :

- certains membres luttent pour le pouvoir et d'autres laissent faire ;
- certains membres ont des comportements de défense de territoire ;
- il n'y a pas de leadership bien établi ;
- les personnes sont en rivalité et parfois tentent de saper l'action des autres ;
- il y a une certaine propension à faire barrage aux idées ;

- certains membres refusent de communiquer leur savoir aux autres, même quand ils en ont le temps et la capacité ;
- l'ambiance est plutôt à la confrontation qu'à la coopération.

L'influence se déploie en même temps que l'ouverture entre les membres du groupe prend de l'ampleur. Ces deux phases ne sont pas séparées, l'une et l'autre entretiennent des relations étroites. En effet, pour organiser les choses ensemble, il est important pour les personnes de pouvoir exprimer ouvertement leurs opinions, leurs sentiments ou leur craintes. Les deux phases sont articulées entre elles comme dans un système circulaire.

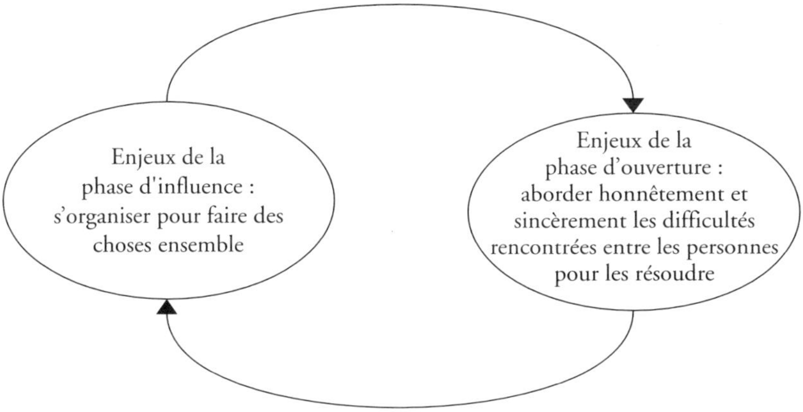

Figure 12 – De l'influence à l'ouverture

Dans le développement de la phase d'influence, les questions à traiter concernent le fonctionnement de l'équipe en termes d'organisation et de relations fonctionnelles. Les questions sur la centralité permettent de mettre en évidence les postes qui doivent travailler ensemble pour l'atteinte de la mission de l'équipe. On découvre ainsi le schéma de fonctionnement de l'équipe ou l'organigramme fonctionnel.

➤ L'ouverture ou le développement de la compatibilité

Dans le cas de l'entreprise ABC que nous évoquons depuis le début de cet ouvrage, certaines difficultés relevaient de cette phase. Néanmoins les dirigeants et les managers entretenaient des rapports de pouvoir en perpétuant un fonctionnement cloisonné entre les différents départements et services.

© Dunod – La photocopie non autorisée est un délit

Chaque responsable exerçait ainsi son autorité et son influence auprès de sa propre équipe. Cette pratique managériale reposait sur une entente tacite entre tous les responsables : « On ne regarde pas ce qui se passe chez le voisin et ainsi tout ira pour le mieux. »

Or la survie d'une entreprise repose sur la capacité de ses dirigeants à pouvoir aborder les problèmes. Faute de quoi ceux-ci perdurent et s'aggravent. L'ouverture consiste donc à savoir aborder les difficultés et en parler franchement. Le climat de confiance se développe à partir du moment où les membres de l'équipe peuvent se dire la vérité, les craintes qu'ils éprouvent, leurs opinions, leurs ressentis. Lorsque les personnes qui composent l'équipe ne peuvent aborder la phase d'ouverture pour se parler de leurs difficultés alors les problèmes se rigidifient.

C'est ce qui était arrivé à Gérard et Isabelle. Ils n'avaient jamais pris l'occasion de parler ouvertement de leurs craintes personnelles à l'égard de l'entreprise et à l'égard l'un de l'autre. La centralité entre Isabelle et Gérard est élevée, il est important que les postes qu'ils occupent fonctionnent bien ensemble. Isabelle est responsable marketing et Gérard responsable grands comptes. La performance du comité de direction était entravée pour des raisons d'ouverture entre ses membres et non pour des problèmes d'organisation ou d'influence. Chez ABC nous avons vu comment les différents séminaires de cohésion d'équipe avec le comité de direction ont levé les blocages liés aux craintes engendrées par les changements majeurs.

Les difficultés relevant de l'ouverture sont la plupart du temps exprimées par :

- des flatteries pour se faire reconnaître et apprécier ;
- des attitudes diplomatiques, parfois mielleuses, manquant de sincérité ;
- des mensonges, des mystères, des tromperies ;
- la rétention d'information ou des secrets ;
- le manque de confiance ;
- la formation de clans ou de chapelles ;
- l'exclusion de certaines personnes lors d'événements sociaux.

Dans le développement de l'ouverture, au-delà des liens fonctionnels, les aspects essentiels à aborder concernent la qualité des relations entre les membres de l'équipe. Il s'agit d'envisager comment chaque personne travaille bien avec chacune des autres.

Ainsi, dans une atmosphère d'ouverture, de confiance réciproque, les personnes :

- s'inspirent mutuellement ;
- suscitent la créativité chez les autres ;
- cherchent à travailler ensemble ;
- trouvent des façons d'identifier les difficultés dès qu'elles se présentent ;
- se sentent libre d'en discuter ;
- trouvent des moyens efficaces pour résoudre les problèmes ;
- savent qu'elles peuvent faire tout cela car elles l'ont déjà réalisé pendant un certain temps.

Les membres de l'équipe savent qu'ils peuvent travailler dans l'ouverture, dans la confiance, car ils ne restent pas rigides sur leur position. Les membres de l'équipe ouverte ont un haut degré de compatibilité qui leur permet de choisir leur niveau d'inclusion, d'influence, ou d'ouverture en fonction de la situation et des personnes. Ceci leur est possible car ils se connaissent suffisamment, sont conscients d'eux-mêmes et ont une estime de soi élevée qui leur permet d'être flexibles.

Le parcours qui mène à la confiance suit les phases d'inclusion, d'influence et d'ouverture selon un trajet qui n'est pas linéaire mais en boucle. La figure 13 reproduit ce parcours.

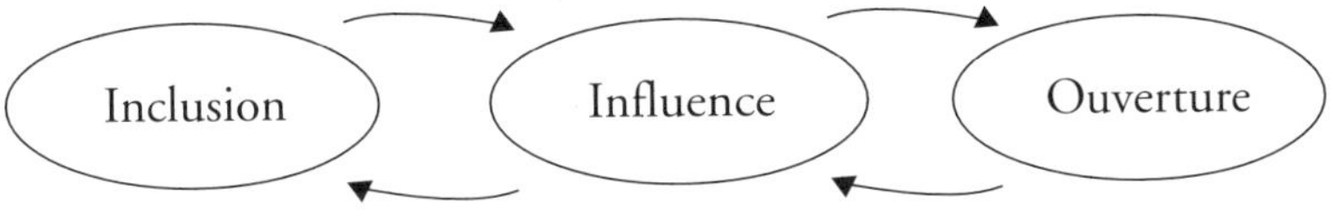

Figure 13 – Les phases de développement d'une équipe

© Dunod – La photocopie non autorisée est un délit

PAUSE POUR LA RÉFLEXION

Pour identifier les pistes qui peuvent vous permettre de développer l'ouverture, la compatibilité et la confiance dans votre équipe, voici quelques domaines à explorer.

- Dans mon équipe, comment puis-je permettre aux autres de fonctionner au meilleur d'eux-mêmes ?
- Certains antagonismes nous empêchent-ils de coopérer ?
- Sommes-nous honnêtes dans nos échanges vis-à-vis des autres ?
- Avons-nous parfois tendance à nous éviter alors que nous devrions nous consulter ?
- Perdons-nous du temps lorsque nous sommes ensemble ?
- Sommes-nous suffisamment libres les uns envers les autres pour reconnaître que l'un de nous est plus compétent dans un certain domaine et pour utiliser cette compétence ?
- Comment pouvons-nous mieux travailler ensemble ?

La prise de décision et la confiance

Le développement des nouvelles formes d'organisation oblige les équipes, les managers et les leaders à créer des relations professionnelles fondées sur la confiance. Chacun a envie de contribuer aux résultats d'une équipe performante. Les nouvelles formes de motivation reposent aussi sur l'accroissement de l'*empowerment*. Il s'agit de décider plus et de contrôler l'impact de ses décisions. Dans ce mouvement, les hiérarchiques ne sont plus les mieux placés pour prendre les décisions, l'équipe a un rôle déterminant. Qu'en est-il pour les équipes ouvertes ? Comment faire et quelles sont les bonnes personnes pour prendre les bonnes décisions ?

Plusieurs études et recherches mettent en évidence les difficultés de la prise de décision de manière collective. Par exemple, lors de nos études nous pratiquions une expérience simple permettant de révéler certains phénomènes de groupes à l'œuvre pour prendre une décision. Il s'agissait de définir combien de lentilles contenait un bocal en verre posé sur le bureau. Chacun réfléchissait, seul, puis donner son estimation sur un bout de papier. Le relevé des nombres montrait une très grande dispersion des estimations.

Suivait alors une phase de discussion où chacun expliquait son choix. Cela tournait vite à la pagaille et à la cacophonie. Après ces échanges, le professeur demandait alors à chacun de procéder à une nouvelle estimation du nombre de lentilles dans le bocal. Les résultats étaient surprenants. Les nombres affichés étaient beaucoup moins dispersés que la première fois. Par ailleurs, lorsque le professeur participait aux discussions, au lieu de rester neutre, les résultats convergeaient vers son estimation. Il était évident que des phénomènes de groupe influençaient nos estimations.

Autre exemple, dans nos séminaires nous pratiquons parfois l'exercice « perdu en mer ». Il s'agit de classer, par ordre de priorité décroissante, dix objets à emporter sur un radeau de survie. Au cours de la première phase de l'exercice chaque participant effectue seul sa liste. On demande ensuite aux personnes de se réunir et de faire la meilleure liste possible. Les discussions sont parfois tendues. Alors que les personnes n'ont pas de connaissances particulières au sujet de la survie en mer, le résultat du groupe est souvent excellent, voire identique à la liste faite par des experts. Cet exercice permet simplement de constater que le résultat du groupe est bien supérieur à la somme des résultats individuels.

Néanmoins, ces groupes jugent souvent leur réunion comme mauvaise. La raison principale est qu'il y a eu des tensions et des discussions pour parvenir au résultat. L'objectif est atteint mais l'ambiance de travail laisse un goût parfois désagréable.

Dans un groupe, les membres agissent en fonction de normes, de valeurs et de leurs représentations. Mais celles-ci sont influencées par les relations, par les rapports de pouvoirs et par les processus de différenciation à l'intérieur du groupe. Les phénomènes de groupes peuvent alors conduire à amoindrir la qualité d'une décision. C'est par exemple le cas de certaines décisions prises sous la pression d'un management autoritaire. Les opinions minoritaires ont du mal à s'exprimer. Les personnes s'alignent sur une pensée conformiste qui correspond à celle des individus perçus comme dominants. Il n'y a pas d'esprit critique.

Ce type de fonctionnement correspond au climat de travail sous « la force ». Il aboutit souvent à de vrais désastres. Ce fut le cas de l'accident de Challenger en 1986 qui explosa après quarante-six secondes de vol. L'enquête menée par le congrès américain est éloquente. Le risque

© Dunod – La photocopie non autorisée est un délit

d'explosion avait été clairement relevé, mais la pression du management était si pesante qu'il était impossible d'aborder ce problème. Au cours du dernier tour de table la décision de lancement fut prise alors que certaines personnes connaissaient le risque mais n'avaient pas osé en parler. C'est ce qu'a révélé l'enquête menée par le Congrès[1].

Les concepts de l'approche Élément Humain permettent de pallier les inconvénients de la prise de décision en groupe et de les transformer en avantages.

➤ La décision par la concordance

Will Schutz a développé une méthode de prise de décision qui s'appuie sur les concepts du modèle théorique Firo. Cette approche repose sur les trois dimensions essentielles que sont l'inclusion, l'influence et l'ouverture. La prise de décision par la concordance est possible dans les équipes ouvertes et reposent sur les critères de réussite suivants :

- inclusion : chaque décision est prise par ceux qui sont les plus qualifiés pour la prendre et ceux qui sont affectés par la décision ;
- influence : tous les membres ont le même droit de vote et un droit de veto pour chaque décision ; chacun doit être d'accord avec la décision avant de la prendre ;
- ouverture : chacun est complètement ouvert et honnête à propos de ce qu'il pense et ressent ; cela signifie qu'il n'y a pas de mensonges, de dissimulation et qu'il ne se leurre pas lui-même.

> Dans le cas de l'entreprise ABC, le critère d'inclusion permit de réunir l'ensemble des collaborateurs de la Direction des ressources humaines pour décider de la mise en œuvre du processus de changement de leur département. Dans un deuxième temps, ils décidèrent d'élire quatorze d'entre eux pour représenter l'ensemble des collaborateurs.

Le critère d'inclusion n'oblige pas à inclure tout le monde tout le temps. Il permet seulement de penser à intégrer les bonnes personnes pour les choix et décisions. Si certaines personnes sont d'accord pour ne pas participer aux décisions, cela relève de leur choix. On s'assure néan-

1. L'émission télévisée aux Etats-Unis *The Trues about lies* qui relate cet événement est disponible sur cassette vidéo auprès de Films for the Humanities, Box 2053, Princeton, New Jersey.

moins de leur accord au sujet des décisions qui seront prises par le groupe.

Le critère d'influence accorde à chaque personne un pouvoir équivalent pour ce qui concernent les décisions à prendre ensemble. Cela permet à chaque membre de pouvoir exprimer son accord ou désaccord sans avoir l'impression de se sentir moins compétent qu'un autre. Quant au responsable, il ne perd pas son autorité ni son pouvoir car c'est lui qui décide de mettre en œuvre le processus de concordance avec son équipe. Comme les autres, il a un droit de veto et personne ne peut l'obliger à prendre une décision qui ne lui convient pas. Cela confère plutôt un cadre pour que chacun exprime ses points de vue et comprenne mieux les enjeux et donc les décisions.

> Dans la réorganisation de la DRH d'ABC, chaque collaborateur, quel que soit son rang hiérarchique, a contribué au choix des thèmes à aborder dans l'enquête auprès des départements clients. Après avoir lister l'ensemble des idées à traiter, les groupes ont eux-mêmes trier les thèmes qu'ils considéraient comme essentiels.

Le critère d'ouverture invite chacun à être complètement ouvert et honnête. Cela concerne toutes les opinions, pensées et sentiments à propos des décisions ou du processus. Les personnes savent reconnaître si elles sont gênées par quelque chose dans le groupe. Habituellement les décisions sont prises en laissant de côté les sentiments et les craintes. Ceci peut même conduire à prendre de mauvaises décisions.

Dans le cas de l'accident de Challenger le climat d'ouverture était réduit au minimum. Il ne fallait pas parler de ses opinions, sentiments et craintes. La pression était telle que les personnes n'ont même pas eu accès à leurs propres sentiments de commettre une erreur. Elles ont ainsi participé à une décision dont elles connaissaient l'issue tragique.

> Chez ABC, le climat d'ouverture a été déterminant dans la réussite de la réorganisation. Le parler vrai se développait depuis deux ans dans l'entreprise grâce aux différents séminaires auxquels participaient les cadres supérieurs et intermédiaires. Par ailleurs, le DRH a joué un rôle clé en s'ouvrant lui-même auprès de son équipe. Toutes les informations demandées furent données. Sa sincérité, son humilité et ses engagements ont fondé les bases de la confiance dans son équipe.

© Dunod – La photocopie non autorisée est un délit

➤ Les caractéristiques de la concordance

La mise en pratique du modèle de prise de décision à la concordance demande du temps. Pour parvenir à prendre des décisions à la concordance, le groupe ou l'entreprise doit déjà avoir tissé des relations fondées sur la confiance. Il est aussi nécessaire de former l'ensemble des personnes qui auraient à décider selon cette méthode. L'objectif de ce chapitre est d'indiquer les caractéristiques principales de la concordance.

- **L'écoute de chacun** : la concordance permet d'aboutir à une décision après avoir écouté et pris en compte tous les avis exprimés par les personnes du groupe. Les notions de majorité ou de minorité ne sont pas envisagées pour décider selon le nombre de voix exprimées, comme dans le modèle démocratique. Ici l'opinion de chacun a autant de valeur qu'une autre, qu'elle soit majoritairement ou minoritairement exprimée. Ce qui est le plus important est l'attention et l'écoute portée à chaque membre pour prendre en considération son point de vue ou son sentiment. Un point de vue minoritaire en nombre peut influencer le sens de la décision du groupe. Cette qualité de discussion se produit dans les équipes ouvertes. Par ailleurs, une personne dont l'opinion est minoritaire peut se rallier facilement à celle des autres si son idée a été comprise. Souvent les tensions dans les groupes apparaissent quand chacun pense que les autres ne l'écoutent pas. La concordance permet de prendre tous les avis et sentiments en considération.

- **La flexibilité** : plusieurs formes de décisions peuvent être utilisées par une équipe ou une entreprise. Le modèle de la concordance est une méthode supplémentaire et entre dans la panoplie des outils de décisions. Il n'est pas nécessaire de toujours décider à la concordance. Une équipe peut parfois voter ou s'en remettre à son leader qui décidera unilatéralement. Ce qui est important c'est de choisir à la concordance la méthode de décision qui convient au groupe.

- **La taille du groupe** : pour permettre un fonctionnement optimal du groupe qui décide, la taille ne doit excéder douze à quatorze membres. Pour les entreprises qui ont beaucoup d'employés, on choisit à chaque niveau des personnes qui représenteront les groupes au niveau immédiatement supérieur. Et ainsi de suite.

- **La rapidité du processus de décision** : prendre des décisions à la concordance prend beaucoup plus de temps que n'importe quelle méthode autoritaire. Néanmoins plus les personnes ont l'habitude de décider à la concordance et dans la confiance, plus les discussions sont efficaces car elles vont directement à l'objectif. Les enjeux de pouvoirs habituels qui freinent le fonctionnement du groupe, tendent à disparaître. Les échanges sont brefs, productifs et de qualité car l'écoute est elle aussi de qualité. Par ailleurs, le temps passé à décider en commun est largement compensé par la rapidité d'exécution de la décision. Dans le cas de décision autoritaire, qui prend peu de temps, on constate que son application est souvent longue, voire impossible et même parfois sabotée.
- **La responsabilisation des personnes** : dans la mesure où chaque décision est prise par les personnes les plus qualifiées et les plus concernées par la décision, chacun se sent important dans le groupe. Par ailleurs chacun a l'opportunité d'exercer son influence en prenant une part dans la discussion et le choix des solutions. Chaque membre se sent ainsi responsabilisé. La motivation en découle.
- **Des décisions créatives et des solutions « gagnant-gagnant »** : dans les discussions chaque personne se sent stimulée pour apporter ses idées, ce qui contribue aussi à élaborer des décisions beaucoup plus créatives. Par ailleurs chacun peut remettre en cause celles des autres. Comme chacun se sent important, compétent et apprécié des autres, il percevra les oppositions à ses idées comme des enrichissements par rapport à son point de vue. Dans la confiance, les échanges sont vécus comme des feed-back qui nourrissent les opinions et les personnes. Ainsi chacun gagne forcément quelque chose dans le processus de la concordance.

➤ Les objections et les craintes principales face à la concordance

L'idée de travailler dans la confiance suscite déjà beaucoup de réactions et de craintes. L'idée de prendre des décisions à la concordance produit les mêmes effets.

Les responsables imaginent qu'ils seront dépassés par leur équipe et que le pouvoir leur échappera. Dans ce mouvement certaines mauvaises décisions pourraient être prises. Objectons que la concordance donne à chacun un droit de veto, y compris au leader. Il ne peut donc être en dehors du processus, il y est au même titre que les autres. Son pouvoir

© Dunod – La photocopie non autorisée est un délit

ne diminue en rien, c'est celui des autres qui augmente. Le leader reste toujours dans son rôle. Il est vrai que son pouvoir ne repose plus sur son statut de responsable mais sur sa capacité à influencer par ses idées, et par ses qualités personnelles et humaines. Tout ce qui caractérise le leadership selon notre approche s'exprime complètement dans la décision à la concordance.

À cela vient s'ajouter que les autres ne sont pas forcément prêts, ni suffisamment mûrs ou compétents pour décider. Or c'est en participant à de tels groupes de travail et de décision que les personnes vont aussi se développer. Nous avons vu comment la confiance repose entre autre sur le développement des personnes. Le leader exerce une fonction essentielle dans le développement des personnes et de son équipe. Ceci permet aussi d'éviter d'écraser les autres. En permettant aux personnes de prendre des responsabilités, les discussions sur le partage du pouvoir se fait inévitablement. Ceci est un excellent moyen d'en parler ouvertement et avec franchise. La confiance en dépend.

Selon cette même logique certains peuvent penser que les décisions ne sont pas de leur ressort mais appartiennent à la hiérarchie car de toute façon l'entreprise fera ce qu'elle veut. Il est important d'associer très tôt les personnes dans le processus et de prendre en priorité les décisions issues du groupe.

On peut aussi craindre de déboucher sur des discussions sans fin et de perdre énormément de temps puis d'être paralysé. C'est exact, cela arrive quand le dialogue n'est pas sincère. Chacun se cramponne à son point de vue. Les difficultés surgissent car chacun reste rigide sur sa position. Plus les personnes sont rigides, moins elles écoutent les autres et par conséquent moins leur point de vue sera pris en considération. La concordance est possible dans les équipes ouvertes et partageant la confiance. Il est préférable de ne pas instaurer de décision par la concordance dans les équipes qui ne sont pas en situation de pouvoir travailler dans l'ouverture.

Enfin que faire si le groupe n'arrive pas à prendre de décision ? La non-décision est une bonne décision dans un groupe qui sait pratiquer la concordance. Cela montre que le groupe ne possède pas suffisamment d'informations ou d'éléments pour décider. Il lui incombe de les trouver et de poursuivre sa réflexion.

➤ Conseils pour mettre en œuvre la prise de décision par la concordance

Le processus de la concordance suppose de travailler dans la confiance et soulève toutes les questions qui lui sont liées : par rapport à soi, à l'autre et à l'équipe. Mettre en œuvre un tel processus demande une phase de formation des personnes qui seront concernées. Selon notre expérience ce modèle de prise de décision s'implante plus facilement dans des équipes ouvertes. En même temps, la concordance accroît le niveau d'ouverture dans l'équipe.

Les conseils qui suivent sont volontairement réduits et condensés pour aller à l'essentiel des points clés qui permettent à une équipe de décider dans la concordance. Plus cette équipe à un haut niveau d'ouverture et de confiance, plus ces conseils sont faciles à suivre. En revanche pour une équipe où l'ouverture est faible, ces conseils sont insuffisants. Nous recommandons de procéder d'abord à un travail de cohésion d'équipe. Quand la confiance aura atteint un niveau suffisant, la progression vers la concordance sera possible. Elle contribuera en même temps à faciliter l'ouverture.

Quel que soit le niveau de développement de l'équipe et de son leader, il est judicieux d'être accompagné par un consultant externe. Il prendra en charge le processus du groupe, ce qui soulagera le leader et chaque membre. Par ailleurs son expertise permettra d'aller plus vite pour trouver des solutions là où un groupe qui apprend perd du temps.

Avec une équipe nouvellement constituée, la concordance est souvent plus aisée à mettre en œuvre car il n'y a pas d'anciens problèmes entre les personnes. Avec des équipes déjà existantes et pour lesquelles des tensions antérieures entre les personnes ou avec l'entreprise perdurent, il est souhaitable de passer par une phase de cohésion d'équipe. Il s'agit de lever les rigidités et les incompatibilités.

Avant la première réunion, le leader a accompli une recherche auprès des membres auxquels deux questions sont posées : « Quelles sont les décisions prises actuellement sans votre participation et dans lesquelles vous aimeriez être impliqués ? » ; « Quelles sont les décisions auxquelles vous participez actuellement et dans lesquelles vous préféreriez ne pas être impliqués ? ». Les réponses donnent une bonne indication de l'implication des personnes dans l'organisation. En même temps, elles révèlent les domaines pour lesquels des changements sont à prévoir. La

© Dunod – La photocopie non autorisée est un délit

première réunion est une discussion qui porte sur ces aspects. La prise de conscience est ainsi le premier principe de la confiance mis en œuvre.

Au cours de la première réunion, le leader introduit la concordance et explique son fonctionnement. Selon le domaine de ses compétences, responsabilités et fonctions, le leader propose à son équipe de participer aux discussions pour prendre des décisions à la concordance. Elles n'en seront que plus créatives, de meilleure qualité et mieux mises en œuvre. Chacun est libre de participer ou de ne pas participer à cette démarche. Pour cela le groupe définit ses règles de fonctionnement pour savoir comment décider selon que certains membres sont présents ou absents. Quelles que soient les règles choisies l'important est qu'elles soient trouvées selon la concordance, avec comme principe qu'on pourra toujours les changer.

Les premiers sujets doivent restés simples pour que le groupe se familiarise avec le processus. Au fur et à mesure, les sujets pourront être de plus en plus compliqués. Pour ceux-là, il est important que le leader et le groupe aient eu des discussions franches et ouvertes pour convenir que le processus habituel de décision est appliquée à ces sujets durant la phase de transition.

Parfois il est utile de créer des groupes de propositions (GP) et des groupes de décisions (GD). Les premiers sont chargés d'analyser le problème, de transmettre des opinions, de formuler des recommandations. Ils ne participent pas aux décisions directement. Les seconds ont pour mission de parvenir à une décision finale acceptée par tout le groupe. C'est le groupe dans son entier qui décide des modalités et des règles appliquées aux GP et aux GD.

La progression vers la concordance dépend de la franchise et de l'ouverture des membres dans le groupe. la confiance ne se décrète pas, elle se développe. Il est donc important que le leader veille à ce que chaque personne se sente importante, compétente et appréciée dans l'équipe. S'il y a des blocages, ou des discussions dans l'impasse, il est utile de mettre en lumière les ressentis et les craintes. Les niveaux d'ouverture sont très utiles dans ce cas. Ils permettent de révéler les motifs profonds pour lesquels une personne reste accrochée à son opinion et fait preuve de rigidité.

Si l'équipe ne prend pas de décisions, cela peut indiquer qu'elle n'est pas prête pour le faire. Elle peut manquer de données, d'informations.

Le groupe peut sentir qu'il lui faut plus de temps ou plus d'ouverture. Quoi qu'il en soit, la non-décision doit être vécue positivement : d'abord parce qu'une décision issue d'une discussion incomplète aboutit à des difficultés ; ensuite parce qu'il s'agit d'un signe révélant un aspect du processus de développement du groupe. À partir de cette prise de conscience l'équipe progresse.

Lorsque les équipes ont pris l'habitude de fonctionner en utilisant la concordance, certaines caractéristiques émergent. En premier lieu, les décisions sont prises comme auparavant, par les spécialistes en fonction de leurs domaines de compétences. Néanmoins, il y a une différence très importante. Les décisions sont soutenues par tout le monde car chacun a pu s'exprimer et apporter son opinion. Chacun a été entendu.

Sous ce premier aspect, deux autres caractéristiques apparaissent et font toute la différence avec les équipes traditionnelles. Les participants ont une vision plus large de l'organisation. Ils prennent conscience de l'ensemble des aspects du contexte apportés par les autres membres du groupe. Ils peuvent ainsi les intégrer plus facilement dans la recherche de solutions. Par ailleurs, l'atmosphère dans une telle équipe est celle de la confiance. L'ambiance est détendue, les personnes n'ont pas de crainte de se sentir ignorées, incompétentes ou peu appréciées. Elles savent qu'elles sont écoutées, que leur point de vue apportera quelque chose d'utile au groupe.

Conclusion

CHAQUE JOUR, le monde de l'entreprise connaît de nombreux paradoxes. Parmi ceux-ci, la place accordée à l'homme, est fortement tiraillée entre des positions extrêmes. Les individus sont ballottés dans un environnement mouvant, incertain et peu rassurant. En même temps, les entreprises souhaitent miser sur le capital humain. La coopération entre les acteurs au sein d'équipes pluridisciplinaires, transversales ou en mode projet est devenue centrale. La capacité à travailler avec d'autres et à changer souvent d'équipe est un enjeu déterminant. Dans ce contexte, la dimension humaine est un véritable capital. Celui-ci repose sur les valeurs de l'organisation, sur le leadership des dirigeants et de chaque manager, sur le développement des personnes et sur des relations de confiance entre les acteurs.

Mais la confiance est une problématique récurrente au cœur des enjeux organisationnels et personnels. Avec la peur, la confiance est une expérience primaire et fondamentale de l'être humain. Elle met en jeu les dimensions de l'échange contractuel et de l'affectivité.

Aussi, l'enjeu du leadership et de la confiance ne se situe plus seulement dans la maîtrise de techniques et de savoir-faire managériaux rationnels. Bien sûr, il convient toujours de connaître son métier, les techniques, la gestion, la stratégie et bien d'autres savoirs. Mais la capacité à entraîner les autres avec soi, à leur donner envie d'avancer constitue un plus qui fait la différence. Mais cela ne se résume pas à une vision bien communiquée, il y a encore un autre plus. Il consiste à bien comprendre les hommes, leurs motivations profondes et à tisser avec eux des relations humaines plus riches.

Dans cet enjeu où l'humain est le pivot de l'évolution des organisations, le leadership et la confiance se profilent comme deux vecteurs qui permettent de développer le capital humain. Cette évolution suppose des leaders capables de s'affirmer pleinement.

Le leadership se définit comme la capacité à mettre en œuvre toutes les actions nécessaires à l'accomplissement de sa mission, et celles des autres. Cela signifie que le leader est quelqu'un qui se connaît, est conscient de ses forces, de ses faiblesses. Il sait pleinement utiliser ses points forts et limiter ses points faibles. Le leader sait ce qu'il veut, pourquoi il le veut, comment le communiquer aux autres afin d'obtenir leur coopération et adhésion. Il sait comment atteindre ses objectifs, ses buts et remplir ses missions. Pour une pleine expression de soi-même, la clé est de se connaître soi-même et de comprendre les autres. Le développement du leadership est un processus de développement de soi.

Le développement cohérent de la confiance et du leadership s'appuie aussi sur des valeurs et des principes d'actions au niveau de l'organisation. Elle est un champ dans lequel de nouveaux principes d'actions et des règles du jeu cohérentes doivent être mis en œuvre au sein d'une culture en mouvement. L'organisation a un rôle fondamental à jouer pour favoriser le climat dans lequel la confiance est possible. Le système de gestion des ressources humaines est concerné. Il est absolument nécessaire de traduire ces intentions en valeurs concrètes, en actions et en critères inscrits dans l'organisation et dans le système de gestion des ressources humaines. Le climat social, les relations entre les acteurs et la culture de l'entreprise en dépendent.

L'ensemble des leviers organisationnels, relationnels, personnels et du leadership concourent à la mise en œuvre du climat de confiance. Dans cet ensemble le développement de soi, des autres et de l'organisation sont intimement noués. À l'organisation incombe le développement des personnes et des leaders à tous les niveaux. Quant aux leaders, il leur revient de déployer la confiance autour d'eux.

Bibliographie

ANDERSON W., *The Upstart spring : Esalen and the American awakening, Reading,* Mass., Addison-Wesley, 1983.

ANDRÉ C., LELORD F., *L'Estime de soi,* Odile Jacob, 1999.

ANZIEU D., MARTIN J.-Y., *La Dynamique des groupes restreints,* Puf, 1968.

ARCHIER G., SÉRIEYX H., *L'Entreprise du 3ème type,* Seuil, 1984.

ASSAGIOLI R. , *Psychosynthesis,* New York, Viking Penguin, 1971.

BALMARY M., *Le Sacrifice interdit,* Grasset, 1986.

BAUDET M.-B., « L'Idée d'une notation sociale pour les entreprises cotées en bourse fait son chemin », *Le Monde,* mardi 9 février 1999.

BAUDET M.-B., « Le Mariage des banquiers du terroir et des « aventuriers » de l'Orient », , *Le Monde Initiatives,* 25 mars 1998.

BENNIS W., *On Becoming a Leader,* Addison Wesley Publishing Company, Inc. 1989.

BERNOUX B., *La Sociologie des organisations,* Point Seuil, 1985.

BLAKE R.R., MOUTON S.J., ALLEN R.R., *Culture d'équipe,* Les Éditions d'Organisation, 1988.

BLAKE R.R., MOUTON S.J., *The New Managerial Grid,* Gulf Publishing, 1978.

BOISSARD D., « La lune de miel avec l'entreprise est bel et bien finie », *Liaisons Sociales magazines,* Septembre 1999.

BRADFORD, L., BENNE K., and GIBB J., *T-Group theory and laboratery method,* New York, Wiley, 1964.

BRILMAN J., *L'Entreprise réinventée,* Les Éditions d'Organisation, 1995.

CATRY C., MULLER J.-L., *Exercer votre autorité avec diplomatie,* ESF 1998.

CHALVIN D., *Autodiagnostic des styles de management,* ESF Éditeur, 1985.

CHAPPUIS R., *Les Relations humaines : la relation à soi et aux autres,* Vigot, 1994.

COMPTE-SPONVILLE A. , « Bonjour l'angoisse ! », *in Confrontations psychiatriques,* février 1995.

CORNET V., AURIOL P., *Le parler-vrai,* ESF Éditeur, 1995.

COUSTEAU L., « À l'écoute du client », *Enjeux les Echos,* n° 146, avril 1999.

CROZIER M. , *L'Entreprise à l'écoute*, InterEditions, 1989.

CROZIER M, FRIEDBERG E., *L'Acteur et le système*, Seuil, 1977.

CROZIER M., « Les nouvelles tendances de la réflexion managériale américaine », *Management et conjoncture sociale*, n° 532, 11 mai 1998.

DIRIDOLLOU B., VINCENT C., *Le Client au cœur de l'organisation*, Les Éditions d'Organisation, 1997.

DRISCOLL J.W., « Trust and participation in organizational decision making as predictors of satisfaction », *Academy of Management Journal*, 1978, 21 (1), 44-56.

DULUC A., MULLER J.-L., PINA A., VENDEUVRE F., *La PNL avec les mots de tous les jours*, ESF Éditeur, 1999.

EDVISSON L., MALONE M., MAZARS, *Le Capital immatériel de l'entreprise*, Maxima, Paris 1999.

ENRIQUEZ E., *Jeu du pouvoir et du désir dans l'entreprise*, Desclé de Brouwer, 1997.

ENRIQUEZ E., *L'organisation en analyse*, PUF, 1992.

ESNAULT N. , « Les Méandres de la confiance dans les organisations », *Mémoire de DESS, Consultation et formation dans les organisations*, université Paris Dauphine, 1998, Inédit.

FAYOL H., *Administration industrielle et générale*, Dunod, 1918.

GAUTIER B., VERVISCH M.O., *Le Manager coach*, Dunod, 1999.

GIBB J.R., *Trust, A new view of personal and organizational development*, The Guild of Tutors Press, 1978.

HAASEN A., SHEA G.F., *A better place to work*, American Management Association, 1997.

HART C. W., BOGAN C. E. , *The Baldrige*, Mc Graw-Hill Inc., New York, 1992.

HERSEY P., BLANCHARD K.H., *Management of Organisational Behavior*, Prentice Hall, 1982.

HIERCHE H. et coll., *Les Techniques modernes de gestion de l'entreprise*, Paris, Dunod, 1962.

IRIBARNE P. , *La Logique de l'honneur*, Le Seuil, Paris 1989.

JAQUES E., *Intervention et changement dans l'entreprise*, Dunod, 1972.

JOCOU P., MEYER P., *La Logique de la valeur*, Dunod, 1996.

K.A. « Quel manager pour l'an 2000 ? », *Liaisons Sociales* – Le mensuel, février 1997.

KOUZES J., POSNER B., *Le Défi du leadership*, Jossey Bass Inc. Publisher, 1987 ; Afnor 1991.

L.M., « *La revanche du social* », Le figaro, 2 février 1999.

LAPRA J.-P., *L'Évaluation du personnel dans l'entreprise*, Dunod, 1992.

LEONARD G., *Walking on the edge of the world*, Boston, Houghton Mifflin, 1988.

LÉVY A., *Psychologie sociale, textes fondamentaux anglais et américains*, Dunod, 1965.

LOWEN A., *Bioenergetics*, New York, Viking Penguin, 1976.

MARTIN B., LENHARDT V., JARROSSON B., *Oser la confiance*, Insep Éditions, Paris, 1996.

MAS I., « La Matière grise d'une entreprise a-t-elle un prix ? », *L'Expansion*, n° 593, 18 mars 1999.

MC KAY M., FANNING P., *Self Esteem*, New Harbinger Publications, 1992.

MINTZBERG H. , *Out the managers's job*, Sloan Management Review, 1995.

MORENO J., *Who shall survive ?*, New York, Nervous and mental disease publishing, 1934.

MULLER J.-L., *La Guerre du temps*, Les Éditions d'Organisation, 1995.

PAGÈS M., *L'Emprise de l'organisation*, Puf, 1979.

PAGÈS M., « Éléments de théories sur les entreprises en tant qu'organismes sociaux », in *Hommes et Entreprises*, Cahier de la section 4, 12003-2, 1957.

PELLETIER G., « Les Formes du Leadership », *Sciences Humaines*, hors série, n° 20, mars/avril 1998.

PERLS F., HEFFERLINE R., GOODMAN, P., *Gestalt Therapy*, New York, Julian, 1951

PETIT F., *Introduction à la psychosociologie des organisations*, Privat, 1979.

RICŒUR P., *Soi-même comme un autre*, Seuil, Paris, 1996.

ROLF I., *Rolfing : the integration of human structures* (Boulder, Colo. : Rolf Institute, 1977).

SACHS O., *L'Homme qui prenait sa femme pour un chapeau*, Point, 1988.

SAINSAULIEU R., *Sociologie de l'organisation et de l'entreprise*, Presses de Sciences Po/Dalloz, 1987.

SCHUTZ W. *The Human Element leader's manual*, WSA, Edition © Will Schutz, 1998.

SCHUTZ W., *The Human Element*, Jossey Bass Publisher, San Francisco, 1994.

SCHUTZ W., *Firo : a three-dimensional theory of interpersonal behavior*, New York, Rinehart, 1958, WSA, 1989.

SCHUTZ W., *Here comes everybody*, New York, Harper Collins, 1976.

SCHUTZ W., *Elements of Encounter*, Joy Press, 1973.

SCHUTZ W., « Some implications of the logical calculus for empirical classes for social science methodology ». *Psychometrika*, 1959, 24(1), 69-87.

© Dunod – La photocopie non autorisée est un délit

TISSIER D., *Management Situationnel 1*, Insep Éditions, 1988.

YUNUS M., JOLIS A., *Vers un monde sans pauvreté*, Éditions Jean-Claude Lattès, 1997.

ZWEIG S., *La guérison par l'esprit*, Le Livre de Poche, Belfond, 1982.

43844-(I)-(2)-OSB 100°-ALM
Imprimerie Arts Graphiques du Perche 28240 Meaucé
Dépôt légal : Janvier 2000 — N° d'Imprimeur 992148
Imprimé en France